国家社科基金项目成果 *经管* 文库

Research on the Cultivation of Craftsman Spirit in
Manufacturing Enterprises in the New Era

新时代制造企业
工匠精神培育研究

朱永跃 张书凤 邹家峰／著

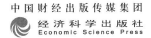

中国财经出版传媒集团

经济科学出版社

Economic Science Press

图书在版编目（CIP）数据

新时代制造企业工匠精神培育研究/朱永跃，张书
凤，邹家峰著 . —北京：经济科学出版社，2021. 12
ISBN 978 - 7 - 5218 - 2982 - 2

Ⅰ. ①新… Ⅱ. ①朱…②张…③邹… Ⅲ. ①制造工
业 - 人才培养 - 研究 - 中国 Ⅳ. ①F426. 4

中国版本图书馆 CIP 数据核字（2021）第 213886 号

责任编辑：崔新艳
责任校对：齐　杰
责任印制：范　艳　张佳裕

新时代制造企业工匠精神培育研究
朱永跃　张书凤　邹家峰　著
经济科学出版社出版、发行　新华书店经销
社址：北京市海淀区阜成路甲 28 号　邮编：100142
经管中心电话：010 - 88191335　发行部电话：010 - 88191522
网址：www. esp. com. cn
电子邮箱：espcxy@ 126. com
天猫网店：经济科学出版社旗舰店
网址：http：//jjkxcbs. tmall. com
北京季蜂印刷有限公司印装
710 × 1000　16 开　17. 25 印张　310000 字
2021 年 12 月第 1 版　2021 年 12 月第 1 次印刷
ISBN 978 - 7 - 5218 - 2982 - 2　定价：78. 00 元
（图书出现印装问题，本社负责调换。电话：010 - 88191510）
（版权所有　侵权必究　打击盗版　举报热线：010 - 88191661
QQ：2242791300　营销中心电话：010 - 88191537
电子邮箱：dbts@ esp. com. cn）

国家社科基金项目成果经管文库

出版说明

经济科学出版社自 1983 年建社以来一直重视集纳国内外优秀学术成果予以出版。诞生于改革开放发轫时期的经济科学出版社，天然地与改革开放脉搏相通，天然地具有密切关注经济领域前沿成果、倾心展示学界翘楚深刻思想的基因。

2018 年恰逢改革开放 40 周年，40 年中，我国不仅在经济建设领域取得了举世瞩目的成就，而且在经济学、管理学相关研究领域也有了长足发展。国家社会科学基金项目无疑在引领各学科向纵深研究方面起到重要作用。国家社会科学基金项目自 1991 年设立以来，不断征集、遴选优秀的前瞻性课题予以资助，经济科学出版社出版了其中经济学科相关的诸多成果，但这些成果过去仅以单行本出版发行，难见系统。为更加体系化地展示经济、管理学界多年来躬耕的成果，在改革开放 40 周年之际，我们推出"国家社科基金项目成果经管文库"，将组织一批国家社科基金经济类、管理类及其他相关或交叉学科的成果纳入，以期各成果相得益彰，蔚为大观，既有利于学科成果积累传承，又有利于研究者研读查考。

本文库中的图书将陆续与读者见面，欢迎相关领域研究者的成果在此文库中呈现，亦仰赖学界前辈、专家学者大力推荐，并敬请经济学界、管理学界给予我们批评、建议，帮助我们出好这套文库。

经济科学出版社经管编辑中心

2018 年 12 月

本书为国家社会科学基金一般项目""中国制造2025'背景下企业员工工匠精神形成机理与培育对策研究"（项目编号：18BGL130）研究成果。

序言

Preface

《中国制造2025》战略的提出，彰显了中国从"制造大国"转变为"制造强国"的决心。当前，中国制造已经成为全球产业链供应链的重要组成部分，但从总体上看，仍存在着产品质量不高、核心技术受限、创新能力不足等问题，究其原因，主要是由于我国制造业劳动力整体素质不高，缺乏具备"工匠精神"的高技能人才。"工匠精神"根植于我国古代手工业繁荣的沃土，是高技能人才的核心素质，也是高质量产品的动力源泉。2020年11月24日，习近平总书记在全国劳动模范和先进工作者表彰大会上指出，在长期实践中，我们培育形成了"执着专注、精益求精、一丝不苟、追求卓越的工匠精神"。同年12月10日，习近平总书记致信祝贺首届全国职业技能大赛举办，强调培养更多高技能人才和大国工匠。培育和弘扬工匠精神已上升为国家战略，在新时代大力弘扬工匠精神，对于推动我国经济高质量发展具有重要意义。为了实现"中国制造"向"中国创造""中国智造"的战略升级，如何培育制造企业员工的工匠精神、不断提高劳动者的敬业精神和创新意识成为组织管理探讨的热点问题之一。纵观以往的研究成果，虽然取得了较大进展，但总体上还处于起步和探索阶段，研究的理论性和系统性有待加强。基于以上背景，从理论层面深入剖析工匠精神的内涵并揭示其形成机理，对于精准培育制造企业员工的工匠精神、形塑工匠文化具有重要的理论价值和现实意义。

为此，本书立足于新时代制造强国战略，在系统梳理国内外相关理论前沿的基础上，综合运用多种研究方法，较为系统、深入地研究了我国制造企业员工工匠精神的形成机理及培育问题。第一，在总结我国工匠精神历史演变的基础上，结合工匠精神复兴的时代背景，从传统和现代交融的视角建构了当代工匠精神的概念，界定了其内涵与外延。第二，基于工匠精神的内涵，通过问卷调查收集数据，借助探索性因素分析、验证性因素分析以及信效度检验，开发了制造企业员工工匠精神的测量量表。同时，运用该量表对制造企业员工的工匠精神进行了量化评价。第三，基于不同时期领导力特征，分别建立了家长式领导和精神型领导对员工工匠精神的跨层次影响模型，并通过 SPSS、HLM 等统计分析工具对研究假设进行检验，深入揭示两种领导风格对员工工匠精神的影响机制。第四，结合勒温场论与精神结构学说提出先导构念，选取了三家具有工匠精神代表性的制造企业展开案例研究。通过多样化的数据来源收集相关资料并展开编码与分析，深入地诠释了具有中国民族特性的工匠精神，以及组织环境与员工个体相互作用下的工匠精神形成机制。第五，基于企业与学校、政府、行业协会等外部主体协同培育工匠精神的思路，较为系统地提出了制造企业员工工匠精神的培育对策，具体包括强化工匠精神培育的顶层设计、提升企业管理者的领导力、增强企业导师的工匠精神形塑力、完善工匠精神培育的人力资源管理机制以及加强工匠精神培育的外部保障等。

　　本书的主要创新之处在于：一是从传统与现代交融的视角建构了制造企业员工工匠精神的概念，并遵循科学程序开发了工匠精神的测量量表，有助于推进工匠精神的内涵研究，并为实证研究提供工具支持；二是从传统领导力和现代领导力的视角剖析了家长式领导和精神型领导对员工工匠精神的作用机制，构建并验证了跨层次理论模型，有助于将工匠精神相关研究从个体层面向组织层面跨层推进，同时，为员工工匠精神的前因研究提供了新的思考路径，且丰富了家长式领导和精神型领导的本土化实证研究；三是从心理学的视角出发，基于多案例研究进一步验证了员工工匠精神的构念，同时，深入解析了员工工匠精神的形成机制，拓展了个体微观层面的工匠精神形成机理，并对实证研究中的假设进行了论证。

　　本书取得的研究成果丰富并深化了工匠精神的理论研究，具有一定的理论创新性，为学界进一步开展相关领域的研究提供了基础和借鉴。同时，本书秉持企业自身与外部环境协同培育工匠精神的观点，提出了具有针对性和可操作性的工匠精神培育对策，可以为相关政府部门、学校、行业协会和制造企业探索完善员工工匠精神的培育机制提供决策参考，有助于营造良好的工匠文化和推动我国制造业的高质量发展。

南京大学人文社会科学资深教授、商学院名誉院长、
行知书院院长、博士生导师
赵曙明　博士
2021 年 12 月 8 日于澳门科技大学

目　录
Contents

第1章 绪 论

1.1 研究背景

　　制造业是立国之本、兴国之器、强国之基。纵观世界百年工业化历程，制造业始终处于经济发展的核心地位，是大国崛起的根基，彰显着综合国力；是科技创新的载体，代表着供给效率；是物质财富的基础，关系着人民福祉（卢卫生，2019）。我国是制造业大国，在建设中国特色社会主义的新时代，坚持走中国特色新型工业化道路，加快发展先进制造业，加速推进制造强国建设，对于实现中华民族伟大复兴的中国梦具有极为重要的现实意义和深远的历史意义。

　　改革开放 40 多年来，特别是党的十八大以来，我国制造业发展取得了举世瞩目的伟大成就，已被公认为目前全球唯一拥有联合国产业分类中所列全部工业门类的国家，有力地支撑了我国的世界大国地位，主要体现在发展规模、创新能力和产业结构这三个方面。一是发展规模的壮大。2020 年，我国的工业增加值多达 31.3 万亿元；220 多种工业产品的产量全球居首；货物出口总额高达 17.9 万亿元，并连续 12 年蝉联国际货物贸易第一大出口国。二是创新能力的提升。在创新数量方面，与 2016 年相比，2019 年规模以上工业企业研发经费投入的增幅达到 27.7%，研发投入强度也从 0.94% 增加到了 1.32%。同年，规模以上工业企业的有效发明专利数达到 121.8 万件，实现了快速增长，其中制造业每亿元营业收入的有效发明专利数也达到了 1.24 件；在创新质量方面，以"天眼""天问""墨子""神舟"以及万米载人深潜器和极地破冰科考船等为代表的一大批重大科技成果相继问世，高铁、核电、4G/5G 等也均成体系走出国门，"中国制造"在全球产业链供应链中的影响力不断提升。① 三是产业结构的优化。我国正深入实施制造强国战略，加快传统产业的改造和升级步伐，大力推动信息化与工业化的深度融合，大力发展智能制造，有效地促进了制造业的高质量发展。

尽管我国制造业成就瞩目，但是总体上依然表现出"大而不强"的特征，主要体现在四个方面。一是自主创新能力较弱，我国制造业尤其是高端装备制造业在部分核心技术上尚存在"卡脖子"现象，对外依存度较高，以企业为主的制造业创新系统还不够完善。二是产品档次整体不高，我国制造业在全球产业链中整体上处于中下游的分工地位，主要承担劳动密集型的低附加值、低增值环节，缺乏世界知名品牌（戴翔和宋婕，2019）。三是资源的利用效率不高，我国工业"三高一低"的粗放型发展模式仍未完全转型，制造业能源消耗大、污染严重，与此同时，劳动力、原材料等生产要素的成本也在不断增加。四是产业结构不合理，高端装备制造业和生产性服务业发展滞后，而劳动密集型制造业存在严重的产能过剩现象（高颖和乔刚，2018）。

目前，新一轮科技革命和产业变革与我国加快转变经济发展方式形成历史性交汇，国际产业分工格局正在重塑。中国制造业在自主创新能力、资源利用效率、产业结构水平、信息化程度、质量效益等方面与世界先进水平差距明显，面临转型升级和跨越发展的艰巨任务。为了应对国内外政治、经济和社会环境的变化，2015 年 3 月，李克强总理在作《政府工作报告》时首次提出"中国制造 2025"的宏大计划，坚持创新驱动、智能转型、强化基础、绿色发展，加快从制造大国转向制造强国。随后不久，李克强总理组织召开国务院常务会议，审议通过了《中国制造 2025》，部署加快推进实施"中国制造 2025"，实现制造业升级。2016 年 5 月，国务院印发《关于深化制造业与互联网融合发展的指导意见》，部署深化制造业与互联网融合发展，协同推进"中国制造 2025"和"互联网＋"行动，加快制造强国建设。2017 年 7 月，李克强总理部署创建"中国制造 2025"国家级示范区，加快制造业转型升级。2017 年 10 月，党的十九大提出"加快建设制造强国，加快发展先进制造业，推动互联网、大数据、人工智能和实体经济深度融合"。同年 11 月，国务院印发了《关于深化"互联网＋先进制造业"发展工业互联网的指导意见》，提出了深化"互联网＋先进制造业"相关要求，部署了未来一段时期工业互联网发展的重点领域和政策措施。

---

① 王政，韩鑫. 制造业腾飞，铸就大国发展引擎［EB/OL］. 人民网，http：//politics. people. com. cn/n1/2021/0613/c1001－32129437. html.

发展先进制造业不仅需要高端的装备和技术，更需要高层次的人才队伍。人才作为制造强国战略的根本力量，对于新时代我国制造业的高质量发展至关重要。然而目前，我国制造业人才队伍（专业技术人才、经营管理人才和技能人才等）不仅面临总量不足、结构不合理、领军人才匮乏等问题，而且还不同程度地存在缺乏"工匠精神"的问题，严重制约了制造业的转型升级，推进我国制造业人才队伍建设势在必行。2016 年，李克强总理在政府工作报告中首次正式提出"工匠精神"，强调要"培育精益求精的工匠精神"。① 此后，2017 年至 2019 年的政府工作报告中均出现了"工匠精神"一词，并与"质量""品质"等词紧密联系在一起。党的十九大报告指出要弘扬工匠精神，建设知识型、技能型、创新型劳动者大军，营造劳动光荣的社会风尚和精益求精的敬业风气。2020 年发布的《中共中央关于制定国民经济和社会发展第十四个五年规划和二〇三五年远景目标的建议》指出，要弘扬科学精神和工匠精神，营造崇尚创新的社会氛围。

由上可知，培育和弘扬工匠精神已成为国家战略和时代共识。我国实现从"制造大国"向"制造强国"、从"中国制造"向"中国创造"的转变，一个重要方面就是要努力培养和造就一支宏大的高素质劳动者大军，涵养劳模精神、劳动精神、工匠精神，② 营造崇尚技能的良好社会氛围。近年来尤其是自 2016 年以来，学术界对工匠精神给予了高度关注，开展了大量富有成效的研究，但总体而言，由于时间较短，围绕工匠精神的相关研究尚处于起步阶段，还不够系统和深入。在此背景下，贯彻我国的新时代制造强国战略，从理论层面深入探讨制造业员工的工匠精神培育问题，具有重要的理论意义和实践价值。

1.2　研究目的与意义

1.2.1　研究目的

在我国制造业"大而不强"的现实背景下，加快培育制造企业员工的工

---

① 2016 年政府工作报告（全文）［R］. 中国网，http：//www. china. com. cn/lianghui/news/2018 - 02/27/content_5048 4682. shtml.

② "制造强国"呼唤工匠精神［EB/OL］. 新华网，http：//www. xinhuanet. com/comments/2020 - 12/01/c_1126805626. htm.

匠精神，是顺利实施《中国制造 2025》战略的一个基本保障。工匠精神具有鲜明的时代性和文化根植性，需要在继承历史传统和立足于现代化转型的基础上，重新审视和深刻把握我国当代制造企业员工工匠精神的内涵。制造企业员工的工匠精神，除了受宏观层面的制度、文化等因素影响外，也会受到员工个体特征等微观因素和企业内部环境等中观因素的共同作用，也需要企业、学校、政府和行业协会等相关主体协同采取有效措施加以培育。为此，本书立足于新时代背景，从工匠精神的概念建构出发，围绕制造企业员工工匠精神的培育问题展开系统研究，主要研究目的如下：

（1）界定制造企业员工工匠精神的内涵，并在此基础上开发工匠精神的测量量表，为评价工匠精神现状、实证分析工匠精神的影响因素及形成机理等提供有效的测量工具支持；

（2）采用质性研究和量化研究相结合的方法，揭示制造企业员工工匠精神的形成机理，并建构典型制造企业员工工匠精神的形成机制模型，为提出工匠精神的培育对策提供重要依据；

（3）在理论分析与实证研究的基础上，系统性地提出促进制造企业员工工匠精神培育的对策，为有关政府部门、学校、行业协会和企业等探索完善工匠精神的培育机制、营造良好的工匠文化提供决策参考。

1.2.2　研究意义

本书立足于"中国制造 2025"这一战略背景，针对制造企业员工工匠精神的形成机理与培育对策进行较为系统和深入的研究，研究成果具有较好的理论意义和较高的实践指导价值。

1. 理论意义

本书的理论意义主要体现在三个方面。

首先，基于传统和现代交融的视角，建构了包含五个维度的制造企业员工工匠精神的概念，有助于深化工匠精神的内涵研究。在此基础上，遵循规范的心理学测量程序，开发了具有较高信度和效度的工匠精神量表，能为相关领域的实证研究提供测量工具支持。

其次，从传统领导力和现代领导力出发，分别构建了家长式领导和精神型领导作用于员工工匠精神的理论模型，并提出研究假设。通过开展跨层次实证分析，揭示了家长式领导和精神型领导对员工工匠精神的影响机理，拓展并深化了工匠精神的前因变量研究。

最后，从整合性的微观视角出发，选取典型制造企业作为分析对象，采用多案例探索性研究方法，构建了制造企业员工工匠精神的形成机制模型，拓展了员工个体微观层面工匠精神形成的理论研究，同时也进一步丰富了有关工匠精神的案例研究成果。

2. 实践意义

本书的实践意义主要体现在两个方面。

首先，基于典型案例分析构建的制造企业员工工匠精神形成机制模型，较为系统、详细地呈现出组织环境对员工工匠精神的形塑作用过程，能为其他制造企业探索建立和完善适合自身特点的员工工匠精神培育机制提供经验借鉴，促进制造企业的高质量发展。

其次，基于企业自身与外部环境协同培育工匠精神的思路，从企业自身的顶层设计、管理者领导力、企业导师、人力资源管理机制以及外部保障五个方面，较为系统地提出了促进制造企业员工工匠精神培育的对策，能为有关政府部门、学校、行业协会和制造企业探索完善员工工匠精神的培育机制提供较好的决策参考，从而推动我国制造业的转型升级。

1.3 国内外研究现状

培育和弘扬工匠精神已经成为国家战略，受到了国内学术界的广泛关注。从现有的研究文献来看，国内学界关注工匠精神主要源于 2016 年的政府工作报告，近年来已经进行了大量的探讨，取得了积极的研究进展。此外，国外也有少量文献对工匠精神进行了研究。综合现有的相关文献，本书从工匠精神的内涵、维度与测量、驱动和影响因素、培育策略等方面，对工匠精神领域的研究文献进行梳理和分析。

1.3.1 工匠精神的内涵界定

1. 工匠精神的历史演变与当代特征

工匠精神根植于一定的时代背景，随着经济和社会的发展，工匠精神的内涵也在不断地发生演变。张迪（2016）认为，工匠精神主要经历了四个阶段的变化：（1）孕育阶段，物质生产相对落后、科技文明相对不发达，此时的工匠精神强调简约朴素、切磋琢磨；（2）产生阶段，工匠为了职业威望和信誉以及适应社会，注重崇尚以德为先、德艺兼修；（3）发展阶段，进入封建社会以后，随着经济发展水平的提高和社会发展的需要，出现了种类繁多、形式多样的传承方式，在传承手艺的同时，也展现出了不以物喜、不以己悲、不被繁杂的外界环境所干扰的工匠精神；（4）传承阶段，在机械化生产与互联网产业日益发达的现代社会，工匠精神提倡开放包容和勇于创新。庄西真（2017）从工业发展程度分析，将工业发展过程分为手工业时代、工业革命时期和第三次工业革命。其中，在手工业时代，科学技术落后，工匠们注重追求精益求精和创新；工业革命时期，传统手工业受到机器化大生产的冲击，工匠精神陷入失落期；第三次工业革命，消费者的个性化需求日益受到重视，要求员工具备较高的创新素养与过硬的专业素质，这与工匠精神所强调的精雕细琢、精益求精的价值理念是一致的。

对当代工匠精神内涵的解读离不开对其历史根源的探索。夏燕靖（2020）基于历史文化的传承视角，认为工匠精神在本质上是对"道技合一"境界的追求。"道技合一"是指工匠兼具职业价值观、道德观、操守观以及技艺、技术、技能。在我国古代，工匠技艺被视为"奇技淫巧"，随着时代的发展进步，这一错误认知得以纠正，匠作也被赋予了艺术价值。程军（2020）基于《庄子》匠人寓言对工匠精神的道家思想来源进行了解读，认为工匠精神追求的是技、德、美的有机融合与循序渐进，其中技、德、美分别指技能方面的精业、伦理方面的敬业以及心理情感方面的审美精神。徐彦秋（2020）发现，《考工记》和《庄子》中留存有工匠精神的初生形态，而在人类的历史长河中，工匠精神也均包含着一致的基本内涵：忠诚、奉献、完美和坚持。

在当今时代，学术界普遍认为工匠精神具有爱岗敬业、精益求精、追求卓越、持续专注等特征（Matthew，2014；刘建军，2016；栗洪武和赵艳，2017；庄西真，2017；黄如艳和李晓华，2020；高远和吕甜甜，2021；杨松超，2021等）。部分学者为工匠精神定义时，常将其与工作本身相联结。例如，米尔斯（Mills，2002）认为，具有工匠精神的员工工作投入的根本原因是工作本身，工匠精神能够反映个人对工作的投入程度；森尼特（Sennett，2009）认为，工匠精神是人们为了工作本身而去完成工作的欲望。同时，有一些学者从其他视角对工匠精神的内涵提出了自己的看法。例如，杨子舟和杨凯（2017）认为当代的工匠精神是富有柔性的制造智慧，个性化定制成为工艺的发展方向，制造过程并非简单的重复和模仿，而是工匠的再次创造的过程。刘志彪和王建国（2018）基于现代发展需求，认为工匠精神应包含用户至上的观念。随着时代的不断发展，市场需求更加多样化，徐耀强（2017）、钱闻明（2018）、苏勇和王茂祥（2018）等指出工匠精神应当体现创新性特征，注重产品的推陈出新。匡瑛（2018）基于智能化制造背景，认为工匠精神被赋予了勇于突破、协同合作的新时代意涵。唐国平和万仁新（2019）在对相关文献总结后认为，现代的工匠精神已经与企业的人力资源管理相融合，演变为企业的资本资源。此外，还有学者认为工匠精神被广泛用作组织公民行为的一部分，责任心能够衡量工匠精神的价值部分（Zheng et al.，2020）。

除了工匠精神的外在表现，还有不少学者对工匠精神的深层本质展开了探析。其中，大部分的研究者较为认同工匠精神的本质不仅在于可被观察到的外在行为，还应包含可解释外在行为的内在逻辑。一些学者将工匠精神的内涵框定在"精神"之内，对员工的外在行为不做具体界定，即有"良知"，自然会"格物"。例如，喻文德（2016）从伦理文化的视角进行剖析，认为工匠精神首先是一种人生态度，并在职业劳动中以工作伦理的形式存在；徐耀强（2017）从心理学的角度阐述工匠精神仅为工匠意识产生之后所表现出的精神状态；栗洪武和赵艳（2017）将工匠精神内涵限定在工作范畴之内，认为工匠精神本质上是职业理念和工作态度。也有学者持相似的观点，认为工匠精神蕴含的是工人对工作质量和工作价值的追求（Yu and Luo，2020）；潘纳克（Paanakker，2019）将工匠精神视作一种更高层次和释放了更大力量的个体价值观念综合体；高中华等（2020）基于价值观理论，将工匠精神定义为聚焦威望和认知两方面、成长导向明显的特定工作价值观；段升森等（2021）认为工匠精神源于员工追求心理满足和实现自我的过程，本质上折射出员工的工作信念、行为规范和最终理想。此外，部分学者从宏观层面定义工匠精神，刘建军等（2020）探讨了工匠精神的社会政治内涵，它汇聚了劳动人民的勤劳精神、工人阶级的先进精神和社会主义的建设精神；徐彦秋（2020）从国家层面定义工匠精神，认为是在追求极致的产品质量中，体现的民族精神或国家精神。

因历史文化背景不同，各个国家对工匠精神内涵的理解也不同。在日本，工匠精神又被称为"职人文化"或"匠人精神"，它是日本文化的一部分。秋山利辉认为匠人文化有其存在的独特意义，是无法取代的，其中蕴藏着日本人的民族精神和文化基因（陈晓丽译，2015）；礼次郎（Reijiro，2015）认为，经济全球化创造了更多机遇，工匠精神契合时代发展要求，用专注和敬业制造和销售文化产品；阿久津一志认为，工匠精神的内涵包括：毅力、协作和卓越（张雷译，2017）。稻盛和夫认为，工匠精神根植于职人文化，其内涵与职业个性相关，包括严谨、极致、专一（曹岫云译，2015）。在欧美发达国家，并没有"工匠精神"这个词，但是德国人会使用"职业精神"这一相似的概念，本杰明解释了美国的职业精神，他认为职业精神的内涵包括"克制""勤奋""节俭""诚实"等（刘玉红译，2002）。魏纳等（Werner et al.，2013）认为，德国双元化的职业培训模式是其德国职业精神形成的沃土。金耶斯基和斯克里普内克（Kinjerski and Skrypnek，2004）认为，职业精神是指员工在日常工作中感受到意义，生产高品质的产品，追求卓越，为组织做贡献。

综上可知，在各个历史时期以及不同的文化背景下，由于经济和社会发展等方面的差异，工匠精神的内涵存在一些不同之处，但敬业、求真、专注等品质始终是工匠精神的核心构成要素。

2. 工匠精神与相关概念的辨析

（1）工匠精神与伦理、精神和态度之间的关系。

首先，与伦理相比，虽然伦理在特定情境下可以作为判断行为的标准，但其范围受限于道德范畴，被认定为一种群体规范；而工匠精神并不局限于道德范畴，而且多形容个体（高中华等，2020）。其次，与精神相比，工匠精神对人的决策和行动有指导作用，是对行为的指示和告知，与精神这种内在品质强调人的原本倾向存在明显区别（Parks and Guay，2009）。最后，相较于态度，工匠精神相对稳定，并能够超越具体的情境；而态度的适用范围狭窄，仅在特定的行为、目标或情境下有效（Schwartz，2014）。

（2）工匠精神与职业精神、劳模精神和企业家精神的关系。

首先，就工匠精神和职业精神的关系而言，学者们大多认同工匠精神本质上就是一种优秀的职业精神，在职业教育中应加强对学生工匠精神的培养，以形成良好的职业精神（孙利，2017；鲍风雨和杨科举，2018等）。但也有学者对二者进行了区分，张健（2017）指出工匠精神和职业精神有一定的交集共性，但也存在明显的差异。他认为工匠精神表现为：尚巧、求精、崇德、执念，而职业精神则体现为：敬业、精业、创新和立业精神，二者不可混淆。

其次，关于工匠精神与劳模精神的关系，有少数文献进行了探讨，基本上都认为两者之间具有较大的相似性和一定的差异性。例如，吕守军等（2018）指出，两种精神虽然产生于不同的时代背景，但在本质上是一脉相承的，均是劳动关系对社会关系的精神辐射。常晓媛（2019）认为二者之间在发展劳观和重视道德培养上具有一致性，而在产生条件、内涵价值导向以及外在表现形式上则存在差异性。刘向兵（2021）认为，劳模精神和工匠精神虽有不同侧重，但具有相同的精神内核，即崇尚劳动和尊重劳动者。

最后，针对工匠精神与企业家精神的关系，相关研究的观点尚不统一。例如，彭澎（2016）认为企业家精神是"工匠精神"在经营能力上的体现，对于技术人员要强调传统的"工匠精神"，对于企业家则还要把"工匠精神"延伸到市场竞争中的经营模式上去。刘远举（2017）认为，工匠精神在一定程度上可以看作企业家精神的一个子集，是企业家精神在制造产品上的体现，不能脱离企业家精神。刘志彪和王建国（2018）指出，工匠精神与企业家精神均强调创新，但工匠精神适合于渐进性创新活动，而企业家精神则与根本性创新活动相匹配。

1.3.2　工匠精神的维度与测量

1. 工匠精神的维度划分

目前学术界对工匠精神的维度研究取得了积极进展（见表1－1）。

表1－1　　　　　　　　　　工匠精神的维度

维度	内容	代表性学者
二维	"尚技"精神、"崇德"精神	薛栋（2016）
	爱岗敬业、精益求精	栗洪武和赵艳（2017）
	信念责任、精业敬业	李群等（2020）
三维	创新精神、工作态度、人生理想	肖群忠和刘永春（2015）
	敬业、专一、严谨	喻文德（2016）
	专注忠诚精神、至善至美精神、批判超越精神	肖薇薇和陈文海（2016）
	精益求精、专注、创新	蔡秀玲和余熙（2016）
	创造精神、品质精神、服务精神	邵景均（2017）
	规范化、控制力、创业自我效能感	张敏和张一力（2017）
	奉献精神、工作态度、创新精神	方阳春和陈超颖（2018）
	爱岗敬业、精益求精、勇于创新	叶龙等（2018）
	创造精神、创新精神、精益求精精神	朱永坤（2019）
	工匠技艺、工匠品德、工匠心性	胡利利和熊璐（2019）

续表

维度	内容	代表性学者
四维	尊师重道、爱岗敬业、精益求精、求实创新	李进（2016）
	敬业、精益、专注、创新	徐耀强（2017）
	求精、尚美、创新、卓越	陈利平（2017）
	专注、传承、创新、卓越	闫广芬和张磊（2017）
	持久专注、追求卓越、创新驱动、梦想与爱	饶卫和黄云平（2017）
	组织共识、管理标准、核心能力、其他特征	郭会斌等（2018）
	精益求精、敬业奉献、一丝不苟、坚持	乔娇和高超（2018）
	精益求精、耐心专注、价值追求、探索创新	朱祎等（2020）
五维	师道精神、制造精神、创业精神、创造精神、实践精神	李宏伟和别应龙（2015）
	职业价值观、职业责任感、职业道德观、职业发展观、职业创造性	施玉梅（2018）
	精益求精、笃定执着、责任担当、个人成长、珍视声誉	赵晨等（2020）
六维	敬业、专业、耐心、专注、执着、坚持	赵晓玲（2015）
	专注、标准、精准、创新、完美、人本	李海舰等（2016）
	职业承诺、服务追求、持续创新、能力素养、履职信念、传承关怀	李朋波等（2021）
八维	非正式学习、隐性知识、内在动机、整体性理解、参与任务、磨炼技能、发现问题和解决问题	索林德森等（Thorlindsson et al.，2018）

资料来源：根据参考文献整理而成。

多数学者认为工匠精神是三维、四维的构念。例如，喻文德（2016）基于伦理文化视角分析认为，工匠精神包括敬业、专一、严谨三个方面；张敏和张一力（2017）基于企业家典型案例研究，归纳得到工匠精神的三个核心维度：规范化、控制力和创业自我效能感；方阳春和陈超颖（2018）通过理论分析和实证检验，得出结论认为工匠精神包括爱岗敬业的奉献精神、精益求精的工作态度、攻坚克难的创新精神三个维度；饶卫和黄云平（2017）结合扶贫工作研究指出，工匠精神适用于广泛的人类活动，体现在持久专注、追求卓越、创新驱动、梦想与爱四个方面；郭会斌等（2018）认为工匠精神是一种组织文化图式或行事惯例，以组织共识、管理标准、核心能力和其他特征（尤其是组织愿景和商业伦理追求）为构成要素；胡利利和熊璐（2019）聚焦制造企业员工，通过运用扎根方法得出工匠精神包含工匠技艺、工匠品德、工匠心性三个维度。朱祎等（2020）认为高职生的工匠精神共有四个构成要素，分别为精益求精、耐心专注、价值追求和探索创新。

也有少数学者认为工匠精神是二维、五维、六维甚至八维的结构。例如，栗洪武和赵艳（2017）研究发现中国古代社会的工匠精神是以"治事"与"安身"作为实践范式，并通过"师徒制"维系其延续发展的，体现在爱岗敬业和精益求精两个方面；李群等（2020）通过文献分析、访谈等定性分析方法，从工匠精神本质属性出发，得到信念责任和精业敬业两个维度；李宏伟和别应龙（2015）认为，"造物"是工匠精神的伟大使命，造物的精神追求就是工匠精神的集中体现，可概括为五种精神特质，即尊师重教的师道精神、一丝不苟的制造精神、求富立德的创业精神、精益求精的创造精神、知行合一的实践精神；李海舰等（2016）经过整理有关资料及初步研究，指出工匠精神的内涵可从专注、标准、精准、创新、完美、人本六个维度进行界定；赵晨等（2020）采用网络志方法归纳出精益求精、笃定执着、责任担当、个人成长和珍视声誉等高质量发展背景下工匠精神的五个维度；李朋波等（2021）基于服务业员工的特殊性，提出工匠精神的六个维度，分别是职业承诺、服务追求、持续创新、能力素养、履职信念、传承关怀；索林德森等（Thorlindsson et al.，2018）认为工匠精神是一种工作技能和方法，它包含非正式学习、隐性知识、内在动机、整体性理解、参与任务、磨炼技能、发现问题和解决问题八个维度。

此外，除了维度数量的差异，学者们对工匠精神维度的划分也呈现出不同的视角。首先，通过对工匠精神内涵的深度解析，"爱岗敬业""敬业"已成为工匠精神结构探究中的高频词语（喻文德，2016；徐耀强，2017；栗洪武和赵艳，2017；方阳春和陈超颖，2018 等），表现出与当今新时代内涵的精神内核——社会主义核心价值观的高度契合。其次，研究者们通过对中国古代工匠的培养方式与其所表现出的职业精神进行辨析，普遍认同"精益求精""专一""尽善尽美""严谨"等对作品极度负责的工作态度应当成为工匠精神的构成要素（喻文德，2016；栗洪武和赵艳，2017；叶龙等，2018；乔娇和高超，2018 等）。最后，还有学者充分考虑到工匠精神情境适应性的特征，结合我国制造业发展的主力军——技能人才的职业特性以及当前的新时代发展要求，将"创新"作为关键要素纳入工匠精神的概念之中（叶龙等，2018；方阳春和陈超颖，2018；朱祎等，2020）。

总体来看，学术界关于工匠精神的维度划分取得了积极的研究进展，但由于学科和研究范式的差异，大多数研究的主观性较大，缺乏科学、严谨的实证检验，且尚未达成共识。此外，虽然不同学者对工匠精神维度构成的表述存在差异，但很多都认为工匠精神包含爱岗敬业、精益求精和创新等要素。

2. 工匠精神的测量

虽然有很多学者研究了工匠精神的构成维度，但绝大多数都是定性地进行分析，并未开发相应的测量量表进行实证检验，仅有少数学者对工匠精神的测量进行了探索。

方阳春和陈超颖（2018）采用深度访谈、开放式问卷调查以及文献查阅等方式收集工匠精神的有关陈述句，然后进行编码整理和归类，得到了工匠精神的三个维度（爱岗敬业的奉献精神、精益求精的工作态度、攻坚克难的创新精神），进而编制工匠精神量表，统计分析表明该量表具有较高的信度（α = 0.96）。叶龙等（2018）从爱岗敬业、精益求精和勇于创新三个维度对工匠精神进行测量，其中"爱岗敬业"测量采用的是萨克斯（Saks，2006）开发的员工敬业度量表，有 5 个题项；"精益求精"测量借鉴了訾非和周旭（2006）编制的多维完美主义量表，并进行了一定的修订，有 10 个题项；"勇于创新"测量参照了乔治（George，2001）开发的创造力量表，有 13 个题项。乔娇和高超（2018）从工匠精神的四个内涵要素出发（精益求精、敬业奉献、一丝不苟、坚持）开发了测量量表，共有 4 个题项，信度检验结果显示量表的 α 系数在 0.8 以上。胡利利和熊璐（2019）围绕制造企业员工，运用扎根理论生成工匠精神要素清单，并通过实证检验得出工匠精神量表包含工匠技艺、工匠品德、工匠心性三个维度，该量表的 Chronbach's α 系数为 0.909。李群等（2020）通过文献分析、访谈、问卷调查等方法开发了制造业新生代农民工的工匠精神量表，得到信念责任和精业敬业两个维度，共包含 8 个题项（α = 0.835）。赵晨等（2020）采用网络志方法归纳出精益求精、笃定执着、责任担当、个人成长和珍视声誉等高质量发展背景下工匠精神的五个维度并开发出相应的量表。李朋波等（2021）聚焦传统服务业，基于扎根探索，开发了包含 6 个因子、24 个题项的工匠精神量表，其效度和信度都处于理想水平。

1.3.3　工匠精神的驱动和影响因素

在新的历史时期，工匠精神的培育和弘扬得到了前所未有的重视。但纵观中外历史可以发现，工匠精神的产生和复兴是一个长期、复杂的过程，也是多种因素综合作用的结果。部分学者探讨了工匠精神的驱动因素和影响因素，下面进行具体分析。

1. 驱动因素

应当说，当前我国工匠精神的复兴，有着深刻的经济和社会背景，尤其是制造业强国战略的实施和供给侧改革。

（1）制造业转型升级。

有学者从我国制造业转型升级的现实背景出发，认为"中国制造2025"战略计划的落实需要工匠精神的复兴。肖群忠和刘永春（2015）指出，我国要想实现从工业大国到工业强国的转型，关键在于从根本上提升中国制造的质量，迫切需要工匠精神的回归。李珂（2017）认为，中国制造业转型和工业强国战略的实施需要高技能人才的支撑，工匠精神所具有的恪尽职守、崇尚精益求精的品质正是所需要的。闫广芬和张磊（2017）认为，工匠精神的培育不但是传统精神的历史传承，更重要的还是当代经济和社会发展的现实需要，也即在新常态下满足中国制造由大变强的社会需求。曾颢等（2018）指出，从"中国制造"到"中国质造"再到"中国智造"的转型升级，关键在于提升劳动者的素质，培养他们的工匠精神。李群等（2020）运用全局主成分分析法，综合评价测度了2011~2018年我国31个省级区域的工匠精神，实证得出：工匠精神对制造业经济增长有显著的积极作用。有研究者认为，培育工匠精神是推动我国制造业发展、满足定制化柔性生产需求的必然趋势（Jin，2021）。曾宪奎（2021）指出，国内大循环的畅通需要制造业数字化转型，强化工匠精神是加快制造业转型升级和维持国内大循环主体地位的主要任务之一。

（2）供给侧改革。

当前我国面临着消费市场需求与产品供应之间的严重失衡与相对过剩，为了解决这一系列难题，李宏昌（2016）认为客观上要想对供给体系与供给结构进行优化以及对企业生产质量与效率进行提升，本质上必须大力培育与弘扬工匠精神，为建设强国凝聚精神动力。谭舒和李飞翔（2017）认为，供给侧改革与工匠精神复苏相辅相成，供给侧改革为工匠精神的当代复苏提供了时代机遇，而工匠精神的培育又是推动供给侧改革的动力。刘志彪和王建国（2018）指出，培育精益求精、消费者至上的工匠精神，塑造工匠精神背后的制度和文化，成为我国深入实施供给侧改革的关键所在。徐彦秋（2020）认为，新时代工匠精神的培育，是供给侧结构性改革进程中的必然选择和建设人才基地的关键举措。

2. 影响因素

研究表明，工匠精神受到宏观和微观层面的制度与文化、生产模式、学校人才培养机制以及领导和员工个人等多种因素的影响。

（1）制度与文化。

经济社会制度、政策和文化等因素会对工匠精神产生多方面的影响。不少学者指出，我国传统的"士农工商"身份划定和"重农抑商"等政策影响至今，使得社会上存在对工匠职业及工匠精神的歧视，再加上急功近利的社会浮躁风气，严重影响了工匠精神的培育和传承（喻文德，2016；丁彩霞，2017；朱京凤，2017；曾宪奎，2017；刘自团等，2020）。除了社会文化的影响外，也有学者从微观视角分析认为企业文化对工匠精神的养成有重要影响（刘国莲，2018）。除了显性的企业文化，胡利利等（2019）通过实证研究得出，人际关系、组织支持等组织氛围对员工工匠精神具有潜在的预测作用。此外，关于制度因素对工匠精神的影响，李宏伟和别应龙（2015）认为，以工厂化、机器化等为标志的近代工业制度弱化了传统的工匠伦理，导致部分工匠技艺逐步衰落甚至失传。贺正楚和彭花（2018）通过问卷调查发现，微观的企业管理制度和宏观的政府制度对新生代技术工人的工匠精神均具有推动作用。叶龙等（2020）研究发现，企业内部的师徒传承制度已被证实对员工的工匠精神具有显著的促进作用。

（2）生产模式和技艺传承方式。

生产模式和技艺传承方式是工匠精神传承与发展的重要载体。徐国庆（2016）指出，以前的工匠一般都是个人独立经营，依靠自己生产产品并能获得全部的收益，在这种模式下工匠精神可以得到有效激发。而到了现代社会，生产环节分工过细，工人被限制在一个固定的岗位上重复进行单调的劳动和操作流程，工人们的活动地域和思维往往受限于一个狭小的领域，肖薇薇和陈文海（2016）认为这在某种程度上会抑制个人创造性的发展，导致了人的思维的片面性，失去了对劳动的创新性，工匠精神的形成也就无从谈起。此外，技艺传承方式也会影响工匠精神的传承与发展。曾宪奎（2017）认为，中国传统的技艺传承方式实行的是平均继承制，这样会导致在代际传承后，一份家业被分割得越来越小，形成的品牌和技术很容易在若干代代际传承之后消失，从而蕴含在手工业中的工匠精神也会随之消逝。

（3）职业院校人才培养机制。

高职院校是培育技能人才工匠精神的主要阵地，但现实中部分高职院校注重学生的技能培养和就业，而对学生的价值观塑造则不够重视。肖薇薇和陈文海（2016）指出，职业教育的主要目标是培养德艺双馨的职业技术人员，但对比当前的职业教育体系，尚存在一定的差距。汤艳和季爱琴（2017）认为高职院校培养目标的偏离导致工匠精神的缺失，应重新确立和重塑工匠精神的地位，把工匠精神作为职业素养教育的核心内容。徐彦秋（2020）认为，高校教师追名逐利，遗忘了"以学生为本"的教学出发点，有部分教师在利益驱使下降低了工匠素养，这是影响工匠精神培育的重要原因。

（4）领导和领导者。

实证研究表明，员工的态度和行为受到领导风格的影响（彭伟等，2017）。领导者的愿景激励能够激发新员工的工作热情，新员工将更加热情、积极、专注地投入到工作中去，由此带来更高的敬业度（李超平和毛凯贤，2018）。普勒斯和马克（Pless and Maak，2011）研究发现，领导者可以通过表现出相应的领导风格来影响员工的工匠精神，责任型领导这一领导风格与培育工匠精神相匹配。叶龙等（2018）从自我决定理论的视角，认为包容型领导是一种信息性和支持性的环境因素，能增强技能人才的工作热情，激发他们的工匠精神。曾颢等（2018）基于案例研究认为，在企业内部建立由领导者推动、内外部联动的对话体系，尤其是发挥领导者的引领作用，对培养工匠精神具有重要意义。此外，还有研究从互动的角度探究领导力与工匠精神的联系，例如邓志华和肖小虹（2020a）基于"工作要求—资源"模型，将自我牺牲型领导与员工个体差异的微观因素同时引入概念模型，揭示出自我牺牲型领导对员工工匠精神的驱动作用及其潜在的情景机制。

（5）个人因素。

有研究表明，个体的特征和经历对工匠精神的形成也有影响。贺正楚和彭花（2018）的研究表明，新生代技术工人的个人价值观是其工匠精神的主要影响因素之一。伍佳佳（2018）研究认为，工匠自身具有的不同品质以及在他们身上发生的具有正能量的事件，都对其发展起到重要作用。乔娇和高超（2018）通过实证研究指出，大学生的志愿精神和创业精神对其工匠精神均有显著的正向影响。

1.3.4　工匠精神的培育策略研究

工匠精神培育是一项系统性工程，良好的政策制度、社会风尚以及完善的人才培养机制和企业管理制度等是必不可少的环境条件，当然也需要员工自身的努力。学界主要从政府、学校、企业和个人等层面对工匠精神培育策略进行了探讨。

1. 政府层面的培育策略

从宏观视角分析政府在工匠精神培育中的作用是目前相关领域研究的主流，对策建议涉及工匠文化建设、知识产权保护、质量监督管理等多个方面。例如，刘志彪（2016）指出，工匠文化的缺失是工匠精神缺乏的深层次原因，并提出打破市场垄断、惩罚侵犯知识产权行为、营造崇尚实业和技能劳动者的社会价值观等建议。李宏伟和别应龙（2015）提出要加大知识产权保护力度，鼓励创新创造，通过运用法律、制度等方式对工匠的技艺进行专利注册，营造有利于工匠精神传承的市场环境等。丁彩霞（2017）认为，随着消费需求的日益多层化和多元化，应不断完善市场领域的法律法规建设，以国际产品质量标准为依据，修订和提升国内企业的质量监督标准，提高产品和服务质量，这些是建立健全工匠精神制度体系的重要举措。肖薇薇和陈文海（2016）提出国家要从考核、晋升、激励、保障等方面建立完善的职业技术人员发展机制，以摆脱工匠精神衰微的困境。还有研究者指出，政府需要持续深化政治体制改革，释放制度红利，为工匠的培育提供政治保障（Luo，2020）。孙保营（2021）认为工匠精神的培育是一项系统工程，需要各方齐心协力，其中政府应该营造培育工匠精神的良好舆论氛围和完善社会支持体系。此外，还有学者认为要加快修订职业教育的法律法规，引导职业院校探索实施"工学结合""现代学徒制"等灵活多样的人才培养模式，建立现代职业教育体系（李宏伟和别应龙，2015；李珂，2017；闫广芬和张磊，2017；徐宏伟等，2018）。

2. 学校层面的培育策略

作为培养技能人才的主体，职业院校在培育工匠精神方面的重要作用引起了学界的广泛关注，学者们提出了很多建设性的思路，大致从实践教育、思想政治教育、文化教育、创新创业教育和教学改革等方面展开。

在实践教育方面，徐彦秋（2020）和刘自团等（2020）赞成借鉴德国职业教育构建的"校企合作、共育工匠"双元机制，将在校学习与企业实践相结合以培育我国的工匠精神。黄如艳和李晓华（2020）研究发现，新时代劳动教育同时具有让学生摆脱浮躁功利心绪和教会学生开拓进取的作用，是培育学生工匠精神的重要措施。此外，还有学者认为，高职院校可以通过创建工作坊并使学生参与实践以激发学生兴趣和锤炼工匠精神（Xie et al.，2020）。

在思想政治教育方面，钱俊和钱琛（2018）从设立特色教学目标、加强学生专业文化教育、找准共同的契合点和完善思政教育体系等方面，探讨了将工匠精神融入职业院校大学生思政教育的可行路径。沈明泓等（2020）指出，工匠精神是个体人格的体现，在培育方面要重视对学生的思想素质和人格素质的培养。于冠华和武淑平（2020）对专业使命教育进行探讨，认为学校培养工匠精神不仅要对专业技能进行培养，更要对专业使命、专业素质进行教育，这也是在学生入职前提升其职业使命感的有效举措。有学者指出，工匠精神的形成离不开职业道德和思想道德的教育，学校在开展工匠精神的思政教育时，要努力提高其科学性和实效性（Han，2020）。

在文化教育方面，林克松（2018）基于烙印理论视角认为，从本质上来看，培育工匠精神就是给学生留下工匠精神的印记并使其发挥持续影响，进而提出了职业院校培育学生工匠精神的具体路径，包括精准定位工匠精神的烙印目的、统筹设计工匠精神的烙印过程、持续监测工匠精神的烙印效果等。朱永坤（2019）提出技术院校可以根据工匠精神的内涵建设学校理念、精神、校训等精神文化，通过良好的文化氛围和文化环境使工匠精神由内而外地熏陶学生。邹良影等（2021）把开展技术创业作为培育学生工匠精神的突破口，认为打造以工匠精神为引导的创业文化和确立最初的文化定位尤为重要。此外，有学者认为，要重视传统文化的力量，高校需要将工匠精神与传统文化教育有机融合，为学生构建工匠精神的专属课堂（Xiong，2020）。

在创新创业教育和教学改革方面，许多学者认为工匠精神与创新创业是相互关联、统一互补的关系，应该将工匠精神融入创新创业教育和教学改革。例如，刘锦峰（2020）提出，学校可以通过重构以工匠精神为引领的创新创业基础课程和建设创新创业孵化基地来培育学生的创新能力，进而塑造其工匠精神。宋良玉（2020）认为，应该将工匠精神培育融入职业教育"三教"（教师、教材、教法）改革。魏钦（2020）认为创建"双师型"教师队伍对培育高职学生的工匠精神意义重大，教师应当兼具教学和实践指导能力，最大限度地发挥对学生理论和实践双重教学的作用。另外，有研究指出，创新意识是工匠精神的前提，高校开设创新课程是催化工匠精神的良药（Yao，2020）。

3. 企业层面的培育策略

针对企业层面的工匠精神培育策略，相关研究主要包括制度建设、企业文化和人才开发等方面。

在制度建设方面，布特（Boot，2001）研究了德国在培育工匠精神方面提供的良好的制度保障，包括在企业内部实施的雇员共同决策机制和双极领导体制。肖薇薇和陈文海（2016）认为，可采取生产轮岗、增强不同岗位人员的沟通交流、建立生产工序优化奖励制度等激发职业技术人员的内在积极性，促进工匠精神的生成。曾颢和赵曙明（2017）认为，在工匠精神培育中，除了要夯实职业教育的基础性地位外，作为协同主体的企业也要发挥不可替代的作用，应以师徒制为基础，发挥导师对徒弟的烙印效应，使其产生工匠精神的印记。冈萨雷斯·穆雷和科伯恩（Gonzalez - Mulé and Cockburn, 2017）认为，企业在培育员工工匠精神时，可以参照"工作要求—控制"模型，优化工作机制，降低工作压力，提高员工的工作自主度和决策参与度。

在企业文化方面，刘志彪（2016）认为，企业在管理方法上要处理好"灵活度"与"守纪律"的关系，并鼓励消费者的"挑剔"行为，建设能有效支撑工匠精神的良好的企业管理文化和行为文化。徐耀强（2017）和李珂（2017）认为，企业要积极营造精雕细刻的企业文化，将工匠精神运用到经营管理中并融入企业文化建设，引导全体员工自觉践行工匠精神。曾宪奎（2017）指出，培育工匠精神首先需要摒弃浮躁之风，要在产品的质量提升方面投入更多的时间和精力，重拾精益求精的优良品质。段升森等（2021）认为，要注重和发挥"信念的力量"，从价值观的高度对员工的工匠精神加以培育。

在人才开发方面，方阳春和陈超颖（2018）在实证研究的基础上指出，企业在人才开发过程中应该重视对员工的培训，促进不同部门间员工的交流，公平对待员工，以激发员工的工匠精神。朱春艳和赖诗奇（2020）从工作态度、岗位建设和发展远景三个层面为培育技能型员工的工匠精神提出了具体建议。梁果等（2021）指出，在家族企业中工匠精神的形成，要格外注重精神传承，重视培养后代的责任感和使命感。

4. 个人层面的培育策略

从个体层面探讨工匠精神培育的研究很少，相关建议主要涉及个体的认知、自我提升等方面。赫尔斯黑格等（Hülsheger et al., 2014）认为，正念作为一种积极特质，能够帮助个人控制注意力和提高觉察力，培育正念是塑造工匠精神的有效方式。杨子舟和杨凯（2017）指出，要树立职业院校学生对工匠职业的自信心和自豪感，让他们了解职业的意义和价值，改变他们的认知观念。李珂（2017）认为，尽管岗位职责不同，但所有职工都要立足于自身岗位，以大国工匠和劳动模范为榜样，在内心对职业存有敬畏感，对产品进行精雕细琢，持续完善自我并最终达到精益求精的职业境界。祝振强（2019）基于对日本企业"匠人精神"的深入解读，认为员工不能仅将工作视为一种谋生的手段，而是要通过具体的工作和技艺进行自我修炼，以养成对工作和产品的精雕细琢、精益求精的态度。

1.3.5　研究述评

由上可知，国内外学术界围绕工匠精神进行了卓有成效的研究，取得的研究成果具有较高的参考价值，为本书奠定了良好的基础。由于国情和文化的差异，国外学者的相关研究很少，且较为零散。相对而言，国内学者近几年围绕工匠精神展开了大量研究，成果较为丰硕，但由于研究起步较晚，相关研究总体上还不够系统和深入，亟须加以改进，主要从以下几个方面进行分析。

1. 深化工匠精神的内涵研究

现有围绕工匠精神内涵的研究，既有对工匠精神在不同历史时期的特征分析，也有结合当前的时代背景进行探讨，研究的理论基础、视角和层面等各有差异。应当看到，在制造业转型升级和供给侧改革的大背景下，工匠精神的时代属性与以往相比发生了很大的变化，但相关研究结合新时代背景进行深度挖掘的还较少，滞后于生产端和需求端的深层变革。同时，对工匠精神内涵的界定较为宽泛，研究结论之间存在较大的共性，围绕不同行业、职业或岗位的属性和特点进行深入、有针对性的分析很少，也缺乏对员工个体、组织和社会等不同层面工匠精神内涵的差异化分析。此外，工匠精神与伦理、态度、职业精神、劳模精神和企业家精神等相关概念之间究竟有何异同，相关研究的深度和规范性均显不足，尚需要借鉴有关理论并采用更加多元的方法进行深入比较。

2. 科学界定工匠精神的维度并开发量表

关于工匠精神的维度构成，很多学者基于不同的研究视角提出了各自的看法，从二维到六维乃至八维的划分都有，研究结论之间既有共性也存在差异性。但绝大多数的研究都是定性地得出结论，主观性较强，少有研究从管理学、心理学等学科视角，将工匠精神视为一个规范的研究变量，科学地对其进行维度分析。同时，现有的少数工匠精神测量量表，开发的规范性和理论基础总体上较为薄弱，制约了相关领域定量研究的深入开展。因此，在今后的研究中，需要针对不同行业、职业、岗位或层面的工匠精神的内涵，将定性分析和定量研究相结合，科学地划分工匠精神的维度，并在此基础上遵循规范的量表开发程序设计工匠精神的测量量表，以更好地满足理论研究和实践工作的需要。

3. 拓展工匠精神的前因变量

部分学者从制造业转型升级和供给侧改革的宏观视角，分析了工匠精神复兴的驱动因素，也有一些学者探讨了制度与文化、生产模式、学校人才培养机制以及领导和员工个人等多种因素对工匠精神的影响。总体来看，相关研究提出的驱动因素和影响因素大多比较宏观，对组织层面的领导、文化、管理机制以及员工个体层面的个性、价值观等相对微观的因素探讨还很不足，需要加强。此外，现有研究绝大多数都是采用主观性较强的定性分析方法，运用规范的定量方法对各因素的具体影响作用及机理进行实证检验的还较为缺乏。今后，在开发工匠精神量表的基础上，应当针对不同类型和不同层面的影响因素与工匠精神之间的关系进行定量分析，提高研究的科学性。同时，也可以更多地采用案例研究方法，全面、深入地揭示工匠精神的形成机理。

4. 强化工匠精神的结果变量研究

现有研究主要关注工匠精神的驱动因素和影响因素，而对工匠精神的作用结果则缺乏系统分析，仅有极少数文献进行了探讨。事实上，培育工匠精神有着强烈的现实背景和目的性，即要促进制造业的转型升级。此外，作为一种优秀的职业精神，工匠精神也可能促使员工产生积极的组织行为，如建言行为、组织公民行为等，进而对个体绩效、组织绩效、客户满意度等带来正面影响。因此，在今后的研究中，需要加强对工匠精神作用结果的重视，并采用规范的定量方法深入探讨个体、组织等层面的工匠精神对员工自身、组织发展等有关变量的作用机制及其边界条件。

5. 丰富工匠精神的提升策略

相关研究对工匠精神的前因变量分析总体上较为宏观，针对工匠精神提升策略的探讨也大多从政府层面和学校层面展开，突出政府和职业院校在工匠精神培育中的关键性作用，比较符合我国的国情。同时，也有一些研究从企业层面和员工个体层面提出了相应的策略。总体来看，针对组织层面和个体层面的策略研究相对较少，且缺乏坚实的理论基础和实践依据。在未来的研究中，需要对组织和员工自身在培育工匠精神中的作用给予更多关注，将理论研究与实证研究相结合，深入分析如何通过优化组织中的领导、文化、管理机制等情境条件以及激发员工自身的内在动机等，促使更多的员工表现出工匠精神，进而推动组织工匠文化的形成。

1.4 研究内容与方法

1.4.1 研究内容

本书立足于《中国制造2025》的实施背景，在借鉴国内外相关研究成果的基础上，较为系统、深入地探讨了制造企业员工工匠精神的形成机理及培育问题，主要研究内容包括五个方面。

1. 制造企业员工工匠精神的概念建构

鉴于不同行业员工工匠精神的内涵既有共性也存在差异性，聚焦于制造企业员工的工匠精神，通过以下步骤对其概念进行建构：（1）从萌芽、形成、发展和衰落四个阶段，对我国工匠精神的历史演变进行系统分析；（2）从制造业转型升级的需要、消费升级的需要以及培塑文化自信的需要三个方面，阐述工匠精神复兴的时代背景；（3）基于传统手工业时代的历史传承和当前"互联网＋制造"时代的典型特征，剖析"中国制造2025"背景下企业员工工匠精神的融合特征。其中，从工匠精神的历史演变中提炼出工匠精神的传统特性，包括精益求精、爱岗敬业和持续专注三个方面。同时，基于时代背景凝练工业化发展赋予工匠精神的新增内涵，提炼工匠精神的现代特性，包括勇于创新和团队协作两个方面。在此基础上，构建了当代工匠精神意涵的结构模型，为接下来的工匠精神量表开发奠定了坚实的理论基础。

2. 制造企业员工工匠精神量表的开发与应用

遵循规范的量表开发程序，开发制造企业员工工匠精神的测量量表，步骤如下：（1）在对工匠精神的概念进行建构的基础上，围绕具体的内涵维度，参考并借鉴中外学者对相关内容的观点表述，同时选取并融合国内外相关权威量表中的部分条目以设计量表题项，形成初始测项；（2）小范围地邀请制造企业员工进行试读与试填，并经过与相关领域专家的多轮反复交流后形成了制造企业员工工匠精神的初始量表；（3）对制造企业的员工实施问卷调查，通过初测、复测对问卷进行项目分析与信度检验，采用探索性因子分析和验证性因子分析等方法，检验其结构效度；（4）通过不断优化和修订，使开发的工匠精神测量量表的信度和效度达到测量学的标准；（5）借助开发的工匠精神量表，通过随机抽样对部分制造企业员工的工匠精神进行评价，从一定程度上了解制造企业员工工匠精神的现状。

3. 制造企业员工工匠精神的形成机理研究

基于传统领导力和现代领导力的视角，分别选取家长式领导和精神型领导，探讨领导风格对员工工匠精神形成的作用机理，步骤如下：（1）根据社会信息加工理论、社会交换理论和自我决定理论，构建家长式领导和精神型领导作用于员工工匠精神的跨层次理论模型，在此基础上根据理论推导提出相关研究假设；（2）设计调研问卷，对制造企业的员工及其领导进行问卷调查，获取配对样本数据；（3）运用 SPSS、AMOS 和 HLM 等统计分析软件对调研数据进行处理，拟合提出的理论模型，找出变量发生作用的机制和边界条件，揭示员工工匠精神的形成机理。

4. 制造企业员工工匠精神形成机制的多案例探索性研究

扎根于具有工匠精神代表性的优秀企业实践，通过案例研究得到工匠精神在工匠身上的形成路径，步骤如下：（1）基于文献回顾与总结，并结合勒温场论与精神分析理论中的结构层次观点提出先导构念，即理论分析框架；（2）采取探索性多案例研究方法，严格遵循三角验证原则，通过多样化的数据来源和多受访主体的方式收集数据，并应用一阶/二阶概念方法对数据展开编码与分析；（3）根据多案例研究的逐项复制逻辑原则，对三家案例企业分别展开纵向探索性研究，根据时间维度进行案例内的阶段性分析，并展开进一步的研究发现与讨论，构建出三家案例企业员工工匠精神形成的理论框架，以解答在具体实践中工匠精神的操作化定义（What）以及如何形成工匠精神（How）的问题；（4）在对单个企业展开案例分析的基础上，进行多案例总结分析，并借鉴内圣外王的儒家学说和勒温的群体动力学理论展开论述，从中得到更加稳健且更具有普遍性的结论，为其他制造企业提供借鉴。

5. 制造企业员工工匠精神的培育对策研究

基于以上理论研究和实证研究，并结合我国的国情和制造业发展实际，从企业自身和外部环境协同培育员工工匠精神的思路出发，较为系统地提出推动制造企业员工工匠精神培育的有效对策，具体包括：（1）强化工匠精神培育的顶层设计；（2）提升企业管理者的领导力；（3）增强企业导师的工匠精神形塑力；（4）完善工匠精神培育的人力资源管理机制；（5）加强企业工匠精神培育的外部保障。

1.4.2　研究方法

本书主要采用了如下几种研究方法。

1. 理论研究法

通过大量的文献检索、阅读和分析，掌握相关领域国内外研究现状，理解相关基础理论的产生与发展，总结现有研究的成果与不足。在此基础上，运用社会信息加工理论、社会交换理论、自我决定理论和场域理论等有关理论，分析制造企业员工工匠精神的多层面影响因素及其作用机理。

2. 质性研究法

采用多案例探索性研究方法，收集和分析具有代表性的三家制造企业的员工工匠精神培育资料，建构工匠精神形成机制模型；通过文献分析以及对制造企业的员工、管理者等进行半结构化深度访谈，界定工匠精神的内涵与外延，探索出工匠精神的影响因素以及影响机理等。

3. 量化研究法

在开发制造企业员工工匠精神的测量量表、评价工匠精神水平、实证分析工匠精神的影响因素及形成机理时，采用了信度和效度分析、探索性因子分析、验证性因子分析、分层线性回归等多种定量方法，对通过问卷调查得到的数据进行量化分析，增强了研究的科学性。

1.5　研究思路与技术路线

1.5.1　研究思路

本书基于对《中国制造 2025》的深入解读和中央有关政策文件的分析，

确立了"制造企业员工工匠精神培育"这一研究主题。一是结合工匠精神的历史演变和"互联网＋制造"的时代特点，剖析工匠精神的当代特征，并通过文献分析和访谈，建构员工工匠精神的概念。二是遵循规范的量表开发程序，开发制造企业员工工匠精神的测量量表，并开展工匠精神的评价分析。三是从领导力的视角出发，建立制造企业员工工匠精神的影响因素模型，跨层次实证分析家长式领导和精神型领导作用于员工工匠精神的具体机制，揭示工匠精神的形成机理。四是基于工匠精神培育的代表性案例，运用多案例探索性分析的方法解构制造企业员工工匠精神的操作化定义、工匠精神在员工身上的形成路径以及相应的工匠精神培育环境等。五是从企业自身和外部保障两个方面，较为系统地提出了促进制造企业员工工匠精神培育的有效对策。

1.5.2　技术路线

本书采用的技术路线如图 1 - 1 所示。

1.6　研究的创新之处

本书立足于《中国制造 2025》实施背景和国内外相关领域的研究前沿，将理论研究与实证研究相结合，较为系统、深入地分析了制造企业员工工匠精神的形成机理和培育问题，具有较好的理论创新，主要体现在三个方面。

1. 从传统与现代交融的视角建构了工匠精神的概念，并遵循科学的量表开发程序开发其测量量表

首先，区别于以往研究从内在价值取向和外在行为表现两个方面展开对工匠精神概念结构的探讨，本书基于古代手工业以及现代工业发展背景进行工匠精神结构探索，将微观个体与宏观社会背景相结合，得到精益求精、爱岗敬业和持续专注等工匠精神的传统维度以及勇于创新、团队协作等现代维度。特别地，本书提出制造企业员工的工匠精神应包含团队协作这一重要现代性要素，与生产流程碎片化的工业制造特点以及扁平化的生产管理特点相符合，在一定程度上丰富和拓展了工匠精神的内涵及构成要素研究。同时，制造业作为传统手工业的延续，探索其所需的工匠精神更能挖掘出我国传统工匠身上的职业精神，使得新时代的工匠精神保留了鲜明的民族性，契合我国向制造强国转变的

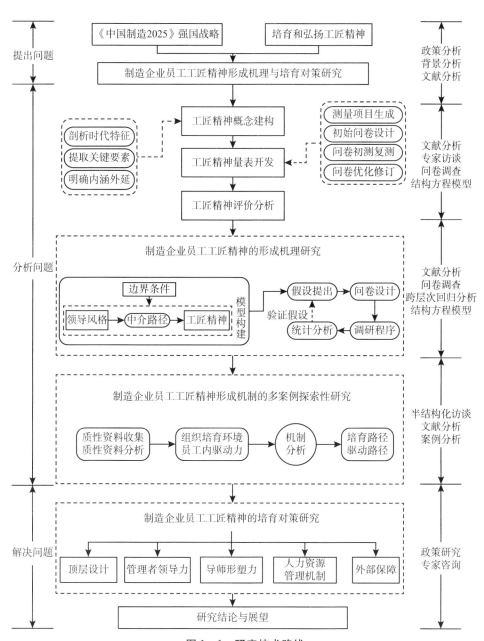

图 1-1 研究技术路线

内在要求。其次，以往研究大多止步于对工匠精神概念维度的定性分析，针对工匠精神的测量研究很少且趋向泛化分析，或者针对某个具体的职业群体展开探索，本书聚焦于新时代制造企业广泛从业者所需要具备的工匠精神，严格依据心理学量表开发程序编制出具有良好信效度的制造企业员工工匠精神量表，可以为今后开展工匠精神相关的定量研究提供科学的测量工具支持。

2. 从传统领导力和现代领导力的视角，剖析了家长式领导和精神型领导作用于员工工匠精神的具体机理

本书针对管理情境的特殊性和差异性，并结合传统领导力特征和现代领导力发展前沿，引入家长式领导和精神型领导，分别构建了两种领导风格作用于员工工匠精神的跨层次理论模型，并通过问卷调查和统计分析对研究假设进行了实证检验，厘清了家长式领导和精神型领导对员工工匠精神的影响路径和边界条件。首先，建立了家长式领导所包含的仁慈领导、德行领导和威权领导与员工工匠精神之间的作用关系，以及包含愿景、希望（信念）和利他之爱三个维度的精神型领导与员工工匠精神之间的作用关系，并分别探讨了其中的具体作用机制，为员工工匠精神的前因变量研究提供了新的思考路径，且丰富了家长式领导和精神型领导的本土化实证研究。其次，将家长式领导和精神型领导作为团队层次的员工工匠精神影响因素，同时考虑到工作情境的差异，分别加入团队积极情绪氛围和关怀型伦理氛围作为调节变量，考察高层次的家长式领导和精神型领导对低层次的员工工匠精神的具体作用机制，是对将工匠精神相关研究从单层次研究向多层次研究推动的一种积极探索。

3. 从心理学的视角出发，基于多案例探索性研究方法，深入解构了员工个体工匠精神的形成机制

本书从整合性的微观视角出发，选取格式塔心理学中的勒温场论作为理论基础，采用多案例探索性研究方法，选取三家典型制造企业作为案例研究对象，通过逐项复制逻辑解构员工工匠精神形成的内在机制，根据时间维度对各案例进行纵向阶段性分析。通过案例发现与讨论，建立了三家案例企业员工身上工匠精神形成的理论框架，并进行多案例总结分析，从中得到更加稳健且更具有普遍性的结论。一是借用勒温的平衡倾向观念对工匠精神内涵中的民族基因展开深入诠释，研究发现工匠精神是一种在物我场域由个体内在精神性需求驱动的稳态动力模式，其本质上是一种符合中国传统处世之道的内在平衡方式，丰富了工匠精神在中国情境下的内涵研究，且对本书构建的工匠精神概念

起到验证作用。二是通过对典型制造企业的多案例研究，构建了员工工匠精神的形成机制模型，从纵向与横向的双向融合视角呈现出环境的形塑作用、个体的主观能动力量以及二者的相互作用过程，验证了本书通过实证研究方法得到的制造企业员工工匠精神形成机理，拓展了个体微观层面的工匠精神形成研究，并丰富了有关工匠精神的案例研究成果。

第2章　相关理论基础

制造企业员工工匠精神的形成，是多种因素长期、综合作用的结果，其中既有员工自身的因素，同时也涉及企业的环境因素。因此，本章主要阐述社会信息加工理论、社会交换理论、自我决定理论和场域理论等有关理论，并分析这些理论与本书研究之间的关系，为后续研究奠定坚实的理论基础。

2.1　社会信息加工理论

2.1.1　社会信息加工理论的起源

自20世纪50年代中期起，信息加工理论逐渐兴起。认知心理学的信息加工理论将人的认知过程与计算机的信息处理过程进行类比。人类大脑与电子计算机的某些处理过程和结构方面表现出了一定的可比性，比如两者的信息输入、储存、输出等符号加工过程（方俊明，1998）。但可比性并不意味着等同性，人脑和电脑存在本质的区别和不可逾越的鸿沟，那就是人具有自我意识和社会属性。人的自我意识表现在人能够依据自己的能力和动机有选择性地对客观存在的信息进行收集和加工。1977年，马库斯（Markus）首次提出了自我图式的概念，他认为自我图式在个体加工与自身有关信息的过程中，发挥着很大的指挥和领导作用，有助于个体基于自我作出有利的判断和决策；同时，他还发现个体往往先参照自我而后感知他人，最后基于自我图式对他人的行为进行判断（郭本禹和修巧艳，2007）。换句话说，自我图式的影响贯穿于个体的整个知觉过程，在个体理解他人思想、情感、行为的过程中发挥作用。信息加工理论的代表人物奈瑟（Neisser）认为，认知等同于信息加工，获取、转变、管理、应用和储存知识的方式就是认知学说的核心，即人的知识加工过程

（唐挺和马哲明，2007）。认知心理学基于的"人与机器类比"的假设颇受争议，不仅忽视了人类的自我意识，同时还忽略了人的社会属性。人具有社会性加之人身处一定环境中的这一事实共同决定了人在信息处理的过程中会与周围的个体、群体和环境产生互动。此时，学者们逐渐开始认识到目前的信息加工理论不能准确地还原人的认知形成过程，是由于忽略了环境因素和社会因素对这一过程产生的影响。因此，对理解人类的认知形成过程产生了一定的偏差。

鉴于信息加工理论存在的不足，学者们在认知心理学研究以及信息加工过程中引入了环境因素。班杜拉（Bandura）最先关注在社会认知理论中会对认知造成影响的环境因素，提出了三元交互理论。具体而言，个体的态度、认知和行为不完全受个人因素的支配，这里的"不完全"体现在认知和行为是在人与环境的互动过程中产生的，这一过程不能脱离环境而发生，也就是说环境影响人的认知和行为的产生，甚至在特定情况下直接决定个体的行为。他结合研究提出，行为、人的内在因素和环境处于交互因果的关系状态中，三者相互作用、相互决定，尤其值得关注的是人能够考量不断变化的环境，以此调整个人的行为，进而获得期望的结果（马捷和贾荟珍，2019）。

2.1.2　社会信息加工模型

在社会信息加工理论发展的过程中，形成了一些经典的模型，其中具有代表性的是杰拉尔德和杰弗里（Gerald and Jeffrey，1978）提出的社会信息加工理论框架、怀尔和斯鲁尔（Wyer and Srull，1986）提出的社会信息加工模型以及克里克和道奇（Crick and Dodge，1994）提出的社会信息加工模型。

1. 杰拉尔德和杰弗里提出的社会信息加工理论框架

杰拉尔德和杰弗里（1978）提出了该理论框架，他们认为员工从工作的社会情境中获取的社会信息以及对该信息的处理和反应是员工心理感知和行为产生的来源，遵循"社会信息—感知—行为—产出"的这一基本模式，其基本假设是团队成员根据可获得的信息形成他们的感知、态度和行为。扎勒斯尼和福特（Zalesny and Ford，1990）认为，杰拉尔德和杰弗里在 1978 年提出的社会信息加工理论中没有清晰地阐明社会环境影响个体态度和行为的具体过程。因此，他们对该理论进行了修正和补充，提出了社会信息影响人类行为所经过的三个中介过程：学习过程、归因过程和判断过程。其中，学习过程指个体解释并存储社会环境中存在的信息，并据此改变自己原有的态度和行为；归因过程指追溯自己或他人行为产生的原因，从而影响未来的态度和行为；判断过程指个体对记忆中存储的社会信息进行判断和评估，该过程影响接下来采取的行为。

2. 怀尔和斯鲁尔提出的社会信息加工模型

怀尔和斯鲁尔于 1986 年提出了一种社会信息加工模型，该模型具体如图 2 - 1 所示。

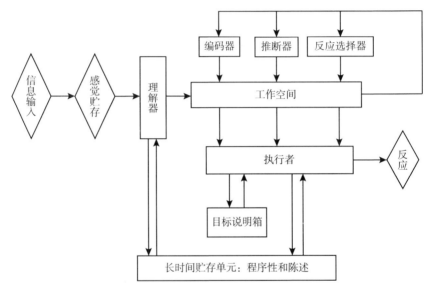

图 2 - 1　怀尔和斯鲁尔提出的信息加工系统示意

信息首先被输入并传送到感觉贮存器，为得到进一步处理而送到理解器；理解器参照记忆中已存的概念和知识为信息赋予解释；解释的结果被送到工作空间，执行者在这一阶段对结果进行检查；当该结果指向一个加工目标或激活了一个目标，那么执行者会从长时记忆中提取一个相关的程序或模式来指导工作空间、长时记忆和具体目标加工单位之间的信息流动，最后形成一种反应产出；该目标的加工结果最终被贮存于长时记忆中，为后续的目标定向活动提供指导（Wyer and Srull，1986）。这就解释了人认知活动的各个阶段上记忆贮存和提取的过程，说明过往的记忆和过去形成的知识影响一个人当下处理信息的过程和结果，具体而言就是影响个人的主观判断和行为反应。

3. 克里克和道奇提出的社会信息加工模型

克里克和道奇于 1994 年提出了一种社会信息处理模型（见图 2 - 2），其中包括导致社会行为的六个过程：线索编码，线索解释，目标分类，反应提取，反应决定和行为启动。其中，线索编码指个体感知并获取环境中的信息；线索解释指个体基于其拥有的知识经验、个人目标，为已获信息寻找可能的解释并赋予意义；目标分类指个体唤醒某种心理状态以产生某种特殊结果；反应提取指个体根据其对线索的解释与归因形成潜在反应；反应决定指对潜在反应的结果进行预测评估并选择最佳的行为策略；行为启动指个体执行决定并真正行动（王沛和胡林成，2003）。

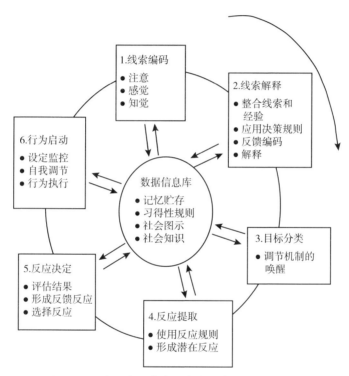

图 2－2　克里克和道奇提出的社会信息加工模型

　　该模型解释了处于新的社交刺激下的孩子如何吸收提示再进行处理，并对其进行解释和表示，最后选择自己认为最合适的行为反应。这个模型常应用于同伴欺负、童年期焦虑、青少年抑郁等社会行为和心理现象的研究中。

　　有学者在克里克和道奇（1994）的模型中纳入了情感处理，并假设情感和调节能力将影响社会信息处理和在社会环境中做出决策的过程。他们提出的社会信息处理模型（见图 2－3）不仅结合了认知要素，还结合了与社会能力有关的情感要素（王沛和胡林成，2003）。

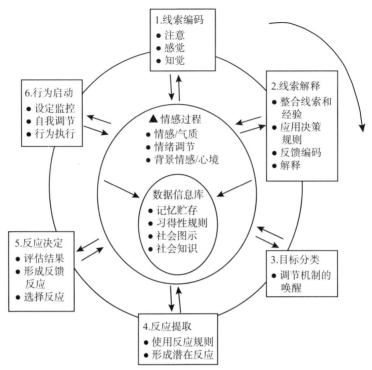

图 2 – 3   社会信息加工中情绪活动与认知的整合模型

2.1.3   社会信息加工理论的应用

随着学者们对环境因素的重视程度的提高，社会因素开始被纳入认知过程的研究中，信息加工理论越来越多地关注人的社会信息加工，因此得以快速发展。社会信息加工理论继承了信息加工理论中有关认知规律的合理内涵，又在肯定人类的社会属性的基础上进一步深化。换言之，信息加工理论发展演变出了社会信息加工理论。

针对个体层面的社会信息加工，国内外学者都进行了一些有意义的研究。社会环境能够产生多领域、多层次的社会信息，个体通过对社会信息进行编译和解读后，形成特定的态度，进而做出相应的行为（Thomas and Griffin，1983）。简言之，个体能依据外在环境提供的信息来调整自己的态度和行为。韦纳（Weiner，2000）认为，多种社会环境因素和个体成就行为表现之间存在相互影响，这些社会环境因素可以是同辈、老师和父母的情绪表现和行为表现（张爱卿，2003）。个体所处的工作环境同样值得关注，李燕萍等（2020）通过研究发现，身处于变革情境中的个体从高度变化和不确定的情境中搜集、筛选和判断信息，并在这些信息的作用下选择个体行为，因此他建议通过多渠道向员工传递充分、恰当的变革方案信息，从而降低员工由信息不对称引发的焦虑，影响员工变革预期，提高员工参与变革意愿，指导个体更好地适应变革过程。古宾（Gurbin，2015）认为，个体所处的社会和文化环境也能影响其信息加工过程，且这种影响贯穿整个信息处理理论的组成部分，其中社会和文化环境包括个体所处的组织、民族或组织文化、个人偏好等。王沛和胡林成（2002）认为，人在处理社会信息时会通过某些事件和情节形成一定的相关知识，这被称为情景模型，它为人们在未来理解新信息或信息相关的事件以及作出相应的判断提供参考，值得注意的是这种情景模型的建立是自动的。

社会信息加工理论不仅有对个体层面的研究，也有对团队层面的研究。上述研究关注个体的信息处理过程，从不同角度丰富了社会信息加工理论的研究内容。然而个体层面的认知形成因素和团队层面的认知形成因素虽具有共性，但也具有明显的差异，因此不能将个体层面的研究结论直接套用到团队层面的研究中（De Dreu et al.，2008）。欣茨等（Hinsz et al.，1997）首次对团队层面的社会信息加工进行研究，他们提出信息加工的主体也可以是团队，通过在团队中共享彼此的信息，进而加工形成相应的认知。吴梦和白新文（2012）认为团队的信息加工同时包括个体和团队两个层面，这两个层面的信息加工是不断循环的，直至团队做出阶段性的判断和决策；具体而言个体将搜索到的信息公开，使信息能够在团队中传递和整合，其中一部分信息在这一过程中得到关注并被提取加工，另一部分信息则会被忽略甚至因沟通而歪曲，而个体及团队层面接下来的信息加工又会受团队层面的信息交换和整合的影响。高静美（2014）认为，通过互动和沟通的过程会形成团队层面上的认知，这种认知代表着团队中的个体会形成的某种相容却不相同的知识结构或观点，也就是组织成员在知识结构或对未来预期上形成一种"重合"，这有助于团队中的个体实现对未来的共同目标。周建涛和廖建桥（2018）认为，非同一团队的员工也会传递、理解和感知特定社会信息，他们的心理感知与行为反馈会形成一种社会信息，通过团队成员的一系列传递和加工过程，最后作为一种团队氛围和团队的行为表现出来。在一个团队中，除了员工之间的社会信息传递，同时也存在团队领导对团队员工的社会信息传递。刘新梅等（2019）从社会信息处理角度出发，通过研究发现，谦卑型领导乐于接受建言，能为构建员工安全的建言氛围，员工感知这一特质并产生积极建言的行为，因而可以通过团队建言氛围跨层次地正向影响员工创造力。

2.2　社会交换理论

2.2.1　社会交换理论的起源

第二次世界大战以后，以帕森斯的结构功能主义为代表的功能主义在美国社会学界乃至全世界的社会学界都占据了绝对的主导地位，并在一段时间内与美国社会的高速发展相适应。然而，结构功能主义过于强调社会系统的稳定性，反而对社会系统内部的冲突与非均衡不够重视，而且其实证分析方法缺乏可操作性。这种理论抽象性使得结构功能主义自20世纪60年代开始，渐渐难以解释以美国为首的西方国家的社会现象，这引起了社会学家们的不满。他们开始反思功能主义，探索新的社会研究方向，以期构建新的既能够反映社会现实又能够解决社会问题的社会学研究方法（吴川徽等，2020）。在这种紧迫的情况下，社会交换理论应运而生。

社会交换学派有三位代表学者。一是学派创始人霍曼斯（Homans），他于1958年提出了社会交换理论。霍曼斯主张从微观视角出发，运用行为心理学、经济学和社会学的理论知识来研究人类行为（Homans，1958）。二是布劳（Blau），他在继承霍曼斯思想的基础上，结合自身研究与符号互动论等理论知识，将社会交换理论的研究领域由微观层面扩展到了宏观层面。三是爱默森（Emerson），他的突出贡献是在霍曼斯和布劳的研究基础上，将社会网络分析方法引入社会交换理论中，该方法可以对微观和宏观层面的社会交换过程进行分析，并提出了交换关系的五种基本结构。

关于社会交换的代表性定义有：布劳（Blau，1956）认为，社会交换的动力在于行动方期望从另一方那里得到并且也有可能得到的回报，是一种自愿的、互利共惠的行为；谭明方（2002）认为，社会交换指的是行动者以自己拥有的资源为代价，从其他行动者那里换取他所期望的报酬的一种社会互动过程。

社会交换理论的理论基础是英国古典政治经济学与马克思的经济思想、人类学家的交换思想以及斯金纳的个体主义心理学思想（侯钧生，2010）。

1. 英国古典经济学与马克思的经济思想

亚当·斯密是古典经济学派的重要代表学者，在《国富论》中，他对商品交换的普遍性和重要性进行了重要论述。他认为"互通有无"和"互相交易"的交换倾向是人类所特有的天性，它反映了人们期望通过相互交换得到理想的报酬或是满足自身的某些需求的朴素想法。古典经济学还主张理性人假设，认为人们在行动过程中是理性的，会根据获得的信息对行动所需的成本以及预期可以得到的报酬进行对比，进而在众多的行动方案中将最优的方案选出来。霍曼斯将古典经济学中的交换、成本、报酬等概念引入社会交换理论中，其中理性人假设也对其提出的理性命题产生了一定影响。马克思的经济思想包含两个重要的交换概念，物质交换和商品交换，这两个交换概念也对社会交换理论中的社会交换概念产生了一定影响。马克思认为物质交换是物质生产的前提之一，而商品交换的本质是商品生产者互相交换劳动的关系。

2. 人类学家的交换思想

在人类学家的研究成果中，交换是一种社会整合要素，他们就人类社会中的交换现象进行了大量研究，为社会交换理论提供了重要的理论基础。詹姆斯·弗雷泽（James Frazer）在研究澳大利亚土著居民的表亲姑联谊制度时发现土著男性通过交换女性亲属来获得妻子，土著男性能够拥有的妻子数量与其女性亲属数量呈正相关关系，这种情况下妇女就具有了经济价值的意义（侯钧生，2010）。如果说上述交换是出于经济动机的话，那么布朗尼斯劳·马凌诺斯基（Bronislaw Malinowski）发现交换也可以出心理动机，他在特罗布里恩德岛的研究中发现，岛上存在一种名为"库拉圈"的交换制度，即岛上的居民们为了建立、维持友谊或是表现对彼此友谊的重视会交换佩戴的手环、颈环。除了经济动机和心理动机角度外，也有人类学家从社会或是群体影响的角度来分析个体之间的交换行为（胡宗泽，1997）。列维·斯特劳斯（Levi Strauss）提出的交换对等原则对社会交换理论产生了重要影响（丁苏安，2016），即无论是经济交换还是心理交换，只有具有平等性的交换才能够长久地持续下去。

3. 斯金纳的个体主义心理学思想

如果说上述经济学和人类学的研究成果启发了社会交换理论的形成，那么心理学家弗雷德里克·斯金纳（Frederic Skinner）的行为主义理论和强化理论则直接构成了社会交换理论不可或缺的理论基础。在鸽子实验中，斯金纳发现不同的鸽子在被随机投食时会表现为不同的行为模式，像是原地打转、啄箱子等（陈少华，2018），他将这一现象解释为鸽子们坚信自己做出的这种"特异"行为能够使得其获得投食，于是为了能够持续地获得食物，它们会不断地重复自己的行为，他将这一现象用"刺激—反应"公式反映了出来。这一公式以及他提出的七个原则，构成了霍曼斯行为交换理论基本概念的重要理论基础。

2.2.2　社会交换理论的主要观点

社会交换理论的观点，主要包括霍曼斯的行为主义交换论、布劳的结构交换理论以及爱默森的社会网络交换分析，下面进行具体分析。

1. 霍曼斯的行为主义交换论

在构建社会交换理论的过程中，霍曼斯强调运用行为心理学和经济学来解释交换行为（Zoller and Muldoon，2019）。在经济学理论方面，霍曼斯引入了"理性人假设"（周宇豪，2008），他认为人是理性的，具有趋利避害的天性，重视利益最大化。在阐述行为主义交换论时，他参考一些经济学概念，提出了行为主义交换论的八个基本概念（姚圣，2014），分别是行动、互动、情感、刺激、报酬、成本、投资、利润。其中，最核心的概念是报酬，报酬也是经济学最基本的概念之一。霍曼斯认为获得报酬是交换行为发生的根本动力，这种报酬可以是物质方面的，也可以是精神方面的（田芊和刘欣，2019）。值得说明的是，在这些概念中，成本和投资与报酬呈正比关系，即成本或是投资越高，行动者期望得到的报酬越大（Homans，1961）。

在行为心理学方面，霍曼斯受斯金纳的影响较大，他致力于构建一套既能够表达自己的思想观念又能够解释关键变量的交换命题（孙庆民，1995）。以上述八个概念为基础，霍曼斯从斯金纳的行为主义理论中借用了五个相互关联的基本命题作为社会交换理论的理论基点，这五个基本命题分别为成功命题、刺激命题、价值命题、"剥夺—满足"命题与"攻击—赞同"命题。根据这五个一般性命题，霍曼斯提出了一个总结性命题，理性命题。该命题的主要内容是人们在做出行为之前，会根据自己的经验来估计各个行为结果所带来的报酬，然后采取可以得到最大报酬的行为。但这一命题遭到了一些学者的批评，因为人们的行为往往并不是出于理性的思考，也可能是出于习惯和偏好。

2. 布劳的结构交换理论

与霍曼斯的行为主义交换论过于强调心理解释和个体层面的交换行为不同，布劳的结构交换理论将研究重点放在了交换关系和社会结构上，关注于宏观层面上群体或是社会的交换现象（刘少杰，1998）。

　　布劳将社会交换过程归纳为"吸引—交换—竞争—分化"四个阶段（Coleman，1990），这四个阶段既适用于描述微观层面的人际交换过程，也适用于解释描述宏观层面群组间的交换过程。首先，他将社会吸引的概念引入社会交换中。社会吸引指的是行动者们相互交往的意愿。行动者们期待从彼此身上得到期望的报酬是他们之间建立起人际交往的基础，一旦期望的报酬得到了满足，这种相互间的利益交换便能够强化相互吸引，成为行动者进行社会交往的共同纽扣，而这些行动者也就形成了一个特定的群体（文军，2006）。其次，他指出社会交往伴随着竞争行为，为了获得更多的报酬，行动者们会采取不同的印象创造策略，这使得行动者之间能够提供的期望报酬出现差异，能够提供更多报酬的行动者将占据主导地位，提供较少期望报酬的行动者也将选择臣服，这也导致了权力的分层。最后，这种权力的稳定性较差，因为在使用权力的时候通常会出现一些异议与反对，而占据主导地位的行动者一般会努力把权力转变成权威，以形成一种行为规范。

　　布劳还厘清了社会交换和经济交换的区别。经济交换是一种强调经济利益、责任义务明确的短期关系；社会交换是一种以信任为基础、无明确责任义务的长期关系（Kuvaas et al.，2020）。他认为社会交换的过程遵循五大原则，分别是互惠原则、公平原则、理性原则、边际效用递减原则和不均衡原则（谭明方，2002），其中互惠原则是社会交换理论最重要的一条原则，并成为今后许多研究的重要理论基础。互惠可以分为正向互惠和负向互惠，前者指的是人们对感知到的友善回以友善，后者指的是人们对感知到的恶意回以恶意（宋源，2014）。

3. 爱默森的社会网络交换分析

　　爱默森把网络分析方法引入社会交换之中，用以分析社会网络中的不平等和权力分化以及交换关系中的依赖和平衡。社会网络交换分析，不仅可以对小型群体内的交换关系进行分析，而且也可以对复杂的社会结构进行分析，这在一定程度上避免了微观和宏观过渡关系的割裂。与其他的社会交换理论研究人员不同，爱默森的研究重点并不是社会交换中的人，而是人与人之间构建起来的交换关系形态（龚晓洁和张剑，2011）。

　　爱默森的社会交换网络分析由以下基本概念构成：行动者，强化，行为，交换，报酬，选择性，代价，交换关系，依赖，均衡，权力，资源（侯钧生，2001）。由于这些概念是在交换关系内进行定义并解释社会结构的，因此在一定程度上避免了循环论证。其中，依赖、均衡和权力是中心概念，具有内在联系。在交换关系中，若一方行动者的强化或是利益高度依赖于与另一方行动者的交换，那么被依赖的行动者将会获得权力，而权力的运用必然会造成依赖他的行动方的交换成本上升，从而引起交换关系的不平衡，但这种不平衡只是暂时的，最终将达到平衡（侯钧生，2001）。

爱默森对社会交换理论最大的贡献是将交换关系以交换网络结构来进行解释，并通过直观明了的图示形式来表示。交换网由点和线构成，点和线也是其最基本的两个概念，其中前者和后者分别对应着行动者和行动者之间的交换关系。他提出了以下五种交换网络：单方垄断式交换关系；分工式交换关系；社会圈交换关系；分层网络式交换关系；中心网络交换关系。

2.2.3　社会交换理论的应用

社会交换理论关注的是个体与个体、个体与群体、群体与群体的交换关系，而交换关系的质量会对人的行为产生影响。随着社会交换理论体系的不断发展和完善，该理论在组织行为学中得到了广泛的应用，不少学者基于社会交换理论对个体与组织的关系展开研究（许梅枝和张向前，2016）。

在组织中，领导拥有并能够行使组织赋予的权力，他们能够在很大程度上能够影响员工的行为、态度和心理（张军伟和龙立荣，2013）。领导研究包括领导行为的测量和领导风格的作用机制研究（杨朦晰等，2019），而不少研究者在探究领导风格的作用机制时都以社会交换理论为重要的理论基础。领导风格的作用机制研究可以从领导风格对员工的行为与对员工态度和工作绩效的影响两方面展开。（1）在领导风格对员工行为影响的研究上，陈龙等（2018）基于社会交换理论视角检验了建设性变革义务感在谦虚型领导与员工建言行为中的部分中介作用，他认为基于互惠原则，员工会因为领导谦虚而做出建言行为，这是回报的表现。领导风格不仅会影响员工的积极行为，同样也会影响员工的消极行为。基于消极的互惠原则，徐景阳和葛晓蕾（2016）发现当领导对员工采用辱虐管理时，员工会采取反击行为来抗争这种不平等行为，其中组织行为偏差就是一种间接的反击行为，它是一种员工违反组织规范，故意伤害组织和他人的行为。（2）在领导风格对员工态度和工作绩效的研究上，黄俊等（2012）通过研究发现当公司 CEO 表现出变革型领导行为时，中层管理者将感受到组织支持感，他们的社会交换品质在这一过程中也将得到提升，根据互惠原则，中层管理人员感知到的组织支持感将提升他们的工作满意度和工作绩效。在领导下属关系的研究中，"领导—成员"交换描述的是领导和下属关系的质量，其概念深受社会交换理论的影响。刘淑桢等（2020）认为"领导—成员"交换是员工知识分享行为的源动力，高质量的"领导—成员"交换作为一种社会资源能够通过培养员工之间的职场友谊来促进员工的知识分享行为。

在组织中，除了领导之外，组织自身的因素也能够对员工产生影响。王红芳等（2019）基于社会交换理论，对总体报酬与员工的工作投入、任务绩效和创新绩效的关系进行研究，她发现组织的总体报酬与员工的工作投入呈正相关关系，而工作投入越高，员工的任务绩效和创新绩效也会更高。除了报酬，企业的雇佣关系也会对员工产生影响，席猛等（2018）通过实证研究发现，组织雇佣关系模式能够对员工敬业度产生正向影响，从互惠原则来看，相互投资型的雇佣关系模式作为一种良性的雇佣关系模式能够提高员工的工作敬业度和组织敬业度，使得他们为实现组织的良好发展而努力工作。

在领导和组织因素之外，员工感知到的心理因素对其行为因素和其他因素的影响也可以通过社会交换理论来解释。王喆和刘春红（2018）针对高校中的教练团队进行问卷调查时发现，当教练感到的组织支持感强烈时，他们的工作积极性会更高，而工作积极性与工作绩效呈正相关关系。袁凌等（2007）认为组织支持是通过员工义务感、社会情绪需求、"努力—酬赏"期望和员工信任对组织公民行为产生影响的，因此，企业组织要想促进员工的组织公民行为的发生必须不断提高员工的组织支持感知，这有助于组织目标的实现。苏屹和刘敏（2018）认为员工的心理安全感代表了员工与企业之间的一种联系，能够对员工的行为产生影响，在互惠原则之下，员工的心理安全感越高，他们采取进谏行为的意愿会越大。

2.3　自我决定理论

2.3.1　自我决定理论的起源

20 世纪 70 年代，德西（Deci）和里安（Ryan）等研究者发现，强加于个体的外在奖励会削弱其兴趣。自此以后，关于内部动机和外部动机的关系问题成为心理学以及管理学研究的热点话题。然而该问题存在着较多的分歧，通过大量实验，研究者们发现在不同的实验条件下，外部动机既可以削弱又可以促进内部动机。同时，研究者们也取得了一些具有一致性的结论，多种具有重大影响力的理论应势诞生，自我决定理论（self-decide theory，SDT）便是其中之一。这些不同的理论模式各有所长，自我决定理论更多强调了关于人自身需要和外部环境两者之间的辩证关系，一直以来备受学术界关注。

德西和里安（Deci and Ryan，1980）在期刊 *The Journal of Mind and Behavior* 上发表了文章《自我决定理论：当思想决定行为》（*Self-determination Theory*：*When Mind Mediates Behavior*），首次明确地提出了自我决定理论的概念，阐释了内部动机与外部动机的关系，并探讨了互相作用的机制，为研究如何能够积极有效地影响个体行为提供了方向。

自我决定理论在内外部动机的基础上，根据驱动力的来源，将动机分为自主动机和受控动机。其中，自主动机是个体自身驱动而产生行为的动机，而受控动机则是指个体受外部驱动而选择进行行为的动机。

自我决定理论假设人是积极进取的，具有自我实现成长的意愿倾向。自我决定理论指出，基本心理需要满足是个体成长的基石（Ryan，1995）。这种自我需要可分为三类：自主需要，是个体自主决定和选择行为活动；关系需要，是个体在进行行为活动时需要与他人保持一定的联系；胜任需要，是个体通过其行为活动能够影响周围的事物环境。自我决定感的产生正是基于这三种心理需要的满足。当个人所处的环境对三种基本心理需要产生支持作用时，就会引起较强的自我决定感和自主动机，从而促进利于实现自我和他人发展的行为产生。

因此，个体能否顺利实现自我成长，受制于外部的环境影响。当外部环境阻碍个人基本心理需要的满足，那么自主动机就会得到削弱；相反，当外部环境能够满足个人的心理需要，那么自主动机将得到加强，从而解释了外部奖励既能促进又可以削弱内部动机的原因。

2.3.2　自我决定理论的分支及应用

自我决定理论经过40多年的发展，如今已形成了五个子理论，分别为认知评价理论（cognitive evaluation theory）、有机整合理论（organismic integration theory）、因果定向理论（causality orientations theory）、基本心理需要理论（basic psychological needs theory）和目标内容理论（goal content theory）。这五个子理论构成了自我决定理论的主要内容。

1. 认知评价理论

认知评价理论解释了外在报酬削弱员工内部动机的原因，是自我决定理论最早的子理论（Deci and Ryan，1985）。该理论认为外部环境可以分为控制和信息两类，不同性质的环境会对自我决定感产生不同影响。信息性的环境，例如完成任务后得到正向反馈，可以促进个人产生胜任感，增强内在动机（Charles et al.，2021）。特殊情况下，负向反馈也可以帮助个人产生进取心理，通过改进自身行为来提高任务效率。因此，信息性的环境往往能促进内在动机的产生。相反，控制性环境，如受上级指令被迫参与某项活动，或按照指定的固定方式完成任务，会让个人产生被控制感，削弱了自主决定的水平，从而减少内在动机。当控制性环境的程度进一步加深，甚至可能会诱发反抗、敌对等负面情绪。例如，当高层管理人员面对更严格的外部控制机制时，比如激进的股东、收购的威胁或者狂热的证券分析师，他们实际上更有可能从事财务不当行为（Shi et al.，2017）。

此外，将认知评价理论的应用延伸至供应链管理，能够解释购买方的奖励权利（reward power）和强制权利（egitimate power）对供应商关系承诺产生的不同影响。只要供应商认为他们在产品供应链中具有自主性，他们就有保持与购买方长期关系的内在动机。奖励权力的使用能够提高供应商的自主感，而强制权力则降低了供应商的自主感，从而分别对供应方承诺产生促进和削弱的作用（Sangho et al.，2017）。

2. 有机整合理论

有机整合理论创造性地提出了内化的概念（Deci and Ryan，2000）。内化是指外部环境的规则和观念，经过个人整合转化为其自身意念的过程（Ryan and Deci，2017）。由于自我决定程度的不同，个体内化的程度和方式也具有一定差异。有机整合理论基于个体外在动机的区别，将内化划分为四种类型，分别是外部调节（external regulation）、内摄调节（introjected regulation）、认同调节（identified regulation）和整合调节（integrated regulation）。其中，外部调节是在极低的自我决定程度下产生的，个体实施行为的根本目的是获取奖励或规避惩罚，几乎没有自主性，也不会产生内化；内摄调节指个人行为具有较低程度的自主性，可以通过感知或以实现自我价值为目的，一定程度调节自身的行为模式，是低水平的内化表现；认同调节是个体根据自身意愿做出的符合社会或外部环境规范的行为，体现了较高程度的内化；整合调节是完全的最高程度的内化。个体在具有极高的自主水平的情况下，完全掌控自己的行为方式，且对外部的观念和规则充分肯定，使之完全成为了自身的意愿。

此外，不同的动机类型对不同个体产生的影响也存在差异。例如，在品牌消费方面，内部动机更能激发女性的消费激情，而外部动机对男性的影响更为显著。外部动机更能吸引老年顾客，而内摄调节的动机更能引发年轻顾客的消费欲望（Gilal et al.，2018）。

3. 因果定向理论

因果定向理论认为，个体会对向着利于自我决定的环境发展。因果定向的本质是一种人的特质，人具有自然地感知外部环境或活动的自我决定程度的倾向。在同一环境中，因果定向可以根据不同的自我决定水平分为以下三种类型：一是自主定向，指个人认为自身是其行为活动的控制者，决定和操作由自己掌控；二是控制定向，是个体认为行为活动受他人或者组织机构掌控，而非自身意志的体现；三是非个体定向，是个人认为自身无法控制或掌握的行为活动（Ryan and Deci，2017）。研究发现，自主定向与控制定向的个体在相同外部环境中的行为活动具有显著的差异（罗霞和陈维政，2010）。以创新行为为例，自主定向的个体，其外部目标追求对创新行为具有显著正向影响；相反，控制定向程度较深的个体，其外部目标追求对创新行为具有显著负向影响。由此得出，上述三种定向虽相对独立，且每个人所具备的三种定向水平也各不相同，但是自主定向与控制定向对个人创新行为的影响可以基本确定。

至今，因果定向理论被广泛应用于研究工作的激励机制（Malinowska et al.，2018）、临床设计（Eline et al.，2017）和工作环境影响（Jennifer et al.，2019），为理解工作情境对个人动机的影响提供了一个有效解释。因果定向利用这三种不同的方式来理解动机产生的性质和影响。以自主为导向的人倾向于寻找更多实现自主的机会，并通过自身价值观和偏好与之相结合，从而有意识地行动。在外部或内部压力下行动的控制型环境中，个体可能将机会理解为控制，从而产生规避等倾向。因此，个人的这些因果关系取向可能对工作情境及其动机产生普遍影响（Malinowska and Tokarz，2020）。

4. 基本心理需要理论

基本心理需要理论是自我决定理论的核心内容。它将人的基本心理需要总结归纳为自主需要、关系需要和胜任需要，解释了基本心理需要的内涵及心理需要和主观幸福感的关系，同时强调环境因素对个体行为活动的影响。这三种心理需要并非相对独立，而是彼此互相联系（Kluwer et al.，2019），且这些需要不会因种族、文化、性别的不同而改变，人类的活动均以满足基本需要为目的，并趋向于符合条件的环境。

里安和德西还论证了这些自主、关系和胜任三种基本需要的重要性。具体而言，假设人类自然地向着增强适应能力、整合能力的方向发展，那么这种发展的倾向是由自主、胜任和关系三种需要所支持的，这三种需要是一个完整的人的重要组成部分。

基本心理需要理论还认为，动机内化的过程与基本心理需要得到满足的程度有关。如果活动或者目标与个人需要有密切的联系，外部动机就更有可能被内化。在理想情况下，如果三种心理需要都能得到满足，那么内化过程会大幅促进（Milyavskaya et al.，2014）。如果其中一个需要受挫，内化就会受到阻碍。研究表明，胜任和自主对于保持和发展内在动机是必不可少的。正反馈能够通过满足个人的胜任需要，从而促进人们对某项活动产生更大兴趣（Muynck et al.，2017）。而为一项有趣的活动提供外部奖励，则会破坏内在动机，这是因为奖励会让个人感知的因果关系从内部转移到外部，从而削弱其自主意识。

基本心理需要不仅与内在动机与内化紧密联系，还与个人的亲社会倾向（Wray－Lake et al.，2017）、认同整合（Skhirtladze et al.，2019）、情绪调节（Roth et al.，2019）和政治参与（Wuttke，2020）息息相关。可以说，基本心理需要支持和促进了人的不同积极发展进程。

5. 目标内容理论

目标内容理论认为，目标为个体的生活提供了目的和意义（Diene，2009），了解个体的目标追求能够更有效地理解其行为方式。根据目标内容理论，人的目标可以分为内部目标和外部目标两类，当内部目标与个体的自我实现方向一致时，心理需要得到满足；反之，在追求实现外部目标的过程中，个人注重更多的是外部价值，而非个人的取向，当外部目标与个人意向不匹配时，会对其心理需要起到阻碍作用。

幸福感是个人心理需要满足程度的一个重要体现。追求和达成内在目标可以有效增强个体的幸福感，相反，追求和达成外在目标对幸福感的影响程度较小，这表明幸福感和心理需要的满足程度是由目标的具体内容决定的。内在目标（如人际关系、个人发展等）比外在目标（如外貌、金钱、名望等）更能够满足个体的心理需要（Kasser and Ryan，1993）。张莹等（2020）采用"以人为中心"的研究方法，同时考虑个体拥有的多种目标内容组合，发现高内部目标倾向的员工不仅具有较高水平的创造力，同时也具有较高的幸福感水平。

目标内容对人的身心健康也有较大影响。研究发现，内在目标水平较低的大学生的抑郁症状比水平高的人要更多，然而具有高度外在目标的个体并没有比低水平个体具有更多的抑郁症状（Ling et al.，2016）。众多研究表明，当个体过多地追求物质目标时，会产生焦虑情绪，这是因为这类个体会将自己的幸福感与物质的获取相挂钩，一旦无法满足自己对物质的欲望，消极的情绪也会随之出现。

2.4　场域理论

"场"的汉语基本字义是人们聚集和活动的地方，如操场、剧场、机场、名利场等。每个场都有其特定的功能，因此在不同的场中移动是我们日常生活中的一部分。但是人们在场中享受其功能的同时，还必须遵守相应的规则、逻辑和秩序，这些规则也会影响人们的行为方式。关于"场"的起源，物理学领域最早定义了"场"，随后"场"的概念被引入社会学和心理学，意味着"场"从自然科学转向了人文科学。本书将追溯"场"的物理学源头并对其在社会学和心理学的延伸进行分析。

2.4.1　场域理论的起源

场的概念起源于物理学，物理学中的场以时空为变量，具有能量、动量和质量，是物质存在的基本形式，不仅能传递实物间的相互作用，还能传递作用的连续关系（赵仲牧，2000）。17 世纪下半叶，牛顿的万有引力定律第一次提出了"场"，之后这一概念的内涵和外延都是在此基础上进行构建的。1831 年法拉第发现了电磁感应现象，提出了电磁场概念；1873 年麦克斯韦出版了《电磁理论》，总结了法拉第对于电磁场是电场和磁场统一体的发现。20 世纪初，爱因斯坦在创立的引力场理论中运用了"场"的概念。之后，"场"从虚拟抽象变得真实可触。场中的行为受到场的影响，在不同条件下，场关系会呈现出兼有主动和被动关系的不同形式。由于物理学家们都认可电磁场的真实存在性，所以"场"的概念成为现代物理学的范式。

物理学中，场是在空间和时间上连续分布的且能被观察到的三维以上的空间，如磁场、力场、电场等，其中思维场也可看作可变的三维场。我们所处的世界，任何具有性质的物体都有能量，可以在不接触其他物体的情况下对其产生影响，并发生相互作用。物理场具有两大特性：首先，场中时刻发生传递。场可以作为物体之间发生相互作用的中介，当物体处于场中，会接收到场内其他物体散发的能量；其次，场的作用范围具有有限性，即一个特定的场，它的作用范围也是特定的，超过范围会导致作用的消失。

物理学中"场"的概念的提出，为社会学、心理学等各学科场域理论的延展做了铺垫，提供了一种崭新的视野和研究思路。

2.4.2　场域理论及应用

受物理学中场的概念启发，场论也被引入社会学与心理学中以解决社会科学问题。在社会学中，场域理论作为布迪厄社会学思想体系中的基本理论，在社会学领域占据着举足轻重的地位。布迪厄这样定义场域：位置间客观关系的一个网络或一个构架，这些位置是经过客观限定的（Bourdieu et al.，1990）。他把社会的运行视为一个"大场域"，认为这个社会整体中相互独立、高度分化的"社会小整体"是"子场域"，涉及文化、法律、政治、宗教等，它们在空间上是客观的，这些子场域构成了社会大场域。同时，布迪厄场域理论中使用场域、资本、惯习和实践等基本概念以及概念间的相互关系以客观化地诠释场域及场域形成。由此可见，布迪厄的场域理论适用于剖析并解决宏观层面及中观层面的问题，且理论中的概念工具利于以更加系统、客观的角度解释较广阔层面的社会关系及其发展机制。相较而言，在心理学中，格式塔心理学的场域理论作为重要的行为研究理论，其场域范围更为狭窄，聚焦于个体微观层面，强调从个体行为入手由浅入深地探究个体心理现象，以厘清外部环境与个体间的相互作用机制。

综上，从本书的研究实际出发，广大制造企业员工作为工匠精神的微观载体和终极源泉，是本书的主要研究对象。因而，相较于宏观的社会学视角，心理学领域的微观视角更易于挖掘可对员工工匠精神产生实在影响的环境因素，进而能够为组织层面的工匠精神培育提供更为可靠的参考依据。由此，以下围绕格式塔心理学的主要代表人物——心理学家库尔特·考夫卡（Kurt Koffka）和库尔特·勒温（Kurt Lewin）构建的场域理论及其应用展开论述。

1. 考夫卡的行为场论

考夫卡一开始就把心理学定义成一门在行为和心物场的因果关系中研究行为的科学，充分解释了场、心理和行为的关系。他在所著的《格式塔心理学原理》一书中，创立了"心理场""物理场""行为场""环境场"等一系列新奇的名词术语，这些术语是在考夫卡借用物理学场的概念来描述心理现象时产生的。考夫卡认为，人的心理存在着与物理场对应的场，即心理场。同时，他从主客体的角度定义了心理场和物理场的概念，其中前者是人们知觉现实的观念，后者是被知觉的现实，两者结合为"心物场"。心物场既存在于机体内部，又存在于自然环境中。自我和环境是心物场认知世界的两级，自我的概念可以由人格来解释，环境又可以分为地理环境和行为环境（苏世同，1999）。行为环境产生并调节人的行为，自我也会对行为环境产生反作用，这是考夫卡行为环境论的核心观点。其中，考夫卡强调行为环境的力量，行为只有发生在行为环境中，才是行为。但是他所指的行为环境，与地理环境不同，它存在于人的意识和心目中。

2. 勒温的场动力理论

社会心理学家库尔特·勒温在社会心理学发展史上占有一席之地，他被称作这一学科的奠基人，他创设的场动力理论是其心理学体系中最重要的概念之一，也是他对社会心理学理论的主要贡献。

场动力理论包括场论和动力论两大理论，该理论的产生与勒温的人生经历密切相关。勒温在求学期间就广泛涉足哲学、心理学、数学和物理学，使知识融会贯通。他在目睹了第一次世界大战的残酷后于1917年发表了《战争形式》（Form of Warfare），并在文中分析了战争的行为动机、个人奔赴前线的环境和意义变化以及人与环境的交互作用，这些分别是"心理紧张系统""生活空间""场论"的雏形。服役结束后，勒温与韦特海默、考夫卡和苛勒共事，他们是格式塔学派的三大代表人物，勒温的场论因而受到该学派的影响，但勒温强调的是人的需要、动机和人格，这与正统格式塔心理学强调人的知觉存在显著差别。在研究中，勒温运用了物理学和数学的相关概念。首先，勒温把物理学中"场"的概念转移到社会心理学并借鉴了爱因斯坦量子场论的内容。其次，他运用拓扑学对个体在特定时刻的心理场进行描述。这些经历促使了场动力理论的产生。

勒温援引了物理学中场的概念将"场"定义为相互依存的事实的整体（Uphill，1978）。他把"场"描述为非物化的"场"，即他提及的生活空间，所以勒温的场论又称为生活空间理论，其重点就在于分析个体行为和心理活动所产生的生活空间。勒温描述的生活空间不是客观的物理环境，而是行为主体所处的心理环境。心理环境是理解生活空间的关键，它是存在于我们意识中并能实际影响心理活动的环境。无论外部事实是否存在，只要它是主体心理的一部分，就能对主体心理行为产生影响。生活空间会随个体心理过程的演变而自然分化和不断丰富，这种发展是一种有方向的移动（杨建春和李黛，2012）。生活空间包括人与环境，人的行为发生在环境中，勒温由此提出了预测行为的公式：B = f（P，E）= f（LS），其中，B 是行为、P 是行为主体、E 是环境、LS 是生活空间，这既是人与环境的函数，同时也是生活空间的函数。这个公式揭示了人的行为是个体与环境相互作用的结果，这要求我们在研究人的行为时，不仅要研究行为主体，也要研究生活空间中实际影响行为的事物或因素。但生活空间不是静止固定的，它具有交互性和动态性的特征，动力论因此应运而生。

　　勒温的动力论又称心理紧张系统理论，主要分析个体行为动力产生的根源。勒温认为，个体内部通常保持平衡的状态，但是需求会打破平衡，未满足的需求的压力引起了紧张。个体在满足需求、消解紧张、实现平衡的过程中形成了动力，并引导着朝向目标的活动（Marrow，1984）。因而，需求是个体行为动力产生的根源，蔡加尼克的实验也证实了勒温的这一观点。勒温用引拒值这一概念来描述行为或心理活动的力。引拒值有正负之分，对应的力分别是吸引力和排拒力，如果目标能满足需求，就具有吸引力；反之则具有排拒力。所以，内在需求和紧张只是影响人的行为的部分原因，目标本身的吸引或排拒同样也不能忽视。因此，勒温的动力理论再次强调了人与环境的联系，对个体所处的客观环境进行分析是研究个体的行为动力和心理活动的重要环节。

　　勒温认为，人和环境是一个共同的动力整体，生活空间是人的行为发生的心理场，而紧张系统的概念体现了场的动力特点（Lewin，1948）。生活空间和紧张系统这两个概念之间相互补充、彼此依存，共同构成了场动力系统理论。整体和动力的结合与统一是场动力理论的本质（申荷永，1990）。拓扑学图解常用乔丹曲线来代表心理场，如图 2 - 4 所示。

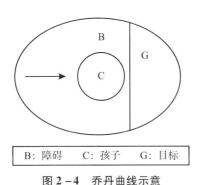

B：障碍　　C：孩子　　G：目标

图 2 - 4　乔丹曲线示意

3. 考夫卡行为场论与勒温场动力理论的比较

考夫卡的场论与勒温的场论都属于心理学的范畴，并且考夫卡和勒温同属格式塔派，因此两种理论的相同点较多，但也存在不同之处。

相同点主要包括四个方面。其一，无论是考夫卡的行为场论还是勒温的场动力理论都是从人和环境的关系出发，从而研究人的行为。他们都把人和环境视为一个整体，秉持整体论原则。其二，他们都阐述了场、行为、心理之间的关系，考夫卡认为研究行为以及行为和心物场的关系是心理学的主要任务；勒温认为个体的行为和心理活动产生于心理动力场。其三，两种理论都体现了心理的主观能动性。考夫卡提出的行为环境实际上是指意识中的环境和心目中的环境，并且这种环境能影响人的行为，说明了考夫卡的行为环境初具心理环境的形态；而勒温提出了心理环境，它是一种能对主体心理行为产生实际影响的观念环境。其四，两种理论都放大了心理的作用而忽视了客观环境的决定性作用。考夫卡对行为环境的定义曲解了客观性；勒温用准环境为心理环境命名以区别于客观环境，实际上依然突出了心理和意识的作用。

相较于考夫卡的行为场论，勒温深入阐述了心理环境、心理紧张系统等相关概念，进一步打破了格式塔派研究认知的传统，更加聚焦人的理性、强调行为主体对客观环境的感知、注重心理状态和心理过程。此外，勒温的场动力理论普遍应用于管理学。勒温提出的经典公式：$B = f(P, E) = f(LS)$，强调了个体主观因素和客观环境因素的交互作用，需求是个人行为的基础，环境则作为激发行为的条件存在，二者结合产生行为的方向和动力（李保玉，2017）。根据他的场动力理论，工作环境是除个人能力之外影响员工绩效的另一重要因素。如果员工处于一个不适合的环境中，如组织氛围恶劣、薪资待遇不公平，会限制其能力的发挥，并且这种工作阻力会进一步演变为排斥力；但是如果员工处于一个能获得组织认同、人际关系和谐的环境中，他能更好地施展才能，组织此时对员工产生了吸引力。许多学者基于勒温场论探讨了企业和学校的激励问题。例如，在企业方面，陈业华和田子州（2012）实证研究发现，增强组织吸引力能够显著提高先进制造技术环境下员工的工作绩效和"力场"的整体效果；石建忠（2015）认为，激励的本质是"力"的作用，即通过改变工作环境进而改变行为来对员工进行激励。在学校中，杨建春和李黛（2012）基于勒温场论，探讨了高校教师的激励机制，剖析了教师动力不足的原因是没有达到相应的心理预期，即环境场没有实现和满足教师心理场的需求；张学良等（2017）指出，高校激发青年教师的教学动力，不仅需要提升其心理需求，而且需要加强外部环境的激励；杨进等（2021）认为，乡村教师的心理场与环境场的不契合是导致教师流失的主要原因。

2.5　对本书的启示

以上对四种理论进行了较为详细的介绍，这些理论对本书具有重要的应用价值。

（1）社会信息加工理论认为，由于人们是对自己主观认识中的工作而非客观工作本身作出评价，因而不同个体对同一件工作的评价和感知可能是存在差异的，并受到复杂和模糊的社会情境的影响。即是说，个体会从所处的社会环境中提取各种相关信息，并通过对这些信息进行解读，进而决定随后的态度和行为。基于该理论的观点，可以发现，人通常会基于所处的社会环境以及过去的经验信息，动态地调整自己的态度、信念和行为。具体到组织情境中，对员工而言，他们会从所处的工作环境中捕获信息线索，然后通过信息加工和处理来形成特定的自我认知和工作态度，最终表现出相应的工作行为。领导作为组织的代言人，是员工重要的社会信息来源之一，因而对员工的态度和行为有着至关重要的影响。已有较多研究基于社会信息加工理论，论证了领导因素对员工的心理认知、工作态度和行为的深刻影响。因而，探究制造企业员工工匠精神的形成机理，从领导因素的视角展开不失为一种重要且关键的思考路径。此外，社会信息加工理论还指出，个体通过信息加工形成自我感知和态度等的过程，除了与信息本身的特征有关外，还会受到信息加工者自身特征的影响，所以在探讨领导因素对员工工匠精神形成过程的影响机理时，在进一步考虑诸如组织氛围等工作环境因素决定的信息特征的同时，还应充分考虑员工个人特质因素在其中可能扮演的重要角色。

（2）社会交换理论最早是由巴纳德（Barnard）在1938年的一篇文章中提出的，而后马奇（March）和西蒙（Simon）又于1955年发表的一篇文章中对其进行了补充、更新和完善，继而形成了较为完整的一套理论体系。社会交换理论认为一个组织中的员工可以利用自身为组织做出的贡献或成就与组织能够提供的多种报酬构成一种普遍性的交换关系。社会交换理论多被用来解释从组织或其他人那里得到回报的过程，以及一些在组织行为中具有双方、交换和互利特征的交易行为（Blau，1964）。该理论认为任何人都拥有别人想要获取的存在价值的东西，而交换过程中的最终物品以及数量的多少可以由两方协商敲定。被交换的物品包括经济方面的资源和社会方面的资源。其中，经济方面的资源包括货物、货币和资产等，而社会方面的资源则包括一些无形的资源，如关怀、良好的关系和声望等。作为组织行为学广泛借鉴和引用的理论之一，社会交换理论在领导因素作用于员工认知态度的形成和工作行为表现过程具有较强的解释效力，因而在剖析领导促进或抑制员工工匠精神的形成过程时，社会交换理论有助于阐释其中的作用机理。

（3）自我决定理论是一种充分运用自身经验方法的有机元理论，其目的是了解个体的内在动机对其心态发展和行为表现的作用机制，从而充分了解个体的不同成长环境，并积极发现每个不同个体身上存在的缺陷，这种过程是每个个体内在融合的具体表现。目前，自我决定理论已演变成为一个包括两个子理论的理论系统，在心理学和管理学领域都有着广泛的应用。自我决定理论的最新成果——有机整合理论解释了个体在面对无趣的工作时从事工作的意愿是从主动逐渐转化为被动的过程。该理论还发现，个体对被外界所要求从事工作的规则与自身价值观的内化和整合程度的差异是导致这种意愿差距最重要的原因。因此，有机整合理论认为动机应分为去动机、内部动机和外部动机这三种。其中，去动机是个体对所从事活动的意愿为零的状态；内部动机是一种个体对所从事活动的自主程度较高且完全自我决定的状态，因此在自主性维度上去考量两者，可以发现去动机到内部动机是一个自主性程度逐渐变高的过程；外部动机则介于去动机和内部动机之间，因而是一种半自主的状态。在后期的有机整合理论发展过程中，大量研究学者还发现自主性动机水平越高的个体，在所从事的活动中会表现得更加主动，继而形成更多与工作相关的积极表现。作为一种展现员工一系列积极工作态度和行为的精神理念，员工工匠精神的形成与员工动机尤其是自主性动机可能紧密相关。由此，有必要从自我决定理论的视角，深入分析制造企业员工工匠精神的培育问题。

（4）勒温场论普遍应用于管理学，常见于在掌握微观个体心理发展基础上的组织环境分析与变革研究。勒温指出，团体的氛围对于个体心理环境的重要程度，正如空气之于人类的生存（申荷永，1991），个体所处的环境对个体行为产生决定性作用，而在环境的结构中间，人与人之间的关系又居于首要位置（洪丕熙，1983）。一方面，一般意义上的良好群体氛围，如群体成员间的团结友爱、积极沟通可利于个体产生对所属群体的强大心理吸引力，进而个体会依照群体的既定方向进行心理与行为的发展（苏世同，1999）；另一方面，结合个体实际需求的导向性群体氛围可对个体形成方向性的引导作用，尤其在教育场域内，已有学者根据勒温场论研究得到与教师个体需求相匹配的激励策略可避免乡村教师的流失（杨进等，2021）。在学生培养方面，研究者借用勒温场理论作为框架分析大学生的兴趣点，指出激发大学生学习兴趣的校园文化氛围可提升学生的自我学习能力，进而可实现完善大学教育教学质量的目标（林培锦，2015）。此外，在勒温的群体动力理念中，领导方式对于团体氛围的培养具有决定性作用，领导作风在一定意义上可代表团队气氛。勒温通过实验发现，民主型领导可给团队带来最为积极的群体环境，融洽的团队氛围是提升工作绩效的强大推动力，而民主型领导与同时被提出的专制型领导、放任型领导构成了勒温的领导风格理论，如此的特性理论触发了各类行为——作风理论的诞生，为管理领域内各类领导有效性研究奠定了重要基础（史健生，1998），学术界开始广泛关注领导作风对组织环境和群体成员的重要影响。如勒温的组织变革模型为变革型领导的诞生及其相关研究提供了重要的过程理论基础（苗贵安，2017）；领导者的民主化程度也成为研究者们剖析组织环境的热点（沈宜超和于军，1995；曾伏娥等，2016）。综上可知，勒温的场论作为重要的行为研究理论，可从个体行为表现深入剖析其背后的个体心理活动，进而挖掘出个体与所属组织环境两种力量的复杂交互作用，从个体的心理与行为规律中得到有效的环境要素以及要素的作用机制，而这正能为本书中的案例分析部分，即从员工身上探索利于工匠精神形成的有效组织培育环境提供有力的理论工具。

第3章 制造企业员工工匠精神的概念建构

由于行业环境的不同，各行业员工的工匠精神内涵之间存在一定的共性和差异性，本书聚焦于制造业，清晰地界定制造企业员工工匠精神的内涵是本书的重要前提和基础。本章在系统分析我国工匠精神的历史演变和复兴的时代背景的基础上，建构制造企业员工工匠精神的概念。

3.1　我国工匠精神的历史演变

《考工记》曰："知者创物，巧者述之，守之世，谓之工。"《辞海·工部》曰："工，匠也。凡执艺事成器物以利用者，皆谓之工。"可见，"工"即是"匠"，"匠"即是"工"，指有手艺专长的劳动者。而"工匠"一词来源于封建社会的"匠籍"制度，将拥有专门户籍的手艺人称为"工匠"（薛栋，2016）。因此，"工""匠""工匠"词义相近，可相互通用。《考工记》《齐民要术》《天工开物》等典籍记载了中国古代的各项技术，堪称当时的世界之最，是中国古代工匠智慧的见证，也体现了中国古代工匠精神在各个时期的特色，为考察中国古代工匠精神的历史发展提供了可能的研究途径。本书参考张迪的《中国的工匠精神及其历史演变》、闵继胜的《中国为什么缺失"工匠精神"：一个分析框架及检验》等文献，将中国古代工匠精神分为四个阶段。

3.1.1　萌芽阶段

传统手工业是中国古代经济结构的重要组成部分，造就了大批能工巧匠，也是工匠精神萌芽的前提条件。原始社会早期，在自然分工的基础上，人类以木棒、石块等粗糙的生产工具进行采集、狩猎，满足最低的生存需求。在采集活动中，人们逐渐探索到一些植物的生长规律，并将其种植，出现了原始农业。在狩猎活动中，弓箭的发明、狩猎经验和技术的不断提升使人们捕捉到更多的动物，并将其饲养，出现了原始畜牧业。随着生产力的发展，人类经历了历史上的第一次社会大分工，农业和畜牧业成为独立且重要的生产部门（宋敏桥，2003）。随后，人们发现了青铜器、铁器，农业上犁耕代替了锄耕，推动农业发展的同时，冶金、铸造等手工业逐渐兴起。手工业的种类日益增多，生产技术日益复杂，难以独立完成，于是，手工业从农业中分离，发展为以交换为目的的独立的生产部门，即第二次社会大分工（宋敏桥，2005）。

随着手工业逐渐兴旺，工匠也应运而生。氏族社会中，手工业劳动者以生活技艺为姓氏，如神农氏、陶公陶氏、屠氏等，部落首领由掌握生产技术的人担任。夏商周时期，"百工"的手工业职业教育开始出现（薛栋，2013）。《考工记》记载，我国古代根据技艺水平的不同，将"工匠"分为三个等级。"百工"为最低等级，类似于现代的普通工人，涉及木工、金工、皮革、陶瓷等30个工种；"匠人"处于中间等级，类似于现代的技术工人，被称为"木匠、铁匠、陶匠"等专业技术工匠；"巧匠、哲匠、匠师"等属于最高等级，类似于现代的技术专家（闻人军，2008）。由此可见，生产力的发展势必会打破人与人之间的对等关系，首领的推举、工匠的分级无一不激励工匠练就好手艺，而好技艺既是古代工匠谋生的必要条件，也是凝聚工匠精神的基石。

3.1.2　形成阶段

从"古者，丈夫不耕，草木之实足食也；妇人不织，禽兽之皮足衣也"到"刀耕火种""育蚕织丝"，从"下者为巢，上者为营窟"到"夯土建造"，中国工匠逐渐成为一种职业总称，涉及三十余个工种。每个工种都有对应的技艺要求，包括"按乃度程"的工作标准、"切磋琢磨"的工作态度、"道技合一"的工作境界（薛栋，2016）。"按乃度程"即要求工匠严格按照特定的职业标准进行生产劳作，但也反对生搬硬套，倡导灵活变通；"切磋琢磨"来源于《诗经·卫风·淇奥》中的"如切如磋，如琢如磨"（刘毓庆和李蹊，2013），生动反映了工匠在加工玉石、象牙等饰物时精益求精的精神状态；"道技合一"是古代工匠对技艺的最高追求，《考工记》记载"百工之事，皆圣人之作也"，工匠期望通过技艺窥见"天道""人道"，成为拥有大智慧之人。这些技艺要求既是社会生产的需要，亦是中国古代工匠精神的外在表现。

《左传·文公七年》记载："六府三事，谓之九功。水、火、金、木、土、谷，谓之六府。正德、利用、厚生，谓之三事。义而行之，谓之德礼。"六府"即先秦时期农业与手工业的生产内容，"三事"是对"六府"的总要求，"正德"是首要条件，要求工匠仁德，"利用"要求工匠掌握生产技术，"厚生"要求工匠的成果利民惠民。由此可见，中国古代工匠除了要求技艺精湛，还需要具备良好的德行，且以德为先。春秋战国时期，"德为先，重教化"的儒家思想开始盛行，逐渐演变为一种特殊的民族烙印，成为中国古代工匠重要的考核依据（张迪，2016）。《论语·雍也》曰："夫仁者，己欲立而立人，己欲达而达人。能近取譬，可谓仁之方也已"（杨伯峻，2005），即心怀仁心的人，自己想要站得住需要别人也站得住，自己想要通达事理需要别人也通达事理，凡事能推己及人，可以说是实践"仁"的方法。在此意义下，中国工匠的"德行"具有两个层面的含义，一是对自我的严格要求，不断提升自己，使自己具备帮助他人的实力；二是对人民的道德责任，在力所能及的范围内，乐于助人。此外，"经世致用"的利民情怀也是中国工匠的"德行"体现。上至先秦《考工记》，下至明末《天工开物》，记载的"百工之事"皆"关乎民生日用"，《墨经》曰："功，利民也"（谭戒甫，1981）。

综上所述，一名优秀的工匠必须同时具备良好的德行和精湛的技艺，而从中提炼出来的工匠精神可以总结为"德技兼修"。

3.1.3　发展阶段

工匠精神的发展阶段主要体现在技艺的传承上。起初，我国古代职业教育是以血缘为纽带的家传世学，随着经济的发展和社会的需求，这种代际传承逐渐打破边界，面向全社会有学艺倾向的人，在不同时期发展了多种形式的职业教育，包括设官教民等官方职业教育和私人授徒等非官方职业教育（薛栋，2013）。无论哪种形式的教育，"心传体知"的教学模式一直是培养工匠的主要途径。

"心传体知"可以分为"心传"和"体知"两部分进行解读。所谓"心传"即一种师徒互动的过程，师傅用心传授技艺的精髓、道等，徒弟对其学习和感悟，内化为自己的心得，是一种无形的艺术熏陶和精神传承（朱洁琼，2010）。《春雨杂述·评书》记载："学书之法，非口传心授，不得其精"（解缙，2010）。所谓"体知"即一种知行合一的过程，强调实践，师傅在实践中指导，徒弟以身体之，切身行知，在模仿、吸收、融合中成就新的自我（李霞，2020）。《墨子·贵义》有云："瞽不知白墨者，非以其名也，以其取也"

（方勇，2015）。意思是说，盲人不知道黑白，不是不理解"黑"与"白"的字面意思，而是不能从现实世界中辨别这两种颜色，主张从实践中领悟并检验真理。

在"心传体知"的教学中，掌握技能是出师的基本条件，传承工匠素养是出师的核心标准。古代职业教育的一般状况是师徒长期一起生活、学习，自拜师之日起，师徒便类似父子，正所谓"一日为师，终身为父"，"尊师重道"是学生最高的道德准则（薛栋，2013）。师傅的一言一行成为学生的榜样，耳濡目染之下，学生自然养成精益求精、爱岗敬业等精神品质。另一方面，为人师者不仅需要精通技艺，还需心胸开阔，倾囊相授，共同进步，为下一代的传承做好榜样，也有利于促进工艺的进步。由此可见，师徒相承中的工匠精神是将个人的"德技兼修"发展为团体的"德技兼修""互相提升"。

3.1.4　衰落阶段

我国传统手工业时期，各朝代的达官贵人追求高质量、个性化的工艺品，如彩绘雁鱼铜灯、龙泉青瓷、乾隆蓝釉描金粉彩转心瓶等，越是精美的器物越是愿意以高价购买。内在而言，这是当时社会对工匠职业的认可，外在而言，工匠技艺越精湛获得的报酬越丰厚，因此，传统手工业时期的工匠对技术精益求精，同时也吸引了大量学徒从事该行业，使工匠的技艺与精神延续了几千年。但是随着西学东渐，近代工业以及收入水平导向打破了手工作坊的独到优势。

随着洋务运动的兴起，国内逐渐引进机器化生产，形成与手工业并存的状态，但是机器化生产与传统手工业表现为"你死我活"的取代关系，无法促进"工匠精神"融于现代工业，并且在官僚主义和民族大资本的压迫下，手工作坊举步维艰，难以提供传承工匠精神的环境。新中国成立后，开始建立社会主义公有制，实行计划经济，生产者的生产数量、生产品种、价格、生产要素的供给以及生产成果的销售都处于政府相关部门的控制之下，不能自主经营、自负盈亏，这从根本上剥离了市场环境的作用，使生产者"内外无忧"，安于品种少、质量差、成本高的状况，也使"工匠精神"进一步失去了所依存的经济土壤（曾宪奎，2017）。改革开放后，我国经济发展基于"高消耗、低效益"的粗放型经济增长方式，衍生出"速度"胜于"质量"的行业标准，加上消费者对"物美价廉"的商品需求旺盛，生产者只需扩大生产规模就能获取更多利润，为模仿型批量化生产的企业提供了市场空间，但这也使手工作坊陷入困境。从生产成本来看，手工作坊生产的工艺品需要花费大量的时间和精力，时间成本难以减少；工匠工资在这一时代本就不高，更是难以降低；在相同时间、相同人力的情况下，手工作坊无法实现标准化的大批量生产，产量上不去，固定成本也难以摊薄。从市场价格来看，成本较高的手工制品必须以较高的价格出售，无法满足消费者"价廉"的需求，在低价竞争中处于劣势地位。在这种大环境下，传统手工业遭受巨大的打击，工匠们为了提高生活水平，纷纷改行，年轻人为了前途发展，不再将工匠作为职业选择，工匠精神的传承难以为继（闵继胜，2017）。另一方面，在粗放型发展模式下，整个社会营造出一种过度追求财富增长速度与数量的浮躁文化，与工匠精神的文化内涵完全相悖，抑制了企业长期专注于产品品质提升的内在动力（曾宪奎，2017）。因此，"工匠"一词逐渐退出历史舞台，工匠精神走向衰落。

3.2　新时代工匠精神复兴的需求分析

2016 年，李克强总理在政府工作报告中首次从国家层面提出"工匠精神"，此后的政府工作报告中也多次出现了"工匠精神"一词，倡导弘扬劳模精神和工匠精神，不断提升中国制造品质，这在社会各界引起了广泛关注。并且，随着《大国工匠》《留住手艺》《了不起的匠人》等纪录片的热播，国人对工匠精神的热议再次升温，"工匠精神"成为近年来的热点话题。沉寂多年的"工匠精神"以一种强劲的回归趋势重现大众视野，看似突然，实际上是社会发展到一定阶段的必然要求，其背后折射的新时代现实需求包含以下几个方面。

3.2.1　制造业转型升级的需要

制造业是国家生产力水平的直接体现，是工业发展与经济增长的重要引擎。改革开放以来，利好政策和成本优势推动我国制造业迅速发展，基本建成全世界工业门类最齐全的产业体系，成为全球生产网络中的关键枢纽（唐泽地等，2020）。根据国家工业和信息化部门的有关数据统计，2020 年，我国工业增加值达到 31.31 万亿元，连续十一年位居世界第一制造业大国。在全世界的

500 余种主要工业产品中，我国有 220 多种产品的产量在全球排名第一。[①] 在 2020 年度的《财富》世界 500 强排行榜中，中国企业数量（133 家）首次超越美国（121 家）。[②] 并且，随着科技投入的增加和创新水平的提升，当前我国制造业在载人航天、探月工程、载人深潜、高速轨道交通等一系列尖端领域都实现了历史性的突破和跨越，千万亿次超级计算机、风力发电设备、光伏发电设备、百万吨乙烯成套装备等装备产品技术水平位居全球前列。[③] 以上列举的辉煌成就，对内不断推动了经济发展，对外则有力提升了我国的国际地位。

　　尽管我国制造业成就瞩目，但是整体上依然表现出"大而不强"的特征，主要体现在四个方面。一是自主创新能力弱，我国制造业尤其是高端装备制造业在部分核心技术上存在"卡脖子"现象，对外依存度高，以企业为主的制造业创新系统不完善。二是产品档次整体不高，我国制造业在全球产业链中处于中下游的分工地位，主要承担劳动密集型的低附加值、低增值环节，缺乏世界知名品牌（戴翔和宋婕，2019）。三是生产方式落后，我国工业"三高一低"的粗放型发展模式仍未完全转型，资源和能源的消耗高而利用率低，由此引发的污染问题日益严重。四是产业结构不合理，高端装备制造业和生产性服务业发展滞后，而劳动密集型制造业存在严重的产能过剩现象（高颖和乔刚，2018）。

　　针对上述问题，2015 年 5 月 19 日国务院印发了《中国制造 2025》，并指出：必须凝聚全社会共识，加快制造业转型升级，全面提高发展质量和核心竞争力，力争"三步走"实现制造强国的战略目标。人才作为制造强国战略的根本力量，对于我国制造业的高质量发展至关重要。然而，我国制造业人才队伍（专业技术人才、经营管理人才和技能人才等）不仅面临总量不足、结构不合理、领军人才匮乏等问题，而且还不同程度地缺乏"工匠精神"，严重制约了制造业的转型升级。为此，2016 年，李克强总理在政府工作报告中首次提出要"培育精益求精的工匠精神"，[④] 并在此后进一步强调要大力弘扬工匠精神，培育"中国工匠"。2017 年，习近平总书记在党的十九大报告中明确提

---

①　国家统计局. 国家统计局局长就 2020 年全年国民经济运行情况答记者问［EB/OL］.［2021 - 01 - 18］http：// www. stats. gov. cn/tjsj. /sjjd/202101/t20210118_1812480. html.

②　2020 年《财富》世界 500 强排行榜发布, 中国大陆上榜企业数量首超美国［EB/OL］. 中国工信产业网, http：// www. cnii. com. cn/rmydb/202008/t20200812_202353. html.

③　改革开放 40 年我国制造业发展成就、产业问题及对策分析［EB/OL］. 产业信息网, https：// www. chyxx. com/industry/201810/687408. html.

④　2016 年政府工作报告（全文）［R］. 中国网, http：// www. china. com. cn/lianghui/news/2018 - 02/27/content_5048 4682. shtml.

出：要建设知识型、技能型、创新型劳动者大军，弘扬劳模精神和工匠精神，营造劳动光荣的社会风尚和精益求精的敬业风气。[①] 2021 年，习近平总书记对职业教育工作作出重要指示强调：各级党委和政府要加大制度创新、政策供给、投入力度，弘扬工匠精神，提高技术技能人才社会地位，为全面建设社会主义现代化国家、实现中华民族伟大复兴的中国梦提供有力人才和技能支撑。[②]

此外，从世界各国的经验来看，将"工匠精神"融入现代工业的发展也是实现工业强国战略的有效途径。德国的工业基础在二战后被摧毁了 90%，沦为一个不入流的工业国家，但是德国仅用了三十年时间，就跻身于世界工业强国行列，其发展特点表现为高度强调工匠精神中的"专注"和"创新"。据统计，德国 370 万家企业中，95% 的企业为家族企业，许多企业不论规模都会设立研发部门，且只专注于某一产品的生产制造，成为该领域的领先者。在发达国家制造业回流浪潮中，德国提出的"工业 4.0"模式实际上就是"工匠精神 + 全新自动化生产体系"。而日本在工业发展进程中也是高度重视工匠精神传统，将"工匠精神"与"技术创新"深度融合，在国际上保持着强劲的工业竞争力（曾宪奎，2017）。因此，在中国从制造大国向制造强国转型的过程中，势必呼唤"工匠精神"的回归，将其作为制造业前进的精神源泉。首先，"精益求精"是工匠精神的基础要求之一，在人口红利、资源红利和环境红利逐步消失的背景下，中国制造业需要工匠精神的守护，以"精益求精"的态度扎实提升产品品质，将生产制造做到极致（章立东，2016），打造中国品牌。其次，中国古代工匠不仅追求精湛的技艺，还推崇创造性的巧思（李珂，2017），通过工匠精神可以使研发人员及相关企业专注创新活动，避免"欲速则不达"，稳步提升创新能力（薛栋，2013），突破技术瓶颈。最后，工匠精神具有黏合剂的作用，当企业内的工匠精神深入人心，能够不断完善研发、生产、运营等环节，推动各要素的协同、创新，有效提升企业的竞争力（薛栋，2013）。

3.2.2　消费升级的需要

随着我国经济发展进入新常态，人们整体的消费水平和消费质量得到大幅

---

①　决胜全面建成小康社会夺取新时代中国特色社会主义伟大胜利［EB/OL］. 共产党员网，http：//www. 12371. cn/2017/10/27/ARTI1509103656574313. shtml.

②　习近平对职业教育工作作出重要指示［EB/OL］. 人民网，http：//cpc. people. com. cn/n1/2021/0413/c64094 - 32076967. html.

度提升，消费者不仅要吃饱穿暖，更要"诗和远方"，日益呈现出多元细分的消费诉求，主要表现在三个方面。

1. 追求高品质

随着人们收入水平的提高以及互联网信息技术的发展，人们的恩格尔系数呈下降趋势，居民消费模式整体上由生存型消费模式向发展型消费模式和享受型消费模式的递推（袁小慧等，2015），价格不再是最重要的考虑因素，消费者更加关注商品的质量，倾向于通过海外代购、海淘购买符合国际标准的高质量产品，其背后体现的是国内消费需求与消费供给之间的鸿沟，国产品质相对较低。国家市场监督管理总局发布的数据显示，2018 年，全年抽查的日用及纺织品、轻工业产品、农业生产资料、机械及安防产品、建筑和装饰装修材料以及食品相关产品的不合格发现率，均超过 2017 年的抽查结果和 5 年的不合格率均值（如表 3 - 1 所示）。其中，婴幼儿服饰、家用燃气灶、单缸柴油机、日常防护型口罩、阀门、冷轧带肋钢筋、商用电动食品加工设备等 49 种产品的不合格发现率均超过 20% 及以上。在 2019 年食品相关产品质量的抽查中，不合格发现率为 4.9%。[①] 由此可见，国内产品不合格率较高，产品质量难以满足消费者的需求。

表 3 - 1　　　　　　　　产品质量抽查情况（2014 ~ 2018 年）　　　　　单位：%

年份	日用及纺织品不合格发现率	轻工业产品不合格发现率	农业生产资料不合格发现率	机械及安防产品不合格发现率	电工及材料不合格发现率	建筑和装饰装修材料不合格发现率	食品相关产品不合格发现率
2014	11.8	14.0	8.8	8.2	8.2	8.8	1.5
2015	13.0	11.3	6.5	5.8	9.9	7.8	3.2
2016	9.3	12.8	6.9	5.0	7.7	7.5	2.4
2017	14.4	8.2	5.2	4.3	9.5	7.8	3.4
2018	16.6	11.9	8.0	8.6	9.1	9.2	4.4
均值	13.02	11.64	7.08	6.38	8.88	8.22	2.98

资料来源：国家市场监督管理总局数据计算所得。

[①] 国家市场监督管理总局. 市场监管总局关于 2018 年产品质量国家监督抽查情况的公告［EB/OL］.［2019 - 04 - 15］http://gkml.samr.gov.cn/nsjg/zljdj/201904/t20190426_293185.html.

因此，"工匠精神"的回归反映了社会对于消费市场动态平衡的内在召唤，是供给侧适应需求侧的内在要求。将工匠精神内化于产品，除了可以满足消费者对高质量的需求，还能使消费者透过产品感受到匠人的专注、敬业，从而对企业产生好感与信赖，这无疑也是对企业提升品质的激励。此外，新一轮科技革命使网络购物成为重要的新型消费业态，企业间的产品质量信息更为透明，扩大消费者选择权的同时倒逼各个企业提高产品质量（罗序斌，2019），本质上也是倒逼各个企业践行工匠精神，使产品达到甚至超过国际标准，形成自己的品牌，助力中国制造业的高质量发展。

2. 追求个性化

目前，我国正处于风格化或分众型消费社会阶段。根据欧美国家和日本消费社会的发展历史，消费社会大致可以分为三个阶段：其一，大众消费社会阶段，即以大众生产和大众消费模式实现国民消费同质化，如将家用电器等批量生产的商品推广至全国；其二，风格化或分众型消费社会阶段，即以"二八"生产和消费模式满足个人或不同群体的消费需求，如各行业私人订制的兴起；其三，反思与批判消费社会阶段，即注重精神消费，谋求消费发展与自然生态的和谐共存（郑红娥，2021）。在我国当前所处的阶段，随着互联网和科学技术的蓬勃发展，人们对商品的时代性需求和对商品的审美价值要求更高，具有模仿型、排浪式特征的大众消费社会阶段基本结束，个性化、多元化消费逐渐成为主流（谭舒和李飞翔，2017）。

《2020年中国消费者调查报告》显示：中国消费者行为正在分化，由过去那种各消费群"普涨"的姿态转变为不同消费群体"个性化"和"差异化"的消费行为。"品味中产"以忙碌而富有的中年人为代表，愿意为高品质商品付出昂贵价格，但不愿单单为了凸显地位而买单。"精明买家"以生活成本较高的一线城市妇女为代表，收入略低于"品味中产"，追求最高的性价比。"奋斗青年"以一二线城市的年轻单身群体为主，收入低于其他群体，低价、省钱比品质、品牌更吸引他们。另外，也有一些消费者在购买一般消费品时追求简约，却愿意高价购买高科技的新奇产品。由此可见，不同的心态、价值观、生活形式会影响个体表现出不同的消费价值取向，使市场细分变得更为复杂。

因此，为了更好地满足消费者的个性化需求，企业需要针对消费者的动机态度、价值观、行为习惯等要素，有目的地开展创新活动，研发出某些专属特性的产品和服务。而创新性活动不是一蹴而就的，需要研发人员将工匠精神中的精益求精、持续专注、创新等元素渗透到产品、制度和文化中。通过对产品的"切磋琢磨"，攻关更多可改进的空间，不断提高创新效率和成果转化率。此外，以激励政策促进员工形成工匠习惯，并将工匠习惯外化形成工匠制度，进而由工匠制度升华为工匠文化，成就中国品牌（王春艳，2016）。正如李克强总理在 2016 年政府工作报告中，提出要"鼓励企业开展个性化定制、柔性化生产，培育精益求精的工匠精神，增品种、提品质、创品牌"。①

3. 尊重"手作"

"手作"即手工制作，在机器化大生产的今天，是否采用手工技艺成为衡量产品价值的标准之一，传统手工产品在现代设计和互联网平台的辅助下迎来新的发展机遇。如今，消费市场上到处都是高效、快速生产的同质化产品，产品的焦点在于"物"，而随着消费者自我意识的释放，他们更看重商品被赋予的意义，产品的焦点逐渐转变为"人"。例如，2016 年初，短视频创作者李子柒以美食为主线开始拍摄手作视频，资料查阅、走访调研、深入学习、自导自演、剪辑发表等工作皆独自完成，投入大量的时间与精力，还原了中国人古朴、真实的传统生活，打造出极具影响力的个人品牌，与其相关的产品也得到广大消费者的追捧。2019 年，李子柒成为成都非遗推广大使，获得《中国新闻周刊》"年度文化传播人物奖"。2020 年，她入选《中国妇女报》"2019 十大女性人物"，并当选为第十三届全国青联委员。李子柒走红的背后是现代网民对回归自然、放慢生活的渴求，是对国风文化、中华传统的喜爱（李博文等，2020），是对其工匠精神的尊重与敬佩。可见，在对待具有悠久历史和丰富文化内涵的产品时，消费者更要求还原历史，体现传统手工的精髓（张景云和吕欣欣，2020）。

因此，对于新时代的手艺人来说，要做到三个"必须"：第一，必须热爱自己的工作，只有热爱才能沉浸其中，坚持到底；第二，必须不断精进技艺、推陈出新，优质的产品和高超的技艺是手艺人的核心竞争力，而创新是赋予手工品市场价值的关键；第三，必须自我负责、重视声誉，这个时代口碑胜于广告，不论是恶性事件还是良性事件，在互联网的推动下都会放大影响，引导消费者的购买倾向（张培培，2017）。总之，"工匠精神"已经变成了当代手艺人的一种主动追求，与消费市场的需求不谋而合。

---

① 2016 年政府工作报告（全文）［R］. 中国网，http：//www. china. com. cn/lianghui/news/2018 – 02/27/content_50484682. shtml.

3.2.3　培塑文化自信的需要

在党的十八大报告中，胡锦涛同志提出了"道路自信、理论自信、制度自信"。在建党 95 周年庆祝大会上，习近平同志在"三个自信"的基础上增加了"文化自信"，正式形成"四个自信"思想。习近平总书记在十九大报告中进一步强调：没有高度的文化自信，没有文化的繁荣兴盛，就没有中华民族伟大复兴。要坚持中国特色社会主义文化发展道路，激发全民族文化创新创造活力，建设社会主义文化强国。[①] 由此可见，文化自信是文化建设的重大课题，对于实现中国梦乃至社会主义现代化强国有着不可替代的作用。

然而，在经济全球化背景下，我国文化自信面临诸多挑战。首先，我国经济硬实力与文化软实力不匹配，重经济、轻文化的发展模式和思维倾向导致了文化的滞后，使民众对本土文化缺乏自信，也使我国崛起缺乏强有力的精神支撑，成为影响中国经济发展的"文化瓶颈"（杨柳青和王建新，2019）。其次，国人存在"文化自卑"与"文化自大"心态，或推崇西方的价值体系而贬低中华传统文化，或提出"西方文明起源于中国"等怪谈，而"文化自大"实质上是"文化自卑"的极端表现（黄海，2020），都会错误引导国人对本土文化的理解与态度，削弱文化自信。最后，我国文化影响力有待提升。文化影响力是一个国家综合国力和国际影响力的重要体现，是文化自信的外在表现（马振清和杨礼荣，2020）。与世界文化影响力强国相比，我国在对外文化宣传、对外文化贸易、对外文化交流上都有较大差距，文化影响力相对较弱，一个关键原因就是跨文化传播与交流人才的匮乏。在数量上，高层次应用型翻译人才不够；在质量上，能够融合翻译、文化与新技术的高素质人才不足。另外，能够满足文化创意产业的创新型人才也存在很大缺口（魏海香，2020）。

习近平总书记指出：我们坚定文化自信的坚实根基和突出优势，就在于中国优秀传统文化。博大精深的中华优秀传统文化、中国人几千年来积累的知识智慧和理性思辨，是我们最深厚的软实力。[②] 工匠精神作为中华民族优秀传统文化中浓墨重彩的一笔，其传承和创新是对民族文化的认同，对增强文化自

――――――――――

① 习近平：决胜全面建成小康社会夺取新时代中国特色社会主义伟大胜利——在中国共产党第十九次全国代表大会上的报告 ［R］. 共产党员网，http：//www. 12371. cn/2017/10/27/ARTI1509103656574313. shtml.

② 高长武. 中国优秀传统文化的价值定位 ［EB/OL］. 人民网，http：//theory. people. com. cn/n1/2016/0905/c49157 - 28690688. html.

觉、提高文化自信具有重大意义。首先，软实力强调的是国与国之间的合作，与现代工匠精神蕴含的"团队精神"有异曲同工之妙，将工匠精神中的软实力因子融于文化建设是提升我国软实力的需要。其次，针对"文化自卑"与"文化自大"现象，我们既要有工匠的谦虚、谨慎、不骄、不躁（宋蕊楠和刘焕明，2017），又要对自己的独特优势和核心竞争力充分自信（乔东，2019）。最后，我们要加强跨文化传播与交流的人才队伍建设，以"工匠精神"引领人才培育。

3.3　新时代工匠精神的意涵分析

　　传统手工业是工匠精神得以形成的基石（张迪，2016）。把握现代意义上的制造业工匠精神意涵，首先需要因地制宜、以史为鉴。德、日的工匠精神文化虽具有较高的参考价值，但非常缺乏与中国情境的契合性，工匠精神本身作为中国传统文化中的重要组成部分，是古代劳动人民留下的伟大文化智慧结晶，在中华民族历史长河中经过了无数次的实践检验，可以为新时代工匠精神的重塑提供重要依据。然而，鉴于时代背景的巨大变化，工匠精神也应因时制宜，不可原样照搬、拘泥于传统，在挖掘传统工匠处世哲学的同时，充分考虑时代背景，掌握时代发展趋势，故当代工匠精神的意涵需要融入更多现代性的特征（庄西真，2017），以使其更好地指导实践。基于此，在如今新时代发展需要的基础上培育和弘扬工匠精神，有必要从我国传统工匠这个"活水源头"出发探寻工匠精神在新时代的基本脉络。以下从传统性和现代性两个视角探究工匠精神的维度内容。

3.3.1　工匠精神的传统特征

　　工匠精神属于个体在工作中的高层次精神理念（喻文德，2016），而其同时作为一种我国优良的传统文化形态，串联起从四大发明到丝绸之路的古代劳动智慧与结晶，其历史范畴是结构探索中不可忽略的部分。工匠精神产生于机器工业产生之前的手工业时代，是手工业发展的精神凝聚和体现。虽然现代制造业已经几乎完全脱离了过去手工业的生产模式，但不可否认手工业是现代工业产生的基础和源头，现代制造业的工匠精神也必然在一定程度上传承了过去手工业劳动者们身上宝贵的精神财富（刘建军，2016）。因此，有必要先将工匠精神的维度划分定位在我国手工业的历史范畴中进行探讨。

把握传统工匠精神的精髓，离不开对我国传统手工业工匠特点的探索。余同元教授（2005）扎根于历史背景，从技术主体出发深入分析了工匠特点，得到传统工匠的基本特征，即手工操作、世袭制与学徒制以及技术评价的艺术化、伦理化取向，此观点也得到了相关领域学者的认同（刘红芳和徐岩，2016）。首先，手工操作而非机器生产，意味着工匠们的经验技术远超规则技术，人是创造活动的主体，充分利用主观能动性积累经验便可冲破技术瓶颈，这个过程便是"精益求精"，进而才能技艺精湛。此时人在器中，处于对技术和作品的摸索与驾驭阶段，达到对作品负责，是工匠精神的基本层次（黄君录，2016）。其次，世袭制与学徒制意味着身份世袭与职业固定，"少而习焉，其心安焉，不见异物而迁焉"，工匠易形成更强的内在约束，同时，这种工匠生成制伴随着严格的"匠籍"制度，除了内化的伦理体系，工匠的劳动活动还受到外在法律的约束，进而保证工匠"爱岗敬业"，此时在掌握技术的基础上，工匠在心理上产生对职业的认同并与其融合的意识，达到对"外我"负责的层次。最后，技术评价的艺术化、伦理化取向意味着工匠对狭隘技术层面的超越，提高作品的艺术层次是工匠在认同并敬重其职业价值基础上的必然追求，进而会"持续专注"坚持"人""器"合一的艺术境界，此时"人在器中"，工匠将作品作为体现并表达其自身价值的载体，达到对"内我"负责的最高层次。

鉴于此，本书认为，从"技艺精湛"的基本技术取向到"道技合一"的高层人文取向，是从"人在器中"到"器在人中"的递进过程，而这个过程离不开精益求精、爱岗敬业和持续专注这三个关键要素的重要支撑。

（1）精益求精。精益求精一词最早是用来形容古人玉石的打磨工艺之细致。"如切如磋，如琢如磨"充分展示出了传统制造业的手工艺匠人注重细节，而且在细节处理上不怕费大工夫。从中我们可以发现，反复雕琢、认真细致的工作态度是工匠精神的突出特点。一件物品能否成为精品，很大程度上是由细节决定的。大致的方面不出偏差是容易的，但针对每一个细节，不厌其烦地精益求精是很不容易的，这不仅需要有责任心，而且更需要拥有一颗平静的心以及细腻敏感的心。只有这样才能处理好细微之处，并达到极致的境界。精益求精不仅是一种量的概念，除了在数量上的打磨和完善以外，还是一种质量层次上的提升，是一种对卓越品质的追求。

（2）爱岗敬业。从历史上看，工匠对自己的职业都有高度的认同，将之作为安身立命的根本。首先，工匠需要依靠自己的一技之长以立足于社会，养家糊口，这是对自身职业认同的基础。其次，工匠对职业的认同更多的是对自身特长和技能的自豪感。这是因为，工匠的技艺在古代社会中可能算不上显赫的资本，但技艺往往是家族传承的，因而有家族意识和祖先崇拜传统的文化氛围成为工匠对自身技艺和职业认同的更深刻原因。最后，工匠在通过自己的劳动为他人服务的过程中，也获得了一种自豪感和心理上的满足。因此，过去的工匠不仅把工作当作挣钱养家的途径，更是将其当作一种事业和一种文化来传承，呈现出一种高度的认同感，就是爱岗敬业（刘建军，2016）。

（3）持续专注。工匠在打造自己的产品时，特别是在制造精品力作时，是高度专注、心无旁骛的，表现出一种全身心投入的工作状态。这不仅归咎于一个人的工作态度和个性修养的问题，而且还归咎于手工业时代人与自然之间的关系。自然是强大的一方，而人力是渺小的一方，在工匠与物品的对峙中，工匠一方并不强大。因此，工匠以一己之力去把握对象、改变对象，就必须全身心地投入其中，使出自己的全部力量，以驾驭神秘的自然力。进而，工匠和工作对象之间构成了一种简单的二项式，二者直接相关，没有复杂的中介体系处于二者之间，更便于工匠集中精力、聚精会神地投入工作（姜松荣，2019）。

3.3.2　工匠精神的现代特征

目前，人类的技术历史可以分为三个阶段。（1）18 世纪之前属于工匠技术时代，此时生产力较为落后，技术主体为工匠艺人等，生产方式以家庭手工作坊为主，掌握技能主要依靠实践经验，并将经验知识化和系统化，传授给自己的徒弟，以此推动技术进步。（2）18～19 世纪中叶属于近代工业技术时代，工业革命推动生产力迅速发展，技术主体由原来的手艺人转变为机器操作者，生产方式由分散的、一家一户式的手工作坊转变为机器化大生产，讲求"流水线、标准化、自动化"。（3）19 世纪末至今属于现代科学技术时代，科学技术成为第一生产力，生产方式由"标准化、自动化"生产趋向"数字化、智能化"生产，传统技术工人的机械性操作难以胜任智能化工作，技术主体转变为掌握高水平技术知识的人，科学与技术的跨界融合成为时代特色（刘红芳和徐岩，2016；匡瑛，2018）。由此可见，时代背景的变化必然会带来"工匠"内涵的转变，主要包括技术和角色两个方面的内容，技术转型和角色转换统称为"传统工匠的现代转型"。

技术转型是指工匠技术在知识形态和物质形态上的改变，主要表现在技术科学化和科学技术化两个方面。传统工匠主要承担古代技术研发、推广、应用等一系列职责，是能独当一面的全能型人才，带有强烈的个人色彩。传统工匠优秀的技术创造属于经验型技术，依据实践经验进行发明创造，没有上升到理论高度。而将经验技术提炼为科学理论的过程即技术科学化，其直接表现为科技工具书的增多和科技水平的提升。技术科学化是科学技术化的前提条件，将科学理论转化为新的生产技术的过程即科学技术化，其直接表现为现代职业教育和现代机器工业的兴起。人们在技术科学化的过程中，相继发现了自然规律，并利用这些规律发明了超越经验的新技术，将科学推向新的高度（余同元，2005）。因此，技术科学化和科学技术化是一个相辅相成、呈螺旋式上升的碰撞过程，是技术转型的必要手段，也是科技进步的必经之路。

角色转换是指技术主体在身份地位和职业角色上的改变。本质上，"技术科学化"和"科学技术化"的过程也是传统工匠向现代技术主体进行角色转换的过程。传统工匠所掌握的特定技能是借助手工和简单工具实现的，以手工为主、工具为辅，这种技艺一般不会共享，即使是对徒弟，师傅有时候也会严格保密核心技术。随着工具发明越来越先进，技术趋于以工具为主、手工为辅，技术科学化又使得工匠的独创技艺被解析，经验性技术向科学理论型技术转变，科学理论的价值得到公认。由此，大学、科研机构纷纷建立，工匠技艺的传承由"心传体知"演变为"知识传播、职业教育培训"，学者、职业化教师从匠人群体中脱离。现代学校要求学生以科学理论解释事物、解决现实问题，为科学技术化提供了摇篮，由此，衍生出发明家、技术专家、工程师等职业（曹前满，2020）。职业角色的变换也对应了身份地位的转变。现代"工匠"一般被称为"技术工人"，负责标准化、重复性的实际操作，而工程师等具有高水平技术知识的群体负责构思、设计技术，指导技术系统的运行与实施。因此，技术工人的工作内容比传统工匠更为单纯、易操作，社会地位相对较低，而工程师的工作内容则更为复杂，社会地位也相对较高。

"工匠"内涵的变化使"工匠"成为抽象化存在，一些技艺也逐渐失传，或成为非物质文化遗产，但是工匠技艺的衰落并不代表工匠精神也不复存在。工匠精神作为一种优秀的传统文化已经深烙在我们的民族之魂中，其"遗失"的表象只是科学技术、生产方式、消费理念等多层面的现代性对工匠精神的遮蔽（黄君录，2016）。因此，工匠精神在新时代的重生，需要在掌握"工匠"现代内涵的基础上，围绕其展开深入探讨，以现代工匠为基点分析其身上的时代责任，以克服传统工匠精神文化在现代的"水土不服"。基于前文对传统工匠现代转型内容的分析，可以发现工业化的深入发展赋予了传统手工业单兵作战生产方式无法达到的集体智慧模式，完成了集体性智慧对个人创造的替代。

因而，从工匠的现代化转型内容出发，探讨如何将集体性智慧在新时代发挥到最大效用，对工匠精神当代要素的挖掘具有重要意义。

首先，从技术转型方面来说，科学理论技术变革了生产动力，将生产自动化，有效提高了生产效率，实现了"大规模制造"。但是在这种生产方式下，工人的操作严格遵照规范进行，工程师的设计也有模板可寻，工作变成了机械式的重复劳动，从经验到规则的转变在一定程度上压缩了工匠在工作中的自主性空间，高规范性工作流程虽能大大提升工作效率，却不利于员工个人实现有效的专业性工作经验积累，对员工创新能力的提升具有一定的抑制作用，进而难以满足消费者对产品的高质量和个性化需求，阻碍了"大规模定制"模式的推广与应用。

其次，从角色转换方面来看，工匠职业被细分，形成了不同类型的角色与工作内容，这种劳动分工将复杂独立的工匠技艺分解为紧密联系、简单易操作的工序，从而实现高效的分工与协作，这既是对时间、成本的压缩，同时也是对责任感的压缩。传统工匠对一项作品承担所有的工序和责任，包含对统筹、设计、生产、宣传等多项职责的承担，作品与工匠个体间的联结达到最深程度，高度责任感与大量心血的投入使得作品成为工匠的自我表征，作品在很大程度上而言是工匠证明自我存在的重要方式。与之相比，现代工匠的责任大大缩减，只需各司其职，完成产品生产中的一个环节，无法熟悉和掌握全部的生产流程，对最终成果的负责转变为对上级主管负责，"合格""差不多"的工作准则大行其道，这无论是对于产品的优化升级还是如今组织内部团队化的工作模式，都存在着较大的冲突，因而员工团队协作的能力显得尤为必要。

与此同时，员工的创新能力与团队协作能力不仅是工匠精神在新时代得以重生的必要要求，还是使其在当代充分发挥指导实践作用的重点与关键，以助力现代企业和工匠与高质量发展时代背景相匹配。一方面，创新是"砸开"动力变革之"核"的主要力量，动力变革作为高质量发展的根基，是顺应客户需求导向的"金钥匙"，在牢牢把握住消费者"痛点"的基础上，运用创新驱动，产业的转型升级才能得到生动实践；另一方面，赢得发展的主动权不仅需要"钥匙"，还需要"齿轮"，团队协作作为劳动分工的深层表现形式，是提高企业运行效率、实现高质量发展核心目标——效率变革的重要途径，进而在快速适应客户需求的基础上同时能引领其导向，并加快推动产业的优化升级。由此可见，若要唤回被边缘化的工匠精神，勇于创新和团队协作的现代要素不可或缺，从而点燃工匠精神在新时代中的活力，使其生命力得以延续。

（1）勇于创新。我国经济在经历了高速增长后迈入高质量发展的转型节点，这一阶段，供需关系面临着不可忽视的结构性失衡，供给系统与消费需求不配套。为了更好地解决高质量发展遇到的问题，李克强总理提倡"要大力弘扬工匠精神"，[①] 而现代工匠精神在新的时代背景下蕴含了新的基本要素——创新。首先，从创造行为来看，现代技术手段以互联网和人工智能为基础，人们不再拘泥于某个工序，自媒体、众创空间等的存在为人们的独立创造提供了平台与途径。其次，从生产消费方式来看，人们的个性化需求日益突出，"定制""专属"成为消费热门，在保证品质的前提下，有针对性的创造性生产成为产品价值之一。最后，从主体素养来看，技术主体除了要求精益求精、爱岗敬业、持续专注，更需要及时更新自己的知识与技能，做到与时俱进（管宁，2020）。因此，现代制造业所强调的"创新"与过去手工匠人以节省劳力为目的创新是有所不同的。当今时代的创新是起统领作用的，创新的广度和深度均为手工业时代的劳动者难以想到和做到的，这样的创新具有更广泛的可能性（肖群忠和刘永春，2015）。

（2）团队协作。过去工匠时代的生产已被现代企业化工厂生产取代，传统的单兵作战、个人英雄主义的方式已经难以满足智能化时代生产、服务的需求（曹前满，2020）。设计与生产分离，工匠职业活动的完整性已经被切割，被分工合作式的生产模式所取代，而步入现代科学技术时代后，企业价值创造的过程发生改变，产业链分工由物流贯穿起来的分割状态转变为紧密联系的耦合状态，从而实现"零仓储""刚好及时"的产销过程。也正是因为这样，行业间的界限逐渐被打破，整个社会的生产运作处于一个大系统之中，复杂精密的仪器、宽泛的社会网络以及多元的分工合作相互融合，共同保障最终产品的品质（胡文龙，2019）。在这种新型的生产组织方式下，每个技术工人完成的不仅仅是一道工序，而是对全过程的把控以及全供应链的合作。因此，在这样的新形势下，原先单打独斗的工匠已经不能满足产业发展的需求，能够有序管理供应链、深谙合作之道的新型工匠群体则是时代所需。如此，团队协作便成为当代工匠精神的重要内涵。

3.3.3　工匠精神的结构模型构建

精神依附于社会现实，工匠精神作为体现在物质生产方式中的高层次精神

---

① 王利中，魏顺庆. 树匠心育匠人出精品——大力弘扬工匠精神［EB/OL］. 人民网，http：// theory. people. com. cn/n1/2017/0807/c40531 – 29452734. html.

理念，相关探讨同样应当立足于其所处的时代背景。本书将"工匠"作为切入点，深入剖析其在传统背景下的特性以及时代演变下的现代化转型，得到工匠精神的传统维度（精益求精、爱岗敬业和持续专注）以及现代维度（勇于创新和团队协作）。通过对传统工匠"人""器"合一职业追求路径的探寻，阐释出工匠作为职业身份应具有的职业素养；通过对现代工匠在制造业高质量发展需求导向下努力方向的探讨，得到工匠同时作为组织内身份需要具备的工作品质，进而得到较完整的且具有较高当代价值的工匠精神内涵。综上所述，本书构建出如图 3 - 1 所示的工匠精神结构模型。

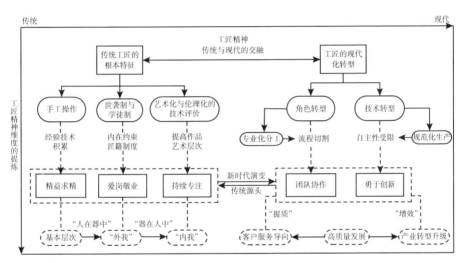

图 3 - 1　工匠精神结构模型

3.4　本章小结

　　本章围绕制造企业员工工匠精神的概念展开探讨，并构建出工匠精神的结构维度。首先，工匠精神的复兴需要先了解工匠精神的起源，工匠精神作为我国传统文化中的璀璨宝石，其发展摇篮——传统手工业成为概念研究中的溯源之本。从传统工匠精神文化在我国古代手工业发展中的历史演变着手，把握工匠精神文化与其所处时代背景的紧密联系以及其在时代背景塑造下的主要内涵；其次，从当代发展需求的角度出发，探讨新时代制造企业对"提质增效"的切实需求，发现工匠精神在我国古代发挥出的对高品质产品形成的重要作用再次被重视，由此得到工匠精神在新时代的复兴，对我国实施制造业"由大到强"的发展战略具有重要意义。基于以上分析，本章以时代发展背景与传统工匠精神文化再次达到的历史契合点为基点，在合理保留其传统精髓的基础上，充分结合如今制造企业的发展现状与高质量发展战略内容，从传统特性与现代特性两个视角出发提炼当代工匠精神的结构维度。

为提炼出工匠精神的结构维度以及相应的维度内涵，本章与前人研究进行深入对话，围绕工匠主体，展开相应的历史背景回顾并得到传统工匠的基本特征，在此基础上提炼出工匠精神的传统特性；同时，通过探析传统工匠的现代化转型内容得到工业化发展赋予工匠精神的新增内涵，并从我国制造企业现实发展需求的角度对此现代内涵展开进一步论证，最终提炼出工匠精神的现代特性。总而言之，本章通过大量的文献回顾与深度的理论剖析，从传统与现代双视角出发，得到了当代制造企业员工工匠精神的五个概念维度，分别为精益求精、爱岗敬业、持续专注、勇于创新和团队协作。

第 4 章 制造企业员工工匠精神量表的开发与应用

开发制造企业员工工匠精神的量表，可以为实证分析工匠精神的形成机理提供测量工具支持。本章基于工匠精神的内涵和维度构成，遵循规范的量表开发程序，开发了具有良好信效度的制造企业员工工匠精神量表，并对工匠精神现状进行了评价分析。

4.1 初始量表生成

基于前述文献回顾和理论分析，本书从精益求精、爱岗敬业、持续专注、勇于创新和团队协作这五个维度出发设计制造企业员工工匠精神量表。在深入把握每个维度内涵的基础上，参考并借鉴中外学者对相关内容的观点表述，同时选取并融合国内外相关权威量表中的部分条目以设计量表题项。例如，在"精益求精"维度的测量中，借鉴了訾非和周旭（2006）修订的完美主义量表和杨丽等（2007）汉化的近乎完美量表；在"爱岗敬业"维度的测量中从萨克斯（Saks，2006）的员工敬业度量表、周红云（2012）的组织公民行为量表，以及杨红明（2010）、哈卡宁等（Hakanen et al.，2006）和王桢等（2015）的工作投入量表等五个成熟量表中各选择了一个条目，并将这些条目进行合并；"持续专注"维度的测量中参考了萧费利等（Schaufeli et al.，2002）的敬业度量表和里奇等（Rich et al.，2010）的工作投入量表；"勇于创新"维度选取了乔治（George，2001）、斯科特和布鲁斯（Scott and Bruce，1994）以及刘云和石金涛（2009）等所编制的创新行为量表中的个别条目作为测量题项；"团队协作"维度的测量则借鉴了王兴元和姬志恒（2013）的团队绩效量表部分条目以及王辉和常阳（2017）、赵西萍等（2007）有关组织内团队协作的观点。

在此基础上，为保证所引国外量表条目的测量内容的准确性，对于其中条目进行翻译和转译。邀请两名英语水平较高的管理学研究生将英文量表翻译成中文，由研究者比较两份译稿，调整个别有歧义的地方，再由两名大学英语系的专业教师将中文回译成英文，比较回译后的英文和原条目的异同，对量表部分文字进行调整。此外，邀请相关领域的专家审定所有条目是否符合量表的理论建构，以及各条目内容是否存在冲突或重叠，同时将长度过短或过长的条目进行改写和扩充，保证各条目的表述格式基本一致。最后，小范围地邀请制造企业员工进行试读与试填，收集了解他们的意见和想法，并经过与相关领域专家的多轮反复交流后形成了制造企业员工工匠精神的初始量表，如表4-1所示。

表4-1　　　　　　　　　　　工匠精神测项

类别	维度	编号	条目	参考文献
传统特征	精益求精	X1	我有极高的工作目标	訾非和周旭（2006）；杨丽等（2007）
		X2	做事有条理有系统对我是十分重要的	
		X3	我能接受比别人更高的工作标准	
		X4	我在工作中高度注重细节，追求完美	
		X5	我对自己有很高的工作要求	
		X6	我希望做事能够尽善尽美	
	爱岗敬业	X7	我把自己完全投入到工作中去	萨克斯（Saks，2006）；周红云（2012）；哈卡宁等（Hakanen et al.，2006）；杨红明（2010）；王桢等（2015）
		X8	我对自己所从事的工作充满自豪感	
		X9	我愿意投入我的精力在工作中	
		X10	在工作中，我感到精力充沛	
		X11	我对工作充满热情	
	持续专注	X12	当我正在工作时，我忘记了周围的一切	萧费利等（Schaufeli et al.，2002）；里奇等（Rich et al.，2010）
		X13	工作的时候，我感觉时间过得很快	
		X14	工作时，我会达到忘我的境界	
		X15	在工作中，我全心全意集中在工作上	

类别	维度	编号	条目	参考文献
现代特征	勇于创新	X16	我经常有创造性的想法	乔治（George, 2001）；斯科特和布鲁斯（Scott and Bruce, 1994）；刘云和石金涛（2009）
		X17	我主动提出新方法来实现工作目标	
		X18	在工作中，我会主动寻求应用新技术、新流程或新方法	
		X19	我经常探究出新的想法和方案	
		X20	我会积极制订相应的计划或规划来落实创新性构想	
	团队协作	X21	我经常尽己所能地帮助与支持同事	赵西萍等（2007）；王兴元和姬志恒（2013）；王辉和常阳（2017）
		X22	我在团队工作讨论中经常积极发言	
		X23	我会主动关心团队其他成员	
		X24	我愿意想方设法提高团队整体工作绩效	
		X25	我会主动协助同事完成工作	

4.2　问卷发放与样本收集

调查问卷由两部分构成，分别是被测者的个人基本信息与制造企业员工工匠精神的测量量表（见附录Ⅰ）。前一部分调查了被测者的性别、文化程度、在公司的工作年限、工作职级以及公司所在领域等内容；后一部分由制造企业员工自评，共 25 个题项，包括了工匠精神的 5 个维度，其中精益求精 6 个题项、爱岗敬业 5 个题项、持续专注 4 个题项、勇于创新 5 个题项、团队协作 5 个题项。采用 Likert5 级评分法，让被测者对每个条目的实际符合程度给予评分，从"完全不符合"到"完全符合"分别记为 1～5 分，得分越高说明该题项所描述的工匠精神特征对于员工越符合。

本书主要采用问卷星进行匿名调查，在 2019 年 8～9 月对江苏、广西、重庆、上海等地的多个制造企业进行调研，共随机发放问卷 579 份，回收问卷 548 份，在剔除无效问卷后，获得有效问卷 498 份，有效问卷回收率为 90.88%，样本基本信息如表 4-2 所示。

表 4 – 2　　　　　　　　　　样本人口统计学变量分析

统计学变量	类别	人数（人）	比例（%）
性别	男	267	53.61
	女	231	46.39
文化程度	高中及以下	23	4.62
	大专	90	18.07
	大学本科	356	71.49
	研究生	29	5.82
工作年限	1 年以下	18	3.61
	1~2 年	60	12.05
	2~3 年	71	14.26
	3~5 年	106	21.29
	5 年以上	243	48.79
职级	普通员工	119	23.90
	基层管理人员	221	44.38
	中层管理人员	140	28.11
	高层管理人员	18	3.61

4.3　探索性因素分析

4.3.1　信度检验与项目净化

在对数据进行因子分析前，通过检验各项目的 Chronbach's α 系数和 CITC 值来判断内部一致性和"单项—总体"相关性，进而对未达标准的项目进行删减来净化题项。制造企业员工工匠精神的初始量表的 Chronbach's α 系数为 0.925，大于 0.7，说明该量表具有较高的信度，总体情况良好。借鉴相关研究的选择标准，本书对 α 系数大于 0.6 且 CITC 指数不低于 0.5 的项目予以保留。考察数据分析结果（见表 4 – 3），鉴于项目的 CITC 指数低于 0.5，且条目删除后的 α 系数有明显改善，对条目 X22 进行删除。

表 4 - 3　　　　　　　　　　　工匠精神量表的内部一致性检验

维度	编号	CITC	条目删除后的 α 系数	α 系数
精益求精	X1	0.713	0.784	0.833
	X2	0.520	0.823	
	X3	0.619	0.804	
	X4	0.620	0.804	
	X5	0.637	0.801	
	X6	0.536	0.821	
爱岗敬业	X7	0.521	0875	0.865
	X8	0.652	0.846	
	X9	0.934	0.780	
	X10	0.680	0.840	
	X11	0.687	0.838	
持续专注	X12	0.614	0.805	0.833
	X13	0.640	0.793	
	X14	0.765	0.727	
	X15	0.640	0.791	
勇于创新	X16	0.672	0.812	0.847
	X17	0.718	0.799	
	X18	0.645	0.819	
	X19	0.634	0.823	
	X20	0.613	0.827	
团队协作	X21	0.629	0.773	0.816
	X22	0.451	0.826	
	X23	0.636	0.771	
	X24	0.694	0.756	
	X25	0.636	0.771	

4.3.2　探索性因子分析

根据研究需要，从样本数据中随机抽取 249 份问卷，标记为 A 数据，该数据用于探索性因子分析。首先对 A 数据是否适合进行探索性因子分析进行检验。通过 SPSS 对 A 部分数据做 KMO 和巴特利特球形检验，结果发现 KMO 值为 0.880，高于经验标准值 0.7，说明存在着较多的共同因子。巴特利特球形检验的 χ^2 值为 3084.894，达到显著性水平（p < 0.001），表明数据相关矩阵间有共同因素存在，综上，可以认为 A 数据适合进行因子分析。

使用主成分法，抽取特征值大于 1 的因子，采取最大方差法旋转展开分析。为了得到更加科学合理的因子结构，将从以下三个方面对测度变量展开筛选：（1）题项的因素负荷量要在 0.45 以上；（2）题项在不同因子上的交叉负荷很低；（3）同一因子下保留的因素负荷量较高的几个题项表示出的内涵必须具有一致性。

根据上述标准检查结果数据，为了获取具有较高理论意义和价值的因子结构，决定删除题项 X6 和 X7。经过连续的因子分析之后，并结合碎石图（见图 4－1），前 5 个因子涵盖了大部分的变量信息，最终提取出 5 个共同因素，与前文内容分析出的 5 个维度基本一致，转轴后的 5 个共同因素可以解释测量题项 65.153% 的变异量，较为理想。如表 4－4 所示，最终保留了 22 个题项，每个题项在单一维度上的因子负荷在 0.616～0.846 之间，均大于 0.45，在其他维度上的交叉载荷均较小，且不存在同一维度上载荷差小于 0.2 的情况。

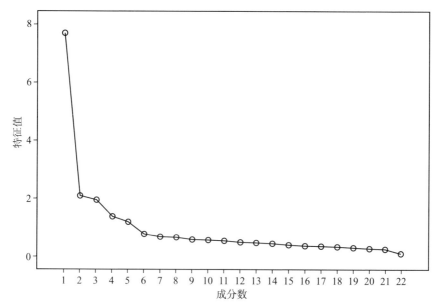

图 4－1　碎石图

表 4 – 4　　　　　　　　　　　　探索性因子分析结果

维度	编号	因子 1	因子 2	因子 3	因子 4	因子 5
精益求精	X1	**0.837**	0.238	0.045	0.029	0.068
	X5	**0.769**	0.159	0.161	0.180	0.184
	X4	**0.644**	0.235	0.082	0.130	0.230
	X3	**0.634**	0.177	0.134	0.314	0.100
	X2	**0.616**	− 0.090	0.081	− 0.003	0.222
爱岗敬业	X9	0.222	**0.822**	0.225	0.277	0.184
	X8	0.146	**0.768**	0.123	0.281	0.191
	X11	0.132	**0.718**	0.175	0.164	0.324
	X10	0.162	**0.700**	0.193	0.212	0.139
持续专注	X14	0.052	0.164	**0.846**	0.121	0.003
	X13	0.181	− 0.015	**0.772**	− 0.010	0.216
	X12	0.057	0.195	**0.736**	0.171	− 0.042
	X15	0.146	0.248	**0.726**	0.045	0.212
勇于创新	X17	0.133	0.209	0.034	**0.802**	0.008
	X19	0.062	0.071	0.175	**0.749**	0.210
	X18	0.133	0.180	0.014	**0.742**	0.054
	X16	0.001	0.173	0.073	**0.730**	0.165
	X20	0.233	0.184	0.093	**0.654**	0.226
团队协作	X21	0.163	0.154	0.050	0.114	**0.769**
	X25	0.341	0.076	0.124	0.158	**0.704**
	X23	0.123	0.244	0.145	0.132	**0.703**
	X24	0.198	0.267	0.056	0.229	**0.669**

4.4　验证性因素分析

将样本数据中剩余的 249 份问卷标记为 B 数据，用于验证性因素分析。

4.4.1　一阶验证性因子分析

验证性分析是测验模型建构效度的常用工具，本书基于探索性因子分析的结果，通过 MPLUS7.0，采用 ML 估计法对统计数据进行验证性因子分析。五因子模型根据探索性因子分析的结果，是包括精益求精、爱岗敬业、持续专注、勇于创新和团队协作五个因子组成的结构。部分因子的相关性较高，可以将相关性较高的因子合并进一步检验，从而构建五因子模型的嵌套模型（单因子、二因子、三因子和四因子模型），通过比较各竞争模型得到与数据更加吻合的模型。其中单因子模型将 22 个指标只在 1 个因子上负载（见图 4 - 2）；二因子模型将相关性较高的精益求精和勇于创新两个因子合并，爱岗敬业、持续专注和团队协作三个因子合并（见图 4 - 3）；三因子模型将 17 个指标在 3 个因子上载荷，将相关性较高的因子两两合并，即对精益求精和勇于创新进行合并，以及将爱岗敬业和团队协作进行合并（见图 4 - 4）；四因子模型中将精益求精和勇于创新合为一个因子（见图 4 - 5）；五因子模型根据探索性因子分析的结果，将条目负荷在对应的因子上（见图 4 - 6）。各嵌套模型的拟合系数如表 4 - 5 所示。

由表 4 - 5 可得，单因子、二因子和三因子模型各项拟合指标均不在可接受的范围之内，模型欠佳；四因子模型的各项拟合系数虽在可以接受的范围内，但是适配度不如五因子模型，且按照卡方差异检验程序，四因子与五因子模型之间的 $\Delta\chi^2 = 138.909$，$\Delta df = 3$，$p < 0.001$，差异显著，且五因子模型的数据拟合程度显著优于四因子模型，因而拒绝四因子模型。就五因子模型来看：绝对拟合指数 χ^2/df 为 1.830，小于经验值 3.00；近似误差均方根 RMSEA 为 0.054，小于临界值 0.08；标准化残差均方根 SRMR 为 0.056，小于经验值 0.08；其他相关指标 TLI 为 0.942，CFI 为 0.950，均高于 0.90。综上，五因子模型的拟合优度指标均达到较为理想的水平，说明精益求精、爱岗敬业、持续专注、勇于创新和团队协作五个维度具有较好的区分效度，且五因子模型的结构是较为合理的。如图 4 - 6 所示，五因子模型的所有指标在相应维度上的标准化因子载荷在 0.608 ~ 0.988 之间，所有测量条目在相应潜变量上的标准化载荷系数均高于 0.5，具有显著性，且均通过了 t 检验，在 $p < 0.001$ 的水平上显著，表明各变量具有较好的聚合效度，并进一步验证了五维结构具有较好的适配度。

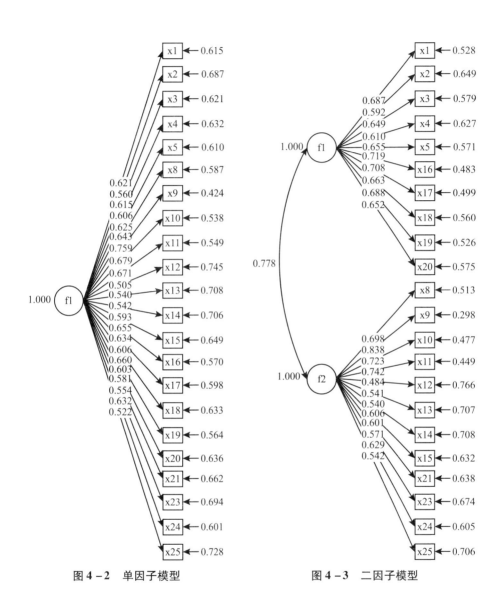

图 4 - 2　单因子模型　　　　图 4 - 3　二因子模型

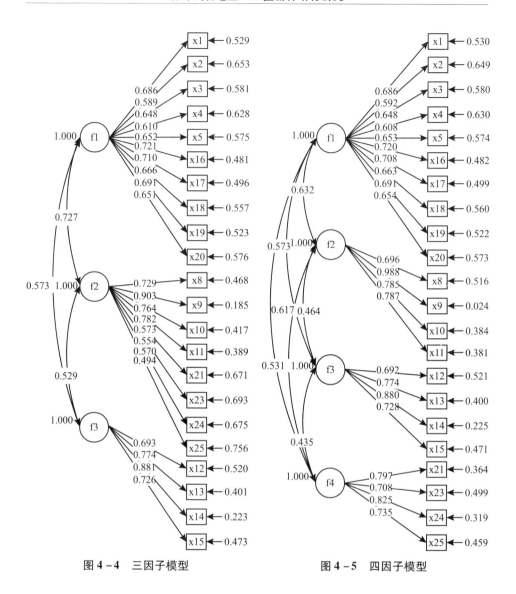

图 4 - 4　三因子模型　　　　　　　　图 4 - 5　四因子模型

表 4 - 5　　　　　　　　　　　模型拟合指数汇总

模型	χ^2	df	χ^2/df	RMSEA	TLI	CFI	SRMR
单因子	1229.294	209	5.882	0.140	0.616	0.653	0.090
二因子	1056.179	208	5.078	0.128	0.680	0.711	0.084
三因子	788.902	206	3.830	0.107	0.802	0.778	0.076

续表

模型	χ^2	df	χ^2/df	RMSEA	TLI	CFI	SRMR
四因子	503.031	203	2.478	0.077	0.898	0.884	0.060
五因子	364.122	199	1.830	0.054	0.942	0.950	0.056
二阶模型	348.120	204	1.706	0.053	0.944	0.951	0.057

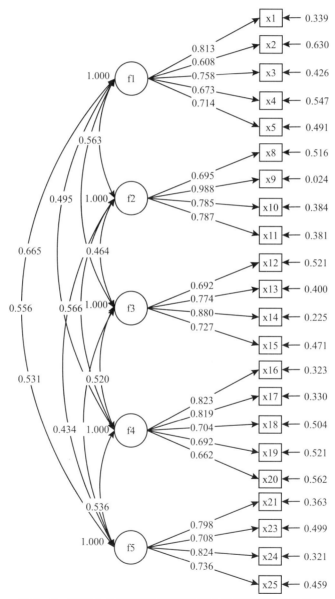

图 4-6　制造企业员工工匠精神五因子结构模型参数估计

4.4.2　二阶验证性因子分析

一般情况下，存在三个以上的因子时应该考虑高阶模型（王孟成，2014）。同时，高阶模型可以提高自由度，简化模型，前提是低阶模型有较好的拟合度（侯杰泰等，2004）。从五因子模型的分析结果可以得到，模型拟合较好，且从图4-6中可以看出，精益求精、爱岗敬业、持续专注、勇于创新和团队协作五个维度之间存在较高的相关性，表现为各相关系数均在 p < 0.001 的水平上显著。根据以往研究经验（赵斌等，2014），当一阶验证性因子分析模型中出现因子高度相关时，可能存在着高阶的构念对各因子施加影响。为了探究更为理想的构念模型，本书对其进行了二阶验证性因子分析。

二阶因子分析将真实的潜在变量作为结构模型的测量变量，能较好地反映更高一层的潜在因素。二阶模型可以通过二阶因子与链接一阶因子的标准化路径指数来检验收敛效度（齐丽云等，2017）。检验结果如图4-7所示，精益求精、爱岗敬业和勇于创新的路径系数高于临界值0.7，团队协作接近0.7，持续专注略低于0.7但高于0.6。因此，本书认为制造企业员工工匠精神的二阶结构方程模型的内在品质拟合度可以接受，五个维度能较好地体现其工匠精神水平。

另外，如表4-5所示，二阶结构模型的各拟合指标均达到理想水平：χ^2/df 为 1.706，RMSEA 为 0.053，TLI 为 0.944、CFI 为 0.951，SRMR 为 0.057，拟合程度略微优于四因子结构模型。综上可以认为，本书假设的五个维度（精益求精、爱岗敬业、勇于创新、持续专注和团队协作）可以较好地收敛于工匠精神这一更高层面的概念，且二阶模型更符合本书原先设定的理论模型，与数据的吻合度更加理想。因此，本书接受更加简约的二阶模型。

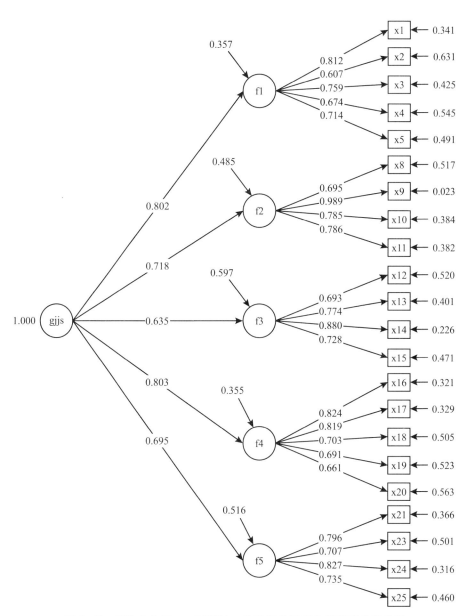

图 4 - 7　制造企业员工工匠精神二阶验证性因素分析模型参数估计

4.5 量表的信效度检验

4.5.1 信度检验

为了检验制造企业员工工匠精神量表结构的可靠性，对最终确定的 5 个维度 22 个条目进行信度评估。根据以往的研究经验，量表的信度检验需要对量表的整体信度和各潜变量的信度做出评估。结果显示，量表的 Chronbach's α 系数为 0.917，远高于临界值 0.7，可以认为具有较好的信度。潜变量的信度既需要参考各维度的 Chronbach's α 系数，还应当考察各维度的组合信度 CR 值，当 CR 值大于 0.7 时，可以说明潜变量之间具有较好的内部一致性。如表 4-6 所示，5 个维度的 Chronbach's α 系数以及 CR 值均超过 0.7，较为理想。同时，量表的 Guttman 分半信度系数为 0.860，高于经验值 0.7（吴明隆，2003），具有良好的分半信度。由此可以认为，该量表具有良好的信度。

表 4-6   制造企业员工工匠精神量表的信效度分析

维度	编号	题项	Chronbach's α	CR	AVE
精益求精	S1	我有极高的工作目标	0.821	0.830	0.498
	S2	做事有条理有系统对我是十分重要的			
	S3	我能接受比别人更高的工作标准			
	S4	我在工作中高度注重细节，追求完美			
	S5	我对自己有很高的工作要求			
爱岗敬业	S6	我对自己所从事的工作充满自豪感	0.875	0.840	0.568
	S7	我愿意投入精力在工作中			
	S8	在工作中，我感到精力充沛			
	S9	我对工作充满热情			
持续关注	S10	当我正在工作时，我忘记了周围的一切	0.827	0.854	0.595
	S11	工作的时候，我感觉时间过得很快			
	S12	工作时，我会达到忘我的境界			
	S13	在工作中，我全心全意集中在工作上			

续表

维度	编号	题项	Chronbach's α	CR	AVE
勇于创新	S14	我经常有创造性的想法	0.847	0.855	0.543
	S15	我主动提出新方法来实现工作目标			
	S16	在工作中，我会主动寻求应用新技术、新流程或新方法			
	S17	我经常探究出新的想法和方案			
	S18	我会积极制订相应的计划或规划来落实创新性构想			
团队协作	S19	我经常尽己所能地帮助与支持同事	0.826	0.804	0.507
	S20	我会主动关心团队其他成员			
	S21	我愿意想方设法提高团队整体工作绩效			
	S22	我会主动协助同事完成工作			

4.5.2　效度检验

为了判定制造企业员工工匠精神量表的效度水平，本书进一步展开了量表的内容效度和结构效度检验，具体如下。

内容效度反映的是量表在多大程度上代表了所测构念。制造企业员工工匠精神量表的形成是基于大量的文献研究和理论分析，为了使测量条目具备更高的完整性和针对性，在形成量表初稿后，请相关专家就条目的内涵和表述进行了定性分析，通过不断的修改完善，最终形成初始量表。收集问卷调研数据后，通过定量分析的方法删除了不合适的条目，所以从合理性来判断，本书设计的制造企业员工工匠精神量表的内容效度是符合要求的。

结构效度又分为收敛效度和区分效度。就收敛效度而言，工匠精神量表中5 个因子22 个条目的标准化荷载系数均大于0.5（见图4-7），并达到显著水平，且如表4-6 所示，精益求精、爱岗敬业、持续专注、勇于创新和团队协作五个因子的平均变异数抽取量 AVE 均高于或略低于0.5，组合信度 CR 均高于0.7。根据福内尔和拉克尔（Fornell and Larcker，1981）的观点，本书中的因子荷载、AVE 和 CR 指标均满足标准，可以认为制造企业员工工匠精神的五维结构具有良好的收敛效度。

对于区分效度的检验，主要通过两步来进行判定。第一步，检验各维度是否产生高相关系数，出现多重共线性的问题。本书中制造企业员工工匠精神五个维度间的相关系数如表 4 - 7 所示，最大为 0.541，远小于 0.85，符合标准。第二步，比较各维度间的相关系数与相应维度平均变异数抽取量 AVE 的平方根，当前者小于后者，则可以认为相应维度间具有较好的区分效度。如表 4 - 7 所示，各因子 AVE 的算术平方根均大于该因子与其他因子的相关系数。因此，可以认为本书构建的制造企业员工工匠精神五维结构具有良好的区分效度。

表 4 - 7　　　　　　　　工匠精神结构的区分效度分析

维度	精益求精	爱岗敬业	持续专注	勇于创新	团队协作
精益求精	(0.706)	—	—	—	—
爱岗敬业	0.474 **	(0.754)	—	—	—
持续专注	0.321 **	0.440 **	(0.771)	—	—
勇于创新	0.383 **	0.532 **	0.277 **	(0.737)	—
团队协作	0.524 **	0.541 **	0.310 **	0.426 **	(0.712)

注：** 表示 $p < 0.01$。

综合以上分析可以认为，本书构建的制造企业员工工匠精神的五维结构具有较好的一致性信度、分半信度、内容效度和结构效度。

4.6　制造企业员工工匠精神评价

从既有研究看，目前有关工匠精神量表开发的研究大多通过探索相关的前因与结果变量开展实证研究，鲜有学者对工匠精神现状进行测量。本书通过随机抽样对部分制造企业员工的工匠精神现状进行评价，进而从一定程度上了解目前制造企业员工工匠精神的状况，为企业工匠精神的培育提供一定的决策参考，并有助于推动有关工匠精神评价研究的发展。

4.6.1　量表题项评分与权重确定

本部分所采用的数据来自上文量表开发过程中利用问卷星收集得到的调查问卷中的数据。采用等权重算术平均的方法对制造企业员工工匠精神各项指标进行评价，具体的指标评分如表 4 - 8 所示。将各题项的得分相应划分为 5 个等级，具体为：评分在 4.5 以上为优秀，介于 4.0~4.5 为良好，介于 3.5~4.0 为中等，介于 3.0~3.5 为合格，而低于 3.0 为不合格。

表 4-8　　　　　　　　　工匠精神量表的题项评分及权重

维度	编号	题项	评分	权重（%）
精益求精	S1	我有极高的工作目标	3.91	5.89
	S2	做事有条理有系统对我是十分重要的	4.36	4.99
	S3	我能接受比别人更高的工作标准	3.94	5.52
	S4	我在工作中高度注重细节，追求完美	4.05	5.56
	S5	我对自己有很高的工作要求	4.10	5.96
爱岗敬业	S6	我对自己所从事的工作充满自豪感	3.93	2.62
	S7	我愿意投入精力在工作中	4.13	3.47
	S8	在工作中，我感到精力充沛	3.84	2.95
	S9	我对工作充满热情	4.01	3.20
持续专注	S10	当我正在工作时，我忘记了周围的一切	3.25	5.84
	S11	工作的时候，我感觉时间过得很快	3.99	6.84
	S12	工作时，我会达到忘我的境界	3.34	6.57
	S13	在工作中，我全心全意集中在工作上	4.00	6.59
勇于创新	S14	我经常有创造性的想法	3.61	2.67
	S15	我主动提出新方法来实现工作目标	3.72	2.67
	S16	在工作中，我会主动寻求应用新技术、新流程或新方法	3.89	2.67
	S17	我经常探究出新的想法和方案	3.68	3.97
	S18	我会积极制订相应的计划或规划来落实创新性构想	3.82	3.98
团队协作	S19	我经常尽己所能地帮助与支持同事	4.12	4.16
	S20	我会主动关心团队其他成员	4.05	3.95
	S21	我愿意想方设法提高团队整体工作绩效	4.13	4.75
	S22	我会主动协助同事完成工作	4.14	5.20

根据该划分标准，各个维度的题项评价结果如下：（1）精益求精维度中的题项 S2、S4 和 S5 均处于良好水平，其中，S2 评分最高，达到了 4.36；（2）爱岗敬业维度中，题项 S7 和 S9 达到良好水平；S6 和 S8 评分略低，处于中等水

平；（3）持续专注维度的评分普遍较低，仅有题项 S13 等级为良好，评分为 4.0；题项 S11 评分为 3.99，等级达到中等；其余题项仅为合格水平；（4）勇于创新维度中各题项的评分总体也较低，5 个题项的评分等级均为中等；（5）团队协作维度的评分总体较高，所有题项均达到良好标准。

在得出各题项评分的基础上，本书通过以下步骤计算出各题项的权重：（1）采用提取主成分分析法对样本数据进行因子分析，得到因子荷载矩阵 A = $(a_{ij})_{p \cdot m}$（a_{ij} 是指第 i 个题项与第 j 个公共因子的相关系数）、主成分特征根 λ_j 和解释方差 V_j 等数值；（2）利用因子载荷 a_{ij} 和主成分特征根 λ_j 求线性组合中的系数 e_{ij}；（3）利用 e_{ij} 和主成分方差 V_j 求各题项在综合得分模型中的系数 b_i；（4）计算权重。具体计算公式如下：

线性组合系数计算：

$$e_{ij} = \frac{a_{ij}}{\sqrt{\lambda_j}} \qquad (4-1)$$

综合得分模型中的系数计算：

$$b_i = \frac{\sum_{j=1}^{m} e_{ij} \cdot V_j}{\sum_{j=1}^{m} V_j} \qquad (4-2)$$

式（4-2）中，m 为采用主成分分析法得到的公共因子个数。

各题项的权重计算：

$$\omega_i = \frac{b_i}{\sum_{i=1}^{p} b_i} \qquad (4-3)$$

式（4-3）中，p 为题项个数。

4.6.2　工匠精神评分的计算

有研究表明，性别、学历、工作年限和职级等评价要素是敬业度、工作投入、组织公民行为等反映员工工作态度变量测量时参考的重要人口统计学因素（周红云，2012；王桢等，2015；Schaufeli et al.，2002；Rich et al.，2010）。工匠精神内涵的核心，在于诸如个性特征、价值取向等潜在的思维观念。因而，性别、学历等与个人价值取向具有密切联系的个体因素被纳入工匠精神的评价要素之中。同时，工匠精神作为个体潜在的思维观念在职业生活中的表现形式，员工工作实践产生的重要影响不可忽视，因而员工的工作年限和职级也被纳入作为重要的评价要素。由此，本书从性别、学历、工作年限和职级四个方面对样本员工的工匠精神情况进行评价与分析。在权重确定的基础上，本书运用加权平均法对样本员工的工匠精神各维度及总体工匠精神情况进行了评价。

（1）总体工匠精神评分

$$R = \sum_{i=1}^{p} \omega_i \cdot \frac{\sum_{q=1}^{n} \partial_{iq}}{n} \qquad (4-4)$$

式（4-4）中，n 为样本员工的个数，∂_{iq} 是指第 q 个样本员工对第 i 个题项的评分。

（2）工匠精神各维度评分

$$G_N = \frac{\frac{\sum_{q=1}^{n} \partial_{x_1 q}}{n} \cdot \omega_{x_1} + \frac{\sum_{q=1}^{n} \partial_{x_2 q}}{n} \cdot \omega_{x_2} + \cdots + \frac{\sum_{q=1}^{n} \partial_{x_r q}}{n} \cdot \omega_{x_r}}{\omega_{x_1} + \omega_{x_2} + \cdots + \omega_{x_r}} (r \leqslant 5) \qquad (4-5)$$

式（4-5）中，G_N 为第 N 个维度的工匠精神评分（N=1，2，3，4，5），x_1，x_2，$\cdots$，x_r 表示第 N 个维度中的题项（r≤5），$\partial_{x_r q}$ 是指第 q 个样本员工对第 x_r 个题项的评分。

根据式（4-4）和式（4-5），计算得到样本员工的工匠精神各维度及总体工匠精神具体分值，如表4-9所示。

表4-9　　　　　　　　　　工匠精神评价得分

项目	精益求精	爱岗敬业	持续专注	勇于创新	团队协作	工匠精神
总体	4.06	3.99	3.66	3.75	4.11	3.91
男	4.03	3.97	3.61	3.74	4.07	3.87
女	4.11	4.00	3.73	3.75	4.16	3.95
大专及以下	3.87	3.72	3.45	3.48	3.90	3.69
本科及以上	4.12	4.06	3.72	3.82	4.18	3.97
3 年以下	4.00	3.84	3.57	3.56	3.98	3.80
3~5 年	4.08	3.99	3.62	3.69	4.17	3.90
5 年以上	4.09	4.07	3.74	3.88	4.17	3.98
普通员工	3.86	3.71	3.51	3.44	3.96	3.70
基层管理人员	4.11	4.03	3.68	3.74	4.15	3.94
中高层管理人员	4.12	4.16	3.80	3.95	4.03	4.00

4.6.3　工匠精神的评价分析

以上计算得到了制造企业样本员工的工匠精神评分，下面展开进一步分析。

1. 工匠精神的总体及各维度情况

由表4-9可知，本书中员工工匠精神的总体评分为3.91分，处于中等水平，接近良好，说明还有较大的提升空间。此外，从各个维度来看，精益求精和团队协作两个维度达到良好等级，评分分别为4.06分和4.11分；爱岗敬业维度评分为3.99分，接近良好等级；而持续专注和勇于创新两个维度仅处于中等水平，评分分别为3.66分和3.75分，有待加强。

2. 不同类别员工的工匠精神情况

从性别来看，不论是工匠精神的总体情况还是各维度水平，女性员工的评分均略高于男性员工，这可能是因为女性相较于男性在工作中更擅长处理细节和更有耐心，在一定程度上更符合制造企业发展对员工的工匠精神要求。事实上，随着专业化分工的发展，制造企业中出现了更多需要女性参与的职业角色，女性员工对这些角色的出色扮演使其成为制造企业发展中不可或缺的人力资源，其表现出的工作品质与工匠精神有着紧密的内在联系。

从学历来看，从表4-9中可以发现，无论是工匠精神的总评分还是各维度的评分，本科及以上员工的评分皆高于大专及以下的员工。这可能是因为学历水平越高，越能受到更好的职业精神教育。人文教育是学校教育的基础，学校的社会化教育可以将道德理念渗透进个体的潜意识中，帮助个体构建社会需求的价值观。著名社会学家涂尔干曾提出观念的传递途径仅有教育，只有在特定的文化场域中，才能培养出人们良好的思想观念与行为习惯（陈栋，2020）。因而，受教育水平在很大程度上会影响员工工匠精神的水平，学校需在专业教育与人文教育中增强工匠精神导向，以助于培养新时代需要的高质量人才。

从工作年限来看，工匠精神的总评分以及各维度的评分大体上呈现出随着年限的增长而增高的情况。根据工作适应理论，企业新员工需要在工作过程中经历自身特征、能力、需求与工作环境匹配的过程，以达到在组织中较为满足的状态（Morrison，2002）。随着工作年限的增加，员工对岗位职责、工作任务、人际关系、组织文化等工作环境更为熟悉并与之更加融合，进而能清晰理解并扮演好自身在组织内部的角色（Ostroff and Kozlowski，1992），表现出制造企业所需的工匠精神。因此，员工的工作年限与其工匠精神水平存在着一定联系，制造企业需充分重视并利用新员工的组织适应阶段，增加并强化组织社会化策略中的工匠精神培育部分，进而保留和培育其所需的人才。

从职级来看，工匠精神的总体情况是随着职级的提高分值也越高。职业成长良好的员工会表现出更积极的态度与行为（郭钟泽等，2016），晋升作为个体职业成长的重要表现形式，对员工的工匠精神水平会产生一定的积极作用。由此可知，制造企业需重视晋升的激励作用，利用晋升机制及时对员工的成就给予认可，加速员工的职业成长（马文聪等，2019）。同时，就团队协作这个维度而言，管理人员的评分高于普通员工，这是因为不同于普通员工基本上仅需处理好自己的工作任务，管理层人员需要以全局性的思维协调好各方事宜，应具有更强的团队协作精神。然而，基层管理人员的评分高于中高层管理人员，可能是由于基层管理人员承担具体工作任务的落实，工作中需要更多的协作，而中高层管理人员则将更多的精力放在决策上，以把控企业的发展方向；而且中高层管理人员往往拥有更多的工作自主性与组织资源，使其能自主控制自己的工作任务与时间（周红云，2012）。

4.7　本章小结

基于第 3 章理论分析构建出的当代工匠精神内涵结构，本章开发出相应的工匠精神量表，从实证的角度对前文的理论分析结果展开了进一步验证。首先，围绕前文得出的工匠精神五个维度以及相应的维度内涵，对相关的国内外权威量表展开选取、借鉴与融合，结合专家讨论法和访谈法，设计工匠精神的初始量表，该过程经历多次的研讨与修订，保证量表开发过程的严谨性和科学性；其次，通过问卷调查法对随机抽样出的制造企业员工展开数据收集，进而对工匠精神的初始量表进行实证检验，检验过程严格遵照心理学量表的检验步骤，包含了探索性因素分析、验证性因素分析以及信效度检验三个部分，最终得到了具有 22 个题项的五维度工匠精神量表，信度和效度水平均较为理想，验证了前文提出的工匠精神所包含的五个要素。因而，本书开发的量表具有较高的参考与应用价值，为今后相关的实证研究提供了科学、有效的测量工具。

在工匠精神量表开发的基础上，本章利用自编量表，通过随机抽样对部分制造企业员工的工匠精神情况进行了评价，以在一定程度上了解制造企业工匠精神现状。首先，采用等权重算术平均法计算出工匠精神量表各项指标的评分，得到被调查员工在各项指标上的总体情况；其次，在得出各题项评分的基础上，利用 SPSS 对样本数据展开因子分析并通过一系列的计算得到工匠精神各评价指标的权重值；再次，在权重确定的基础上，运用加权平均法对样本员工的工匠精神各维度及总体工匠精神情况展开了测评，主要从员工的性别、学历、工作年限和职级等评价要素出发对样本员工进行分类并展开相应评分；最后，从上述评价要素的角度对测评结果进行评价分析，进而把握样本员工的工匠精神情况并获得相应的管理启示，具有一定的实践参考价值。

第5章 制造企业员工工匠精神的 形成机理研究

培育制造企业员工的工匠精神，受到了党和政府以及社会各界的高度关注，也是本书探讨的核心问题。从理论研究层面来看，要想培育员工的工匠精神，前提是需要厘清工匠精神的影响因素及其作用机理，从而为工匠精神的培育实践提供指导。本章基于领导力的视角，深入分析家长式领导和精神型领导对制造企业员工工匠精神的影响，进而揭示工匠精神的形成机理。

5.1 研究思路

5.1.1 领导力与工匠精神的形成

工匠精神的微观载体和终极源泉是广大员工（邓志华和肖小虹，2020a）。所谓工匠精神，描述的是员工一种积极的工作状态和行为，涉及精益求精、敬业、专注投入和创新等方面（喻文德，2016；徐耀强，2017；栗洪武和赵艳，2017），而大量实证研究证明，诸如此类员工工作态度的形成和行为表现依赖于不同领导风格的影响（李永占，2019；宋孜宇和高中华，2020；董临萍和於悠，2017）。事实上，企业管理者是员工工匠精神最直接有效的培育主体。既有研究也发现，不同的领导风格和领导行为对员工工匠精神会产生显著的影响。例如，叶龙等（2018）指出，作为一种信息性和支持性的环境因素，包容型领导能够有效地激发技能人才的工匠精神；邓志华和肖小虹（2020a）验证了自我牺牲型领导对员工工匠精神的显著正向预测作用；同时，他们还探讨了谦逊型领导在培育员工工匠精神方面的积极效力等（邓志华和肖小虹，2020b）。尽管已有少量实证研究建立了上述领导风格与员工工匠精神之间的关系，但作为员工工匠精神的关键培育主体，领导是员工技艺提升、工匠身份获得和工匠信念养成过程中举足轻重的一环，因而识别何种领导风格通过哪种过程能有效促进员工工匠精神的提高亟待更为丰富的理论探索和实证检验。

"工匠精神"是手工业时代工匠制度的产物。随着中国由制造大国走向制造强国战略的实施，工匠精神承载着新的重要使命再次走入公众视野。"传统手工业是工匠精神得以形成的基石"，现代制造业的工匠精神必然传承了过去手工业劳动者们宝贵的精神财富，但又不拘泥于传统的"匠气"，而是从时代召唤和大国期盼的角度出发融入了更多现代性的特征。因此，前文在借鉴已有研究的基础上从古代手工业背景以及现代工业发展背景两个视角展开工匠精神结构探索，从传统特征和现代特征两个角度抓取了工匠精神的构成元素。

延续这一研究思路，围绕制造企业员工工匠精神的形成机理，本部分同样从传统和现代两个视角出发，探寻能有效促进员工工匠精神培育的领导风格。一方面，作为我国企业中普遍存在的一种独特且尤为重要的领导风格，家长式领导已成为40多年来中国本土领导力研究的焦点（汪林等，2020）。大量研究表明，员工在工作场所中的认知态度形成和行为表现与包含仁慈领导、德行领导和威权领导三个维度的家长式领导紧密相关（邓志华和陈维政，2013；曾楚宏等，2009；沈翔鹰和穆桂斌，2018；张永军等，2017），因而从传统视角出发，以家长式领导为切入点，考察其对员工工匠精神可能的作用机制。另一方面，传统的领导理论大多从个体的生存和安全等需求出发加以构建，精神型领导强调尊重和意义感等高层次的精神性需求，这一领导风格的提出为解决当前组织中一些更高层次的问题提供了新的视角（杨振芳，2014）。因而，从现代视角出发，聚焦于精神型领导，探讨其对员工工匠精神可能的作用机制。

5.1.2　传统领导力——家长式领导

家长式领导是基于我国传统文化的本土领导理论。西尔金（Silin，1976）通过对台湾企业主管进行访谈，发现与西方管理方式存在差异，因而提出家长式领导这一概念。自西尔金开创先河以来，韦斯特伍德等（Westwood et al.，1997）、樊景立和郑伯埙（2000）等多位学者围绕家长式领导进行了广泛的探讨。之后，以郑伯埙为代表的华人学者提出了完整的家长式领导理论体系。经过多位学者的持续探讨及郑伯埙等学者的集大成，家长式领导理论研究日趋成熟并成为本土组织行为研究中较为流行的领导理论之一（周浩和龙立荣，2007）。目前，郑伯埙等（2000）提出的三元理论模型研究较为成熟，因此多数学者参考该研究的理论成果来探讨家长式领导。本书亦借鉴郑伯埙等（2000）的研究成果，认为家长式领导广泛存在于各种华人企业、组织、团体中，具有中国本土管理风格的普遍特征，表现出严明的纪律与权威、父亲般的仁慈及道德的廉洁性等特征。

　　具体而言，家长式领导是一种结合了较强的权威和纪律、仁慈的态度以及高尚的品德和言行的领导方式（樊景立和郑伯埙，2000）。该领导方式具有人治主义倾向，既体现出领导者仁慈、德行的一面，也体现出领导要求员工绝对服从、依赖及信任的一面（胡国栋和王晓杰，2016）。家长式领导起初包含两个维度：施恩和立威，进而发展到仁慈、德行和威权三个维度（马鹏和蔡双立，2018）。仁慈领导主要体现在领导者在团队中担任"家长"的角色，在工作中帮助员工和提供资源，在生活中给予员工更多的关怀和照顾，使得员工对领导抱有感恩之情（林春培和庄伯超，2014）；德行领导自身具备较高的德行，对待工作尽职尽责、公私分明，并将团队利益放在首位，在组织中为员工树立典范，为企业营造良好的氛围，使得员工积极地效仿领导者的行为（刘冰等，2014）；威权领导强调其绝对权威不容挑战，保持威权形象，权力集中，对员工进行严格控制和信息保密，迫使员工表现出服从和敬畏的行为（王甜等，2017）。

　　鉴于家长式领导独特的文化根源及其在华人组织中的普遍性，这一概念自提出后得到了国内外学者的广泛关注和深入研究。大量研究表明包含仁慈领导、德行领导和威权领导三个维度的家长式领导对员工的认知、态度和行为会产生重要的影响（邓志华和陈维政，2013；曾楚宏，2009；沈翔鹰和穆桂斌，2018；张永军等，2017）。然而，对于员工工匠精神，目前鲜有研究试图对极具本土管理特色的家长式领导与员工工匠精神间可能产生的作用关系展开分析和探讨。工匠精神是劳动者在生产过程中秉持的生产理念，是对所从事行业的职业态度（马永伟，2019）。作为员工的"角色榜样"和组织中的"意义制造者"，领导能直接向员工传递"组织所期许的态度和行为是什么"等信息，在不同领导方式塑造的情境因素的影响下，员工往往会形成相应的工作理念和职业态度（李磊和尚玉钒，2011）。当前，家长式领导广泛而普遍存在于中国组织情境中，在积极培育和弘扬员工工匠精神这一过程中，家长式领导可能产生的重要影响不容忽视。因此，探讨家长式领导对员工工匠精神的具体影响路径和边界条件具有较好的理论意义和实践指导价值。

5.1.3　现代领导力——精神型领导

精神型领导（spiritual leadership）最早起源于西方国家，产生于对工作场所精神性（spirituality）的研究。初期阶段，大部分学者将精神型领导与宗教信仰关联起来，认为两者之间存在某些关联的成分，有效的领导行为体现在建立一种领导者和员工都可以像信仰宗教文化一样尊崇完成组织内部所赋予工作的环境（Meng，2016）。但也有学者持有不同的观点，例如，弗莱伊（Fry，2003）认为精神型领导和宗教信仰之间关系并不紧密，并指出精神型领导是精神性和领导行为的联结，是领导者在领导员工时满足员工精神方面的追求从而对员工进行内部激励的一种领导方式。梅农（Menon，2010）也认为，精神型领导和宗教信仰之间并不存在相关性。

虽然目前学术界对精神型领导的概念并未形成一致的结论，但相关定义均涉及以下三个方面：其一，精神性。学者们一致认同精神型领导关心的是员工个体精神而非物质层面的追求；其二，内在激励性。精神型领导者从关怀角度出发，认可和推崇员工个人内心真正的需求和期望，通过满足他们的内在希冀从而改变其工作行为；其三，有效性。精神型领导从内出发的激励方式能够从根本上提高员工的工作热忱，进而产生有利于个体成长和组织发展的工作结果。总体而言，精神型领导是一种强调内在激励，从而使下属员工认知到自身在组织中发挥的价值，进一步获得精神上的满足的领导方式，精神型领导带来的满足会持续不断地影响员工的工作态度、工作行为以及对待工作的价值观（Fry，2003）。

既有领导理论大多从心理、情感或行为层面来探讨领导与员工之间复杂的交互关系，忽视了领导者与下属员工在精神层面的互动情况，而精神型领导的提出弥补了这一遗憾。与包容型、自我牺牲型和谦逊型等领导风格不同，精神型领导假设领导方式与员工的个人价值、完整性、卓越感等精神性需要密切相关，这一领导理论重视员工的价值感受对发挥领导有效性的影响，主张领导通过构建伟大的组织愿景、对愿景充满信念并对员工施以利他之爱来满足员工追求卓越、自我实现、被他人重视与欣赏等精神层面的需求，以此来激发员工的工作动机与能动性，从而实现有益于个体、群体、组织乃至社会的积极结果（杨振芳，2014）。

现有研究发现，精神型领导对员工的工作态度、工作投入、生产力、创新绩效和工作绩效等均具有积极的影响（Chen and Yang，2012；邓志华，2016；

Fry et al. , 2011；万鹏宇，2019；Jamil et al. , 2014）。精神型领导在员工工作认知和行为态度等方面的结果变量与工匠精神所包含的方方面面紧密相关。事实上，精神型领导通过构建伟大的愿景，利他之爱和培养信念而成为下属心目中的"精神领袖"，这一与员工精神层面的互动天然地与员工工匠精神的产生和发展紧密关联。也就是说，精神型领导可能是培育员工工匠精神的一种卓为有效的领导方式。然而，目前将领导者的精神信念与员工工匠精神的培育联系起来的研究较为少见。因此，精神型领导能否对员工的工匠精神产生影响以及产生影响的机制问题亟待深究。

5.2　家长式领导与员工工匠精神

5.2.1　理论模型构建

关于家长式领导对员工工匠精神的具体作用机制，社会交换理论指出，根据互惠原则，为了维系、巩固和强化社会交换关系，员工会相应地表现出回报式的回应方式来反馈领导所提供的资源和支持，而工作卷入正是员工对领导支持的"回报"之一（顾远东等，2014）。同时，高度的工作卷入能有效促进员工积极的工作态度和行为的产生与发展（刘顿和古继宝，2018）。由此，本书引入工作卷入作为中介变量，从心理作用机制的角度出发，考察家长式领导对员工工匠精神可能产生的影响以及员工工作卷入在其中所起的中介作用。此外，基于社会信息加工理论，员工对领导行为的理解会综合组织与工作团队的整体环境条件和信息线索（郑晓明等，2017）。即是说，员工对组织环境因素的感知和判断会改变领导行为对其产生影响的程度。团队氛围正是重要的组织环境因素之一。正如阿什卡纳西等（Ashkanasy et al. , 2017）倡导要将个体情感融入管理实践研究中那样，团队积极情绪氛围作为一种关注团队成员情绪状态的团队特定氛围，近年来日益受到相关研究的关注。较强的团队积极情绪氛围能够促使团队成员形成积极的情绪共享感知，有助于让员工感受到乐观、积极、热情等积极情绪（Liu and Härtel, 2013）。在团队积极情绪氛围的影响下，领导行为在表达的过程中会受到一定程度的推动或抑制，其对员工态度和精神的影响程度也会受到一定的强化或弱化。因此，在探讨家长式领导对员工工匠精神产生影响的过程中，将团队积极情绪氛围作为调节变量引入研究框架。

由此，普遍存在于华人组织中的家长式领导对员工工匠精神会产生何种影响？家长式领导的具体维度分别如何作用于员工工匠精神？其作用路径和边界条件又是什么？围绕这一系列问题，本书构建了家长式领导对员工工匠精神的跨层次作用模型，如图5-1所示。

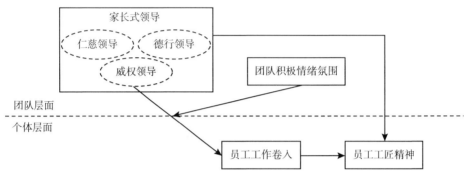

图5-1 家长式领导作用于员工工匠精神的理论模型

5.2.2 研究假设提出

基于图5-1所示的家长式领导作用于员工工匠精神的理论模型，提出相应的研究假设，具体如下。

1. 家长式领导与员工工匠精神

在稳步推进制造强国战略背景下，如何培育和弘扬员工工匠精神已成为亟待解决的重要问题之一。为此，员工工匠精神的前因变量业已成为近年来国内研究关注的一个热点话题。以往相关研究大多从定性分析的角度剖析工匠精神的影响因素，仅有少量文献通过定量研究来寻找和验证其前因变量及具体的作用机制（叶龙等，2018；方阳春和陈超颖，2018；李群等，2020）。对于广泛存在于华人组织中的家长式领导，目前鲜有研究针对家长式领导是否以及如何对员工工匠精神产生影响展开探讨，对家长式领导所包含的仁慈领导、德行领导和威权领导三个维度进行考察的研究也极为少见，但相关研究已经建立并验证了领导因素与员工工匠精神之间的重要联系，为本书的推论提供了有力的支持。

就仁慈领导而言，首先，在高水平的仁慈领导情境中，员工能够获得更多的任务资源和心理认可，从而有效提高工作技能并发展专长（张建卫等，2018）。其次，仁慈领导将员工视为家人，为员工提供高水平的情感支持。基于社会交换理论，员工在工作中会表现出更大程度的爱岗敬业和专注投入作为对领导和组织的回应（侯曼和武敏娟，2018；吴士健等，2020）。再次，仁慈领导在工作中为员工创造了更多的机会和平台，提高了员工的工作自主性，有利于员工创新行为的产生（谢海峰，2019）。最后，仁慈领导通过关心和帮助员工、维护员工面子、给予宽容和保护等行为，能够缓解员工压力，营造出一种积极的团队氛围，基于互惠原则，员工会表现出更多的亲环境行为，并通过帮助同事、维护组织声誉等间接方式回报领导者（赵申苒等，2018）。总之，仁慈领导有助于促进员工精益求精、爱岗敬业、持续专注、勇于创新以及团队协作水平的提升，也即对员工工匠精神产生积极影响。由此，提出假设：

假设 5－1a：仁慈领导正向影响员工工匠精神。

对于德行领导，首先，德行领导通过匹配员工的工作价值观、减轻员工的工作差序感、增加员工的心理授权等方式，能有效提高员工的工作繁荣，使员工在工作中同时感受到活力和学习的积极心理体验（刘兵等，2017），从而不断提高自身能力和学习主动性。其次，基于社会学习理论，德行领导能够为员工树立道德榜样，一方面，德行领导以集体利益为重，对工作认真负责，这种以身作则的领导方式在潜移默化间能激发员工的认同感，提高员工的敬业度（孙利平和凌文辁，2010）；另一方面，在认同领导的基础上，员工会竞相效仿领导的德行，进而在行为上表现出更多的利他性和助人性（杨继平和王兴超，2015），有利于团队协作水平的提升。最后，德行领导自身具备的诚信、正直、奉献、大公无私以及负责的优良品质，有利于营造一种可信的、公平的、支持的组织氛围，既能激发员工的创造力（许彦妮等，2014），又能强化员工对组织和领导的信任，从而促使员工对待工作更加投入（张建卫等，2018），更为专注于自己的工作。总之，德行领导可以有效提升员工精益求精、爱岗敬业、持续专注、勇于创新以及团队协作水平，对员工工匠精神产生积极影响。综上所述，提出假设：

假设 5－1b：德行领导正向影响员工工匠精神。

与仁慈和德行领导不同，对于威权领导，首先，威权领导强调权力高度集中，要求员工无条件服从领导，这必然会引发员工对领导权威的抵触情绪，进而对员工的工作积极性产生消极影响，不利其工作水平的提升（刘冰等，2017）。其次，威权领导对绝对权威的追求和对下属的严密控制会增加员工的工作疏离感（龙立荣等，2014），降低员工的工作满意度，从而不利于培养员工的爱岗敬业理念。再次，威权领导只对员工进行自上而下的单向沟通，要求员工根据指示按部就班完成工作（张燕和怀明云，2012），导致员工工作独立性和自主性大大降低，对规则和条例的遵守与执行予以最高程度的关注，进而无法专注地投入工作，且长期处在缺乏自主性的工作环境下，员工的创新空间不足，创新效能感持续降低，从而创新行为日益减少（马璐和张哲源，2018）。最后，威权领导的教诲行为使员工不敢贸然将自己具备竞争优势的隐性知识分享给其他同事（张亚军等，2015），无法促进员工之间的团结协作。因此，威权领导不利于激发员工精益求精、爱岗敬业、持续专注、勇于创新以及团队协作的职业理念和态度，对员工工匠精神会产生消极影响。基于此，提出假设：

假设 5 - 1c：威权领导负向影响员工工匠精神。

2. 家长式领导与员工工作卷入

目前探讨仁慈领导、德行领导和威权领导对员工工作卷入作用机制的研究很少见，但相关研究建立了领导因素与员工工作卷入的作用关系（祝思敏和王碧英，2019；刘顿和古继宝，2018）。根据皮格马利翁效应，员工往往会按照领导的角色期待来行事，对这种角色期待的感知会对员工的工作态度与行为产生影响（赵红丹和郭利敏，2018）。当领导对员工工作提供资源和帮助，及时给予工作反馈，表现出对其成长和发展的高度期待时，员工倾向于通过提高工作卷入程度、表现出更多组织公民行为等方式来给予积极回应；相反地，当领导强调权力高度集中、对下属进行严格控制时，员工往往也会通过负面态度和行为来给予消极回应。对于家长式领导，仁慈领导和德行领导两个维度通过给予员工积极的角色期待，可能会促进员工工作卷入的提高，而威权领导对员工的消极角色期待可能会降低员工的工作卷入程度。

具体而言，仁慈领导包括体谅宽容和个别照顾两个因素（张瑞平等，2013）。一方面，领导关注维护、体谅和宽容员工，这意味着工作场所中的容错程度较高，因而员工对于风险的承受能力更强，更容易围绕工作内容产生更多创造性的想法来积极优化工作方法和流程（沈伊默等，2017），而员工对工作内容的高度关注有助于提高其工作卷入度。另一方面，领导通过为员工提供资源和支持，与员工共享信息，关怀与照顾员工，能与员工保持较高质量的"领导—成员"交换关系，使得员工从心理上对工作产生更高程度的认同感，进一步认可工作的重要价值，更愿意花时间在自己的工作上（Chan et al.，2013），从而提高工作卷入水平。基于以上分析，提出假设：

假设 5 - 2a：仁慈领导正向影响员工工作卷入。

德行领导包括正直尽责、不占便宜和无私典范三个因素（务凯，2014）。首先，德行领导能够为员工树立榜样，赢得下属的认同和尊重，促使员工积极效仿领导的品行操守，为追求集体利益付出自己的努力（彭征安等，2015），从而提高工作卷入水平。其次，德行领导有助于营造一种支持性的、可信赖的组织氛围，使员工感受到来自组织的温暖，接收到被组织尊重和认可的信号，有利于提高员工对工作价值的肯定和对工作内容的认同（卫寒阳等，2017），并基于互惠原则以努力工作、专注投入等行为回报领导和组织，从而表现出高水平的工作卷入程度。综上所述，提出假设：

假设 5 - 2b：德行领导正向影响员工工作卷入。

威权领导具有专权作风、贬抑下属能力、形象整饰、教诲行为等四种表现形式（晋琳琳等，2016）。首先，威权领导专权独断，不愿授权于员工，并对下属进行严格控制，长此以往，员工往往会对工作表现出漠不关心的状态（康宛竹等，2019），只根据指令机械地完成工作，无法真正地卷入工作中。其次，威权领导注重维护自己的尊严，以严父形象展示于众人，倾向于对下属进行打压和贬低，即削弱了员工的组织认同感，又抑制了员工的工作活力，使得员工工作积极性不断降低（陈艳艳等，2019），对工作始终保持沉默（李宗波和王明辉，2018），表现为低水平的工作卷入。最后，威权领导对员工的工作绩效有严格要求，对绩效低的员工往往会加以斥责并进行直接指导（李嘉和杨忠，2018），容易导致员工产生心理抵触，造成员工工作卷入水平下降。由此，提出假设：

假设 5 - 2c：威权领导负向影响员工工作卷入。

3. 员工工作卷入的中介作用

工作卷入作为一种态度特征，描述的是员工个体从心理上认同其工作的程度（Kanungo，1982）。在高工作卷入的情况下，员工会对组织和工作产生较高程度的认同感，这种认同感将会对员工的敬业度、建言行为、创新行为等工作态度和行为变量产生显著的积极影响（刘顿和古继宝，2018；马迎霜等，2018；方来坛等，2010）。尽管目前鲜有研究对工作卷入与工匠精神间的关系进行探讨，但既有研究结论表明两者之间可能存在显著作用关系。工作卷入是员工个人成长以及提升组织效率的关键所在（李敏等，2013），高水平的工作卷入意味着对工作的高度情感投入以及对工作角色的高度认同：首先，员工会花更多的时间和精力去钻研工作（方来坛等，2010），不断充实知识储备和提高工作技能（刘顿和古继宝，2018），与此同时付出更多的努力来形成有用和新奇的想法以实现工作目的（马迎霜等，2018），高工作卷入下员工的种种工作表现有助于提升其精益求精、持续专注以及勇于创新的程度；其次，随着情感投入的增加，员工会无意识地与工作岗位产生更强烈的情感联结，故而更加爱岗敬业，同时也会表现出更高的责任意识和团队协作意识。总之，员工工作卷入程度的加深有助于促进其工匠精神水平的提升。基于以上分析，提出假设：

假设 5 – 3：员工工作卷入对工匠精神存在正向影响。

工作卷入作为员工的一种工作态度，与个人需求被满足程度有关，当个人需求得到满足的越多，员工的工作卷入程度越高，反之越低，而工作卷入又与员工工作理念和态度的形成以及行为的外化息息相关（刘顿和古继宝，2018）。家长式领导中的仁慈领导将员工视为家人，强调体谅、维护和照顾员工，在工作中为员工提供大量帮助和资源；德行领导具备公私分明、为人正直、认真负责等优秀品质，是员工的精神领袖和角色榜样（吴士健等，2020），两种领导方式均能较好地满足员工的个人需求，促进员工工作卷入程度的提升，从而对其工匠精神产生积极影响。而威权领导强调权力高度集中，注重维护自己的威权形象，对员工进行严格控制（刘冰等，2017），导致员工难以获得足够的资源，因而无法完全卷入工作，不利于其工匠精神的产生与发展。基于以上分析，提出假设：

假设 5 – 4a：员工工作卷入在仁慈领导影响员工工匠精神的过程中起中介作用；

假设 5 – 4b：员工工作卷入在德行领导影响员工工匠精神的过程中起中介作用；

假设 5 – 4c：员工工作卷入在威权领导影响员工工匠精神的过程中起中介作用。

4. 团队积极情绪氛围的调节作用

团队积极情绪氛围是指团队成员对团队中的情绪以及情绪交换的共享感知（门一等，2016）。在积极的团队情绪氛围下，团队成员会进行积极的情绪"感染"，从而使得整个团队产生或保持积极的情绪状态。已有研究对团队积极情绪氛围在领导作用于员工行为过程中可能产生的边界作用进行了一些探讨，例如，卢俊婷等（2017）基于情绪一致性记忆效应，认为团队积极情绪氛围可以正向调节公仆型领导与员工亲社会角色期望之间的相关关系。梁阜和李树文（2016）研究发现，团队情绪氛围的强弱会影响变革型领导对员工心理资本的影响作用。刘小禹等（2011）提出团队积极情绪氛围可以作为领导抵消或领导替代因素之一，对变革型领导和交易型领导的有效性产生不同影响。有鉴于此，本书认为团队积极情绪氛围在家长式领导作用于员工工作卷入的过程中可能会产生重要的边界作用。

　　具体而言，在高水平的团队积极情绪氛围下，团队更易产生友爱、尽职尽责、热情等积极情绪，在这种良好的互动情境下，仁慈领导对员工提供支持和帮助，关心体恤员工，强调人际关系中的慈爱和宽容（汪林等，2020），员工能更强烈地感受到乐观、积极、热情等积极情绪；德行领导表现出尽职尽责、恪尽职守，在团队中树立榜样（沈翔鹰和穆桂斌，2018），员工能更强烈地感知到公正、尽责、诚信等积极团队氛围。在两者分别与团队积极情绪氛围的共同作用下，员工均能表现出更高水平、更高质量的工作卷入，而更高水平的工作卷入使得员工更关注通过提高自己的创造能力、技能水平、工作专注度等行为可能获取的额外资源和收益，也即其工匠精神水平获得了更大程度的提升。而威权领导则强调权力的集中和对员工的严密控制，员工感受到的压力、不自由、心理抵触等消极情绪可能会在团队积极情绪氛围的影响下得到一定程度的缓冲，也即在威权领导与团队积极情绪氛围的交互作用下，威权领导对员工工作卷入造成的消极影响会有所减弱。基于此，提出假设：

　　假设 5 - 5a：团队积极情绪氛围正向调节仁慈领导对员工工作卷入的正向影响，即团队积极情绪氛围水平越高，仁慈领导对员工工作卷入的正向影响越强；

　　假设 5 - 5b：团队积极情绪氛围正向调节德行领导对员工工作卷入的正向影响，即团队积极情绪氛围水平越高，德行领导对员工工作卷入的正向影响越强；

　　假设 5 - 5c：团队积极情绪氛围负向调节威权领导对员工工作卷入的负向影响，即团队积极情绪氛围水平越高，威权领导对员工工作卷入的负向影响越弱。

5.3　精神型领导与员工工匠精神

5.3.1　理论模型构建

　　就精神型领导对员工工匠精神可能的影响路径而言，员工个体的心理认知过程可能在其中起着至关重要的桥梁作用。自我决定理论为组织领导对员工态度形成和行为发生的影响机制提供了新视角，该理论指出，当个体的自主、胜任和关系三种心理需求能得到较好的满足时，其自主性动机将得到有效的激发（Ryan and Deci，2000；Weinstein and Ryan，2010）。加涅和德西（Gagne and Deci，2005）表示自主性动机并不是与生俱来的，而是易受到外部情境因素的影响。作为重要的工作情境因素之一，精神型领导对员工精神性需要的密切关注将极大程度地影响员工对三种自我心理需求的关注程度和主动寻求满足程度，从而影响其动机形成过程。同时，既有研究发现，自主性动机不仅会影响员工个体的工作表现，如工作满意度、幸福感和工作绩效等，还会对个体在组织层面的行为和态度产生影响，如组织认同、组织信任等（张春虎，2019）。因此，本书认为自主性动机能较好地解释精神型领导影响员工工匠精神的心理认知过程。

此外，除了领导因素外，良好的组织氛围也有助于员工自主性工作动机的形成（关新华，2018）。组织伦理氛围是指员工针对组织内部的伦理问题所形成的稳定认知以及处理这类伦理问题所会采取的行为意向，能对组织内员工的心理和行为产生有效的影响（王雁飞和朱瑜，2006）。其中，关怀型伦理氛围是三大组织伦理氛围之一，当员工处在以关怀型伦理氛围为主导的伦理氛围之中时，成员之间相互关心，比起自身利益更加关注他人的利益以及组织的利益，会产生以实现利益共赢为目的的行为（Wimbush and Shepard，1994）。这与精神型领导强调利他之爱等特征具有较好的匹配程度。根据领导替代理论，当组织能提供与领导行为相一致的支持因素时，领导行为的有效性得到增强（Ling et al.，2016）。因此，本书推测，关怀型伦理氛围可能会调节精神型领导对员工自主性动机的影响。

由此，新时代背景下应运而生的精神型领导对员工工匠精神会产生何种影响？这种影响在不同程度的关怀型伦理氛围情境下是否会显示出不同的作用规律？精神型领导与关怀型伦理氛围的交互影响效应是否以员工个人的自主性动机为传导机制？围绕这一系列问题，本书构建了精神型领导对员工工匠精神的跨层次作用模型，如图 5 - 2 所示。

5.3.2　研究假设提出

根据图 5 - 2 所示的精神型领导作用于员工工匠精神的理论模型，提出相应的研究假设，具体如下。

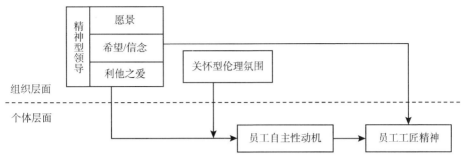

图 5 - 2 精神型领导作用于员工工匠精神的理论模型

1. 精神型领导与员工工匠精神

精神型领导不过分注重物质需求对个体的重要性，而是以满足个体精神层面的需求为宗旨，强调通过内在激励来激活个体的认同和使命感召，继而促使其自发地产生有利于组织和社会的行为表现（Chen and Yang，2012）。精神型领导包括愿景、希望与信念、利他之爱三个维度。其中，愿景用于解释领导和员工努力的方向和目标，描述的是组织激励人心的阶段性成就和前景；希望与信念是内在激励的助燃剂，体现了领导对员工意义建构的引导和支持；利他之爱有助于赋予员工被理解、认可和欣赏的感受，帮助其获得和谐感和幸福感（Wu and Li，2015）。精神型领导以其由内而外地激励员工努力工作这一核心要义而对组织发展和个人成长产生潜移默化的影响，已有的大量国内外研究也证实了精神型领导对员工工作态度和行为会产生显著的积极影响（杨振芳等，2016）。

对于工匠精神，目前有部分学者从多个角度对工匠精神的影响因素和驱动机制展开探讨，大部分研究从宏观的视角，聚焦于制度与文化、生产模式、院校教育等方面，也有少量研究从微观视角出发，探讨领导和个人因素对工匠精神的影响作用。其中，少量研究指出员工工匠精神极易受到领导风格的影响，并探讨了包容型领导、自我牺牲型领导和谦逊型领导等特定领导风格对员工工匠精神的具体作用机制（叶龙等，2018；邓志华和肖小虹，2020a）。鉴于既有研究结论证实了积极领导风格在培育员工工匠精神过程中可能具有显著效力，本书推测，基于内在激励理论，员工做出利于组织的良性行为需要领导的合理激励，而工匠精神要求员工在工作中持续投入大量时间、精力甚至展现出部分自我牺牲的行为和状态，因而更需要通过内在激励来满足员工在组织中的精神需求，赋予其使命感和归属感，将组织目标内化为个人目标。精神型领导具有强烈的内在激励性，更会对员工的自我价值评价产生积极影响（Fry，2003），从而促进其工匠精神的提升。因此，提出假设：

假设5-6：精神型领导正向影响员工的工匠精神。

2. 精神型领导与员工自主性动机

自我决定理论认为，在外部动机内化为内部动机过程中，按动机自主性程度高低，可区分出外在调节、内摄调节、认同调节、整合调节和内部动机等5种类型的动机调节方式。凡斯提恩基斯特等（Vansteenkiste et al.，2004）在此基础上进一步将认同调节、整合调节和内部动机等自主性程度较高的动机调节方式称为自主性动机，即个体出于自身意愿和自由选择（如兴趣、信念等）而从事某种行为的动机。已有实证研究证明，精神型领导影响员工职业呼唤的过程中，自主性动机起着重要的中介作用（史珈铭，2018）。巴尔德等（Baard et al.，2004）的研究发现，领导给下属的支持越多，下属越能感受到心理需求的满足，从而产生更高的幸福感和绩效表现。

就精神型领导而言，通过对愿景、希望与信念、利他之爱的强调和推崇，能够使员工产生积极期望以及给予员工被理解和被欣赏的感受，从而有效满足员工的自主需要、能力需要和关系需要，进而触发个体自主性动机的产生（史珈铭，2018）。本书推测，首先，自我决定理论认为，自主需求的满足来源于在完成工作任务过程中的心理自由感知和与领导交互过程中的自主满意感知（Broeck et al.，2010）。精神型领导强调为员工构建个人利益与组织利益相协调的美好愿景，并注重关怀员工，重视员工的精神建设，使得员工在工作中感知到更少的压力和更积极的工作意义，由此产生更高的心理自由度和互动过程中的自由满意度，因而能有效满足员工的自主心理需要。其次，精神型领导在与员工的互动过程中重视信息反馈，并倾力满足员工的真实需要，关心员工的职业发展，通过提供发展机会和增强心理资源而有助于满足员工的能力需要。最后，精神型领导对于员工取得的成就不吝赞赏，积极向员工传递实现更高目标的信念，充分向员工传达来自组织的尊重和信任。通过来源于领导的赞赏以及与领导建立亲密关系，员工的关系需要能得到更好的满足。鉴于精神型领导有助于满足员工自主、能力和关系三种基本心理需要，进而能促进个体自主性动机的产生，本书提出如下假设：

假设5-7：精神型领导正向影响员工的自主性动机。

3. 自主性动机的中介作用

自我决定理论的基本假设是把人视为积极的有机体，具有自我整合和发展的潜能，而人的这种潜能，需要环境的激发和促进。人与环境的关系是辨证的，人虽然不被环境所决定，却会受到环境的制约和影响。只有当环境满足人的基本心理需要时，人的各种潜能才会被激发出来并得以实现（赵燕梅，2016）。由此可以认为，精神型领导影响员工的工匠精神必然要经过一个心理转化的过程，而自主性动机很可能就是这个转化过程中的重要方面。已有研究发现，自主性动机能够正向预测员工的态度、积极工作行为以及心理健康，例如工作努力（Bidee et al.，2013；Gagne et al.，2015）、工作敬业度（Gillet et al.，2017）、组织承诺（Graves et al.，2015）和创造力（Eisenberger et al.，2003）等。

　　鉴于自主性动机的结果变量与工匠精神的内涵具有较高程度的吻合性，本书推测员工的自主性动机能显著正向预测其工匠精神水平。具体而言，工作自主性动机较高的个体往往具有较高程度的工作认同感和内部动机。对工作高度认同和受强烈内部动机驱使的个体能更好地体验到工作的意义，关心组织和团队的发展，对工作抱有极大的热情，因而更全身心地投入工作（Elangovan et al.，2010），表现为对工作更极致的追求，并展现出超乎他人的诸如创造力等工作状态，也即产生更高水平的工匠精神。综上，考虑到精神型领导对员工自主性动机可能存在的积极影响，本书推测自主性动机能有效传递精神型领导对员工工匠精神的正向影响。故此，提出假设：

假设 5 - 8：员工自主性动机中介精神型领导对员工工匠精神的正向影响。

4. 关怀型伦理氛围的调节作用

　　作为一种特定的组织氛围，伦理氛围描述的是组织成员对内部伦理问题的共享态度和信念（Victor and Cullen，1988）。目前学术界对于伦理氛围的分类还未有统一定论，其中关怀型伦理氛围、规则型伦理氛围和自利型伦理氛围受到较多研究的关注（Martin and Cullen，2006）。关怀型伦理氛围主要是指组织秉承他利原则，关心每一位员工的利益，每位员工也相互关心彼此利益的伦理氛围。当组织中的关怀型伦理氛围较强时，意味着组织关心员工的利益，在这一氛围下，员工也会产生更强的工作动机。

　　领导替代理论认为，领导行为的效力易受组织层面因素的影响，在这些影响因素的作用下，领导行为的有效性会得到减弱或强化（Sweeney and Fey，2012）。高水平的关怀型伦理氛围与精神型领导内涵的高度匹配使得员工更容易认同领导的观点，很容易产生为实现组织目标而奋斗的内源性动机，从而产生向着领导所期望方向发展的工作动机。当员工处于高水平关怀型伦理氛围中，精神型领导满足员工精神需求、赋予员工工作意义，并通过愿景、希望与信念、利他之爱激励员工，员工在工作中的自主性动机能得到更大程度的激发（杨振芳，2014）。此外，社会交换理论认为，员工与组织之间的交换内容既包括物质报酬的交换，也包括心理报酬的交换，当员工与组织间的关系是在高水平关怀型伦理氛围下建立的，就符合了实现心理报酬交换的条件，即以组织对员工的关怀换取员工对组织的回报与奉献（谭新雨和刘帮成，2017）。因此，本书推测，当员工处于高水平关怀型伦理氛围的团队中时，会产生想要回报组织的责任感和义务感，从而在工作中展现出积极热情的工作状态，将组织的目标内化为自身的工作目标和责任，表现出较高水平的工作和成就动力。

相反，当员工处于低水平关怀型伦理氛围中，受环境氛围的引导，其工作行为更多的是从自身利益的角度出发，而非组织利益和他人利益，他们更加以自我为中心，注重自我感受，这与精神型领导的利他之爱理念存在一定的矛盾（Hall et al.，2012）。在低水平关怀型伦理氛围下，员工强烈的自我主导意识导致其无法敞开心扉，从内心抵触精神型领导的内在激励，也难以实现从以自身利益为先到以组织目标或他人利益等大局为重的转变，从而容易失去为实现组织目标而奋斗的内源性动机。综上，本书认为，关怀型伦理氛围可能会强化精神型领导对员工自主性动机的影响。因此，提出假设：

假设 5 - 9：关怀型伦理氛围对精神型领导与自主性动机间关系有正向调节作用。

5.4　研究设计

5.4.1　测量工具

1. 工匠精神

对工匠精神的测量，采用本书自行开发的包括 22 个题项的工匠精神量表，由被试团队成员对其自身的工匠精神水平进行自评，示例题项如"在工作中，我会主动寻求应用新技术、新流程或新方法"。在此次调研所搜集样本数据中，该量表的 Chronbach's α 系数为 0.975。

2. 家长式领导

采用郑伯埙等（2003）开发的家长式领导量表，该量表有多个修订版本，本书采用的是仁慈领导、德行领导和威权领导各 5 个条目的版本。在本书中，由团队成员对其团队领导进行评价。仁慈领导示例题项如"他平常会向我嘘寒问暖"，在此次调研所搜集样本数据中，量表的 Chronbach's α 系数为 0.914；德行领导如"他对待我们公正无私"，量表的 Chronbach's α 系数为 0.882；威权领导如"他不把信息透露给我们知道"，量表的 Chronbach's α 系数为 0.851。

3. 员工工作卷入

采用凯南格（Kanungo, 1982）开发的量表，修正后的量表包括 10 个条目。在本书中，由团队成员对自身的工作卷入进行自评。量表题项包含"我对工作非常的投入"等。在此次调研所搜集样本数据中，量表的 Chronbach's α 系数为 0.935。

4. 团队积极情绪氛围

采用权威的团队情绪氛围量表中的团队积极情绪氛围分量表（Liu et al., 2008），包含 4 个条目。在本书中，由团队领导对团队积极情绪氛围进行评价。量表题项包含"团队中，大家都朝气蓬勃"等。在此次调研所搜集样本数据中，量表的 Chronbach's α 系数为 0.949。

5. 精神型领导

采用弗莱伊等（Fry et al., 2005）开发的量表，该量表包括愿景、希望/信念和利他之爱三个维度，共 17 个题项；其中愿景维度题项如"我能理解组织愿景，并承诺为其服务"等；希望/信念维度题项如"我相信我的组织，并愿意不惜一切代价完成组织使命"等；利他之爱维度题项如"我的组织真心关心自己的员工"等。在此次调研所搜集样本数据中，该量表的 Chronbach's α 系数为 0.932。

6. 员工自主性动机

采用加涅等（Gagne et al., 2015）编制的工作场所动机量表中的自主性动机部分，该部分共有 6 个题项。其中，第 1~3 条目是内部动机维度，题项如"我会努力工作，因为我认为为这份工作付出努力很重要"等；第 4~6 条目是认同维度，题项如"我会努力工作，因为我很享受我的工作"等。在此次调研所搜集样本数据中，该量表的 Chronbach's α 系数为 0.948。

7. 关怀型伦理氛围

采用维克托和卡伦（Victor and Cullen，1987）编制的组织伦理氛围量表中的关怀型伦理氛围测量部分，该部分共有 5 个题项。题项如 "在我们团队，员工之间都彼此互相关照" 等。在此次调研所搜集样本数据中，该量表的 Chronbach's α 系数为 0.905。

5.4.2　问卷设计

调查问卷的设计，主要包括三个部分。

1. 提示语设计

提示语部分需要向被试者表明与此次问卷有关的重要信息，所以阐述方式要简洁并精确。首先，对被试者愿意花时间与精力填答此份调查问卷表示感谢。其次，解释此次调查的目的与内容。为确保问卷真实性，要求被试者根据真实感受来填写此份问卷，接着向被试者郑重承诺对于此次调查将严格保密并仅作学术研究等。最后，再次向被试者表示感激。

此外，由于本书中的被试者需要填答的问卷涉及数个变量，以及现实情况具有局限性。因此，为了确保数据的准确性，选择将较为重要变量的题项放在整份问卷的前面。

2. 量表设计

针对员工工匠精神、家长式领导、员工工作卷入、团队积极情绪氛围、精神型领导、员工自主性动机以及关怀型伦理氛围这 7 个变量进行量表设计，具体的思路如下。

一方面，对于家长式领导、员工工作卷入、团队积极情绪氛围、精神型领导、员工自主性动机以及关怀型伦理氛围这 6 个变量，采用的是在实证研究中被验证过的并被证实符合中国情境的国内外权威量表。为确保问卷设计的正确性，避免国外量表的翻译偏差，采用 "翻译—回译" 程序，首先将原始量表翻译成中文，再由相关领域专家将其回译成英文，对比两份英文量表，对有较大差异所在的中文部分进行修改，多次重复此过程。其次，对于已有准确中文版本的量表，将其与国内其他学者在相关研究中所使用的中文版本量表进行比较，从而得到最贴合原始量表并且最符合中国语言习惯的中文量表。最后，员工工匠精神的测量选择采用自行开发的测量量表。

另一方面，考虑到中国"中庸之道"传统思想对被试者填写时会产生影响，为避免破坏调查数据的真实性，并参考已有学者的相关做法，对各调查量表均采用 Likert 6 点计分法，要求被试者根据题项描述是否符合自身真实情况来进行选择，从完全不符合到完全符合依序记为 1~6 分。此外，考虑到员工个体和团队的一些控制变量会对研究结果产生影响，本书选择将这些控制变量也加入问卷，以确保在数据分析时分析结果更加准确可靠。其中，个体层面的控制变量包括性别、年龄、文化程度、所在公司的性质、在本公司的工作年限、与目前领导的共事时间等，团队层面的控制变量包括性别、年龄、文化程度、领导在本公司的工作年限以及团队人数等。

3. 配对问卷设计

本次数据收集采用问卷配对的方式进行，即向一个团队的领导和成员同时发放问卷，同时收取并归档为一组团队数据。之所以选择这样的方式，一是考虑到研究设计的需要；二是为了保证问卷数据的有效性，减小同源误差。具体的操作程序如下。

首先，由于不同的工作团队之间存在差异性，为避免不同被试团队之间的问卷混淆或遗漏个别成员的问卷，因此需要准备档案袋，并对档案袋进行编号以对应不同的团队。在此基础上，在相应团队的档案袋上标注被试团队的基本信息，包括公司性质、团队人数、地区等，方便后期的数据录入与检查工作。

其次，在每个档案袋里装入两个信封和一份填写说明。A 信封内只有一份需要由被试团队领导填写的问卷，其问卷内容包含两个部分（详见附录Ⅱ）：第一部分是关于团队领导的个人基本信息；第二部分是有关团队积极情绪氛围和关怀型伦理氛围的题项，两部分均需要被试团队领导进行填答。B 信封内有多份需要由被试团队的团队成员作答的员工问卷，其具体数量由该团队内的员工数量来定。此份问卷的内容包括两大部分（详见附录Ⅲ）：第一大部分分为工匠精神题项、团队领导的家长式领导风格和精神型领导风格的题项、团队成员自身的工作卷入程度和自主性动机的题项；第二大部分是每个成员的个人基本信息。

最后，在团队内所有成员填答完毕后的第一时间，对装有调查问卷 A 信封和 B 信封都做了封口处理，以保证团队中除自己外的其他任何人都无法看到具体填答情况，确保了问卷信息的保密性。

5.4.3　数据收集

调研采用的是配对问卷的方式，一方面社会人员的波动性较大，增大了收集数据的难度；另一方面，小样本数据的分析结果可能与现实情况存在差距。因此，参照类似研究通用的做法，未进行预调研，只进行一次统一的调研工作。

在2019年10～11月对江苏、广西、重庆、上海等地的多个企业进行调研。本书的研究对象为制造企业员工及其所在工作团队的直接领导，针对制造型企业进行调研，对公司性质不存在特殊要求。因此，在选取调查样本时，尽量保证被试企业所在地区的多样性、公司性质的多元化和数据的可获得性。

调研中的所有数据主要通过两种渠道获得：一是对省内部分企业进行实地调研。在相关企业负责人的许可下，到企业现场分发问卷，这种渠道的优势在于可及时了解企业领导和员工的相关信息，由研究团队现场进行问卷标号、分发、收集，保证调研过程的科学性。二是对省内其他企业和省外企业以邮寄方式发放问卷。由于受到多方条件的限制，研究团队难以对所有被试团队进行一线调研，因此通过联系被试团队联络人，将配对问卷以邮寄的方式寄送到被试团队所在企业，请团队联络人统一分发问卷，强调每份问卷的开头提示语，即此次问卷仅作为本次研究的数据，在完成问卷填答时及时进行封口处理，然后回收问卷，并以邮寄的方式再次寄回问卷。

5.4.4　统计分析程序

本书对调研数据进行统计分析主要借助了SPSS 22.0、AMOS 21.0和HLM 6.08等工具。

对数据进行以下步骤的基础分析和相关检验：（1）利用SPSS 22.0对团队领导和成员的基本情况进行统计，了解被试企业的基本信息以及被试人员基本信息的分布情况，再对变量进行信度分析，最后对变量进行描述性统计分析以及分析变量之间的相关关系；（2）通过AMOS 21.0进行共同方法偏差检验和效度检验；（3）运用HLM 6.08构建多层次回归模型来分析家长式领导对员工工匠精神的具体作用机制和精神型领导对员工工匠精神的具体作用机制。在进行以上数据分析操作后，对假设的检验情况进行分析解释，进一步得出相应结论。

5.5　实证检验

5.5.1　样本特征分析

本调研通过对多个地区的多家企业中的团队领导和团队成员发放配对问卷来收集数据。考虑到问卷的有效回收率以及保证问卷中数据的有效性，本书在每个工作团队中设置的员工问卷的数量控制在 3 ~ 10 份。总共发放调查问卷 638 份，其中领导问卷 124 份，员工问卷 514 份。共计回收调查问卷 589 份，其中领导问卷 114 份，员工问卷 475 份。删除无效问卷后，最终获得 103 个工作团队共计 537 份有效调研数据，包括领导问卷 103 份，有效回收率为 83.1%；员工问卷 434 份，有效回收率为 84.4%。工作团队的平均人数为 4.214。

在 103 个样本工作团队中，属于国有企业的工作团队最多，有 37 个，占比 35.9%；其次是民营企业，有 36 个，占比 35.0%；属于外商独资企业有 29 个，占比 28.2%；属于中外合资企业有 1 个，占比 0.9%。

在 103 个工作团队领导中，男性所占比例接近 2/3，明显多于女性；年龄在 31 ~ 35 岁中的人数最多，有 42 人（占比 40.8%），而介于 21 ~ 25 岁的人数最少，只有 3 人（占比 2.9%）；样本团队领导的文化程度以大学本科居多，有 38 人（占比 36.9%），且有 14 人的文化程度在高中及以下（占比 13.6%）；在工作年限方面，随着工龄的增加，样本中团队领导的人数也在增加，这也较好地贴合了实际情况，在本公司的工作年限达 5 年以上的有 56 人（占比 54.5%），而 1 年以下的只有 2 人（占比 1.9%）。103 个工作团队领导的具体基本情况如表 5 - 1 所示。

表 5 - 1　　　　　　　团队领导样本基本情况统计（N = 103）

项目		人数（人）	占总人数的百分比（%）	累计百分比（%）
性别	男	68	66.0	66.0
	女	35	34.0	100.0

项目		人数（人）	占总人数的百分比（%）	累计百分比（%）
年龄	21～25 岁	3	2.9	2.9
	26～30 岁	17	16.5	19.4
	31～35 岁	42	40.8	60.2
	36～40 岁	13	12.6	72.8
	40 岁及以上	28	27.2	100.0
文化程度	高中及以下	14	13.6	13.6
	大专	32	31.1	44.7
	大学本科	38	36.9	81.6
	硕士及以上	19	18.4	100.0
工作年限	1 年以下	2	1.9	1.9
	1～2 年	9	8.7	10.6
	2～3 年	9	8.7	19.3
	3～5 年	27	26.2	45.5
	5 年以上	56	54.5	100.0

在 434 个工作团队成员中，男性与女性的分布较为均衡，接近各占一半；年龄主要聚集在 26～30 岁和 21～25 岁这两个区段，分别有 129 人和 113 人，占比 29.7% 和 26.0%；样本团队成员的文化程度以大专居多，有 194 人（占比 44.7%），其次是大学本科，有 150 人（占比 34.6%），硕士及以上的最少但仍占有一定的比例，具体有 25 人（占比 5.7%）；就工作年限而言，在本公司的工作年限为 5 年以上的最多，有 128 人（占比 29.4%），其次工作年限为 1～2 年的人数为 108 人（占比 24.9%）；与目前领导共事时间为 1～2 年的最多，有 133 人，占比 30.6%。434 个团队成员样本的具体基本情况如表 5－2 所示。

表 5－2　　　　　　　团队成员样本基本情况统计（N＝434）

项目		人数（人）	占总人数的百分比（%）	累计百分比（%）
性别	男	209	48.2	48.2
	女	225	51.8	100.0

续表

项目		人数（人）	占总人数的百分比（%）	累计百分比（%）
年龄	20 岁及以下	2	0.5	0.5
	21～25 岁	113	26.0	26.5
	26～30 岁	129	29.7	56.2
	31～35 岁	83	19.1	75.3
	36～40 岁	69	15.9	91.2
	40 岁及以上	38	8.8	100.0
文化程度	高中及以下	65	15.0	15.0
	大专	194	44.7	59.7
	大学本科	150	34.6	94.3
	硕士及以上	25	5.7	100.0
工作年限	1 年以下	78	18.0	18.0
	1～2 年	108	24.9	42.9
	2～3 年	62	14.3	57.2
	3～5 年	58	13.4	70.6
	5 年以上	128	29.4	100.0
与团队领导共事时间	1 年以下	108	24.9	24.9
	1～2 年	133	30.6	55.5
	2～3 年	64	14.7	70.2
	3～5 年	50	11.5	81.7
	5 年以上	79	18.3	100.0

5.5.2 共同方法偏差检验

尽管本书采用配对问卷的方式展开调研，由被试工作团队的领导对团队积极情绪氛围和关怀型伦理氛围进行评价，而团队成员对家长式领导和精神型领导进行评价，工作卷入、自主性动机和工匠精神由员工自评，但仍存在多个变量由被试者于同一时间在同一情境下进行填答的情况，因此可能存在共同方法偏差。为了保证使用调研数据做进一步统计分析的适用性和科学性，仍然需要对调研数据进行共同方法偏差检验。

利用样本数据，分别对家长式领导作用于工匠精神和精神型领导作用于工匠精神的理论模型进行共同方法偏差检验。首先，采用 Harman 单因素检验法进行统计检验，将所有变量放在一个公因子上负载，进行"未旋转"的因子分析。家长式领导作用于工匠精神的理论模型数据结果显示，共同方法因子解释了 45.448% 的方差变异，没有达到阈值 50%，说明研究数据的共同方法偏差不显著；精神型领导作用于工匠精神的理论模型数据结果显示，共同方法因子解释了 42.686% 的方差变异，同样可以说明研究数据的共同方法偏差不显著。再构建单因子结构方程模型，家长式领导作用于工匠精神的理论模型数据结果显示，模型拟合情况很不理想：$\chi^2/df = 10.70$，RMSEA = 0.15，GFI = 0.44，NFI = 0.54，CFI = 0.56，TLI = 0.54；精神型领导作用于工匠精神的理论模型数据结果，也同样显示模型的拟合情况很不理想：$\chi^2/df = 22.936$，RMSEA = 0.351，GFI = 0.438，NFI = 0.477，CFI = 0.487，TLI = 0.431。因此，可以认为两个理论模型中的各变量之间不存在严重的共同方法偏差，可以进行下一步的检验分析。

5.5.3　信度分析

由于本书对相关变量的测量均采用目前引用较多，已有部分学者基于中国情境验证其有效性的权威量表，因此对调研数据信度的分析简单的通过验证各个量表的 Chronbach's α 系数展开。

1. 员工工匠精神

如表 5 - 3 所示，工匠精神包含精益求精、爱岗敬业、持续专注、勇于创新和团队协作 5 个维度。其中，精益求精有 5 个条目，爱岗敬业有 4 个条目，持续专注有 4 个条目，勇于创新有 5 个条目，团队协作有 4 个条目。量表 5 个分维度的 Chronbach's α 系数分别为 0.926、0.932、0.908、0.940、0.911，总体的 Chronbach's α 系数为 0.975，不管是分维度还是总体系数均大于临界值 0.7。另外，从表 5 - 3 中可知，并没有条目在删除之后可以使 Chronbach's α 系数得到明显改善。因此，可以认为本书中的工匠精神量表具有良好的信度。

表 5 - 3　　　　　　　　　　　员工工匠精神量表的信度分析

维度	条目	α（如果条目删除）	分维度 α	总 α
精益求精	1. 我有极高的工作目标	0.917	0.926	0.975
	2. 做事有条理有系统对我是十分重要的	0.911		
	3. 我能接受比别人更高的工作标准	0.907		
	4. 我在工作中高度注重细节，追求完美	0.907		
	5. 我对自己有很高的工作要求	0.906		
爱岗敬业	1. 我对自己所从事的工作充满自豪感	0.927	0.932	
	2. 我愿意投入精力在工作中	0.909		
	3. 在工作中，我感到精力充沛	0.908		
	4. 我对工作充满热情	0.904		
持续专注	1. 工作时，我忘记了周围的一切	0.873	0.908	
	2. 工作的时候，我感觉时间过得很快	0.886		
	3. 工作时，我会达到忘我的境界	0.876		
	4. 在工作中，我全心全意集中在工作上	0.889		
勇于创新	1. 我经常有创造性的想法	0.932	0.940	
	2. 我主动提出新方法来实现工作目标	0.928		
	3. 在工作中，我会主动寻求应用新技术、新流程或新方法	0.921		
	4. 我经常探究出新的想法和方案	0.921		
	5. 我会积极制订相应的计划或规划来落实创新性构想	0.930		
团队协作	1. 我经常尽己所能地帮助与支持同事	0.893	0.911	
	2. 我会主动关心团队其他成员	0.873		
	3. 我愿意想方设法地提高团队整体工作绩效	0.891		
	4. 我会主动协助同事完成工作	0.883		

2. 家长式领导

如表 5 - 4 所示的家长式领导中，仁慈领导的测量采用 5 个条目单维度量表，量表的 Chronbach's α 系数为 0.914，大于临界值 0.7。同时，从表 5 - 4 中可知，并没有条目在删除之后可以使 Chronbach's α 系数得到明显改善。因此，可以认为本书中的仁慈领导量表具有良好的信度；德行领导的测量采用 5 个条目单维度量表，量表的 Chronbach's α 系数为 0.882，大于临界值 0.7。同时，从表 5 – 4 中可知，并没有条目在删除之后可以使 Chronbach's α 系数得到明显改善。因此，可以认为本书中的德行领导量表具有良好的信度；威权领导的测量采用 5 个条目单维度量表，量表的 Chronbach's α 系数为 0.851，大于临界值 0.7。同时，从表 5 – 4 中可知，并没有条目在删除之后可以使 Chronbach's α 系数得到明显改善。因此，可以认为本书中的威权领导量表具有良好的信度。

表 5 – 4　　　　　　　　家长式领导量表的信度分析

维度	条目	α（如果条目删除）	α
仁慈领导	1. 他关怀我个人的生活与起居	0.897	0.914
	2. 他平常会向我嘘寒问暖	0.889	
	3. 我有急难时，他会及时向我伸出援手	0.890	
	4. 对相处较久的部属，他会做无微不至的照顾	0.889	
	5. 他对我的照顾会扩及我的家人	0.910	
德行领导	1. 他为人正派，不会假公济私	0.862	0.882
	2. 他对待我们公正无私	0.849	
	3. 他不会因个人的利益去拉关系、走后门	0.847	
	4. 他是我做人做事的好榜样	0.854	
	5. 他能够以身作则	0.872	
威权领导	1. 他不把信息透露给我们知道	0.822	0.851
	2. 本部门大小事情都由他自己决定	0.815	
	3. 开会时，都照他的意思做最后的决定	0.826	
	4. 与他一起工作时，他带给我很大的压力	0.819	
	5. 当任务无法达成时，他会斥责我们	0.819	

3. 员工工作卷入

如表 5 – 5 所示，员工工作卷入量表包含 10 个题项，引用的量表中有一个题项是反向题，因此在分析之前首先进行了数据转换。量表的 Chronbach's α 系数为 0.935，大于临界值 0.7。同时，从表 5 – 5 中可知，并没有条目在删除之后可以使 Chronbach's α 系数得到明显改善。因此，可以认为本书中的员工工作卷入量表具有良好的信度。

表 5 – 5　　　　　　　　　　　员工工作卷入量表的信度分析

变量	条目	α（如果条目删除）	α
员工工作卷入	1. 发生在我身上最重要的事常来自我的工作	0.931	0.935
	2. 对我而言，工作只是我个人的一小部分	0.934	
	3. 我对工作非常的投入	0.932	
	4. 工作是我生活中所不可或缺，如同吃喝及呼吸一般	0.930	
	5. 我大部分的兴趣都围绕在工作上面	0.929	
	6. 我对工作有很强烈的感情，很难割舍	0.929	
	7. 我常常很想离开这份工作	0.923	
	8. 我人生的目标大多是根据工作制定的	0.925	
	9. 我认为工作是我生活的中心	0.926	
	10. 大多数时间我喜欢沉浸在我的工作中	0.926	

4. 团队积极情绪氛围

如表 5 – 6 所示，团队积极情绪氛围量表包括 4 个题项，量表的 Chronbach's α 系数为 0.949，大于临界值 0.7。同时，从表 5 – 6 中可知，并没有条目在删除之后可以使 Chronbach's α 系数得到明显改善。因此，可以认为本书中的团队积极情绪氛围量表具有良好的信度。

表 5 – 6　　　　　　　　　　团队积极情绪氛围量表的信度分析

变量	条目	α（如果条目删除）	α
团队积极情绪氛围	1. 在团队中，我们觉得工作起来很有干劲	0.942	0.949
	2. 在团队中，团队成员都乐观和自信	0.933	
	3. 团队中，大家都朝气蓬勃	0.931	
	4. 在团队中工作，我们觉得充满希望	0.928	

5. 精神型领导

如表 5 – 7 所示，精神型领导包含愿景、希望/信念、利他之爱 3 个维度，其中愿景有 5 个条目、希望/信念有 5 个条目、利他之爱有 7 个条目。量表 3 个分维度的 Chronbach's α 系数分别为 0.847、0.822、0.912，总体的 Chronbach's α 系数为 0.932，不管是分维度还是总体系数均大于临界值 0.7。另外，从表 5 - 7 中可知，并没有条目在删除之后可以使 Chronbach's α 系数得到明显改善。因此，可以认为本书中的精神型领导量表具有良好的信度。

表 5 - 7　　　　　　　　　精神型领导量表的信度分析

维度	条目	α（如果条目删除）	分维度 α	总 α
愿景	1. 我能理解组织愿景，并承诺为其服务	0.815	0.847	0.932
	2. 我的组织拥有一个激励我表现最佳的愿景	0.821		
	3. 我的组织愿景能够激励我表现出最好的绩效	0.806		
	4. 我对为员工服务的组织愿景很有信心	0.823		
	5. 我的组织愿景是清晰的，并对我很有吸引力	0.813		
希望/信念	6. 我相信我的组织，并愿意不惜一切代价完成组织使命	0.784	0.822	
	7. 我坚持并应用额外的努力去帮助我的组织成功	0.792		
	8. 我总是尽自己最大的努力去做好自己的工作	0.785		
	9. 我为我的工作设定挑战性目标	0.804		
	10. 通过做事帮助组织成功，阐明我对组织和其使命的信任	0.768		
利他之爱	11. 我的组织真心关心自己的员工	0.895	0.912	
	12. 我的组织对员工关心和体贴	0.898		
	13. 我的领导经常说到做到	0.897		
	14. 我的组织是值得信赖的，并对员工是忠诚的	0.898		
	15. 我的组织不惩罚诚实员工所犯的错误	0.910		
	16. 我的领导是真诚的，不妄自尊大	0.899		
	17. 我的领导为了员工的利益，有勇气站出来支持和帮助员工	0.895		

6. 员工自主性动机

如表 5 - 8 所示，员工自主性动机量表包含 6 个题项，量表的 Chronbach's α

系数为 0.948，大于临界值 0.7。同时，从表 5-8 中可知，并没有条目在删除之后可以使 Chronbach's α 系数得到明显改善。因此，可以认为本书中的员工自主性动机量表具有良好的信度。

表 5-8　　　　　　　　员工自主性动机量表的信度分析

变量	条目	α（如果条目删除）	α
员工自主性动机	1. 我会努力工作，因为我认为为这份工作付出努力很重要	0.898	0.948
	2. 我会努力工作，因为这份工作符合我的个人价值观	0.914	
	3. 我会努力工作，因为这份工作对我个人来说很重要	0.902	
	4. 我会努力工作，因为我很享受我的工作	0.908	
	5. 我会努力工作，因为我的工作能给我带来很多快乐	0.926	
	6. 我会努力工作，因为我做的工作非常有趣	0.896	

7. 关怀型伦理氛围

如表 5-9 所示，关怀型伦理氛围量表包括 5 个题项，量表的 Chronbach's α 系数为 0.905，大于临界值 0.7。同时，从表 5-9 中可知，并没有条目在删除之后可以使 Chronbach's α 系数得到明显改善。因此，可以认为本书中的关怀型伦理氛围量表具有良好的信度。

表 5-9　　　　　　　　关怀型伦理氛围量表的信度分析

变量	条目	α（如果条目删除）	α
关怀型伦理氛围	1. 在我们团队，员工之间都彼此互相关照	0.892	0.905
	2. 在我们团队，员工可以为了集体利益而牺牲自我	0.901	
	3. 在我们团队，员工通常都非常关心同事的利益	0.884	
	4. 我们团队在日常工作中会给予员工关心和鼓励	0.889	
	5. 我们团队非常关注所有员工的整体利益	0.896	

5.5.4　效度分析

在信度分析的基础上，下面分别对家长式领导、精神型领导与工匠精神理论模型的效度进行分析。

1. 家长式领导与工匠精神理论模型的效度分析

为了考察仁慈领导、德行领导、威权领导、员工工匠精神、员工工作卷入以及团队积极情绪氛围这 6 个潜变量之间的差异性，本书借助 AMOS 21.0 进行验证性因素分析，构建单因子、二因子、三因子、四因子、五因子和六因子等嵌套结构模型。由于员工工匠精神量表的题项比较多，为了提高模型的拟合程度，检验前对其题项进行了打包处理。对各嵌套结构模型进行检验，得到的拟合效度指标如表 5 – 10 所示，六因子结构模型的拟合程度最好，各个指标都符合标准。因此，可以认为本书理论模型的 6 个潜变量（仁慈领导、德行领导、威权领导、员工工匠精神、员工工作卷入、团队积极情绪氛围）具有较好的差异性。

表 5 – 10　　　　　家长式领导与工匠精神理论模型的验证性因素分析

模型	χ^2	df	χ^2/df	RMSEA	GFI	NFI	CFI	TLI
单因子	5679. 377	527	10. 777	0. 150	0. 441	0. 532	0. 555	0. 526
二因子	4829. 501	526	9. 182	0. 137	0. 497	0. 602	0. 628	0. 604
三因子	4180. 675	524	7. 978	0. 127	0. 538	0. 656	0. 684	0. 662
四因子	2606. 847	521	5. 004	0. 096	0. 647	0. 785	0. 820	0. 806
五因子[a]	2227. 452	517	4. 308	0. 087	0. 681	0. 816	0. 852	0. 840
五因子[b]	2091. 674	517	4. 046	0. 084	0. 729	0. 828	0. 864	0. 852
五因子[c]	2033. 778	517	3. 934	0. 082	0. 740	0. 832	0. 869	0. 858
六因子	744. 982	479	1. 555	0. 036	0. 912	0. 939	0. 977	0. 973

注：各嵌套模型数量较多，在此不全部展示，仅列举部分以作说明。
五因子 a：仁慈领导；德行领导；威权领导；员工工作卷入 + 员工工匠精神；团队积极情绪氛围；
五因子 b：仁慈领导；德行领导 + 员工工作卷入；威权领导；团队积极情绪氛围；员工工匠精神；
五因子 c：仁慈领导 + 员工工匠精神；德行领导；威权领导；员工工作卷入；团队积极情绪氛围。

2. 精神型领导与工匠精神理论模型的效度分析

为了考察精神型领导、员工工匠精神、员工自主性动机以及关怀型伦理氛围这 4 个潜变量之间的差异性，本书借助 AMOS 21.0 进行验证性因素分析，构建单因子、二因子、三因子和四因子等嵌套结构模型。同样，对员工工匠精神的测量题项进行了打包处理。对各嵌套结构模型进行检验，得到的拟合效度指标如表 5 – 11 所示，四因子结构模型的拟合程度最好，各个指标都符合标准。因此，可以认为本书理论模型的 4 个潜变量（精神型领导、员工工匠精神、员工自主性动机、关怀型伦理氛围）具有较好的差异性。

表 5 – 11　　　　　精神型领导与工匠精神理论模型的验证性因素分析

模型	χ^2	df	χ^2/df	RMSEA	GFI	NFI	CFI	TLI
单因子	3165. 234	138	22. 936	0. 351	0. 438	0. 477	0. 487	0. 431
二因子	2599. 239	136	19. 112	0. 345	0. 507	0. 571	0. 583	0. 530
三因子[a]	1906. 008	133	14. 331	0. 331	0. 644	0. 685	0. 700	0. 654
三因子[b]	1799. 928	132	13. 636	0. 171	0. 640	0. 703	0. 717	0. 672
三因子[c]	1722. 319	132	13. 048	0. 332	0. 641	0. 716	0. 731	0. 688
四因子	284. 781	129	2. 208	0. 053	0. 933	0. 953	0. 974	0. 969

注：三因子 a：精神型领导 + 员工工匠精神；员工自主性动机；关怀型伦理氛围；
　　三因子 b：精神型领导；员工自主性动机；员工工匠精神 + 关怀型伦理氛围；
　　三因子 c：精神型领导 + 关怀型伦理氛围；员工自主性动机；员工工匠精神。

5.5.5　团队层面数据的聚合检验

本书中的家长式领导所包含的仁慈领导、德行领导和威权领导以及精神型领导、团队积极情绪氛围和关怀型伦理氛围属于团队层面的变量，但家长式领导和精神型领导的数据来源于团队员工的评分。因此，对相关样本数据进行聚合检验，以确保各个团队的成员对家长式领导和精神型领导评分的一致性以及不同团队的组间变异，进而检验将个体数据聚合得到团队层面数据的合理性。

本书通过计算 Rwg、ICC（1）和 ICC（2）来验证个体层面数据聚合到团队层面的适用性。其中，Rwg 检验的是团队成员一致性程度，ICC（1）检验的是数据是否有足够的组间差异，ICC（2）检验的是变量的一致性程度。通过计算发现，仁慈领导的 Rwg = 0.87、ICC（1）= 0.40 和 ICC（2）= 0.74；德行领导的 Rwg = 0.85、ICC（1）= 0.38 和 ICC（2）= 0.72；威权领导的 Rwg = 0.85、ICC（1）= 0.38 和 ICC（2）= 0.72；精神型领导的 Rwg = 0.95、ICC（1）= 0.44 和 ICC（2）= 0.77。以上各变量的聚合指标均满足 Rwg > 0.7、ICC（1）> 0.12、ICC（2）> 0.7 的聚合标准。因此，本书认为可以将团队各个成员的评分数据聚合为团队层面数据。据此，本书将由团队成员填答的家长式领导所包含的仁慈领导、德行领导和威权领导以及精神型领导数据，通过求均值聚合成团队层面的领导风格数据。

5.5.6　描述性统计分析

在进行假设检验之前，对各个变量进行描述性统计。表 5 – 12 列举了各研究变量的平均值、标准差和相关系数矩阵。从个体层面来看，工作卷入与工匠精神显著正相关（r = 0.685，p < 0.01），自主性动机与工匠精神显著正相关（r = 0.519，p < 0.01），这为后续的假设检验提供了初步的支持。

5.5.7　假设检验

基于问卷调查获得的数据，对本书提出的相关研究假设进行实证检验，具体分析如下。

1. 家长式领导作用于员工工匠精神的假设检验

（1）家长式领导对员工工匠精神的主效应检验。

为了检验团队层面的仁慈领导、德行领导和威权领导三种领导方式对个体层面的员工工匠精神的影响，本书采用多层次模型分析的方法，建立以下模型，借助 HLM 6.08 软件进行分析，结果如表 5 – 13 所示。首先，建立零模型（模型 1），不加入预测因子，组间方差 $\tau_{00} = 0.317$（p < 0.001），组内方差 $\sigma^2 = 0.561$，故 ICC（1）$= \tau_{00}/(\tau_{00} + \sigma^2) = 0.361$，说明员工工匠精神的方差有 36.1% 来自组间方差，而 63.9% 来自组内方差。由于员工工匠精神具有一定显著的组间方差，引入更高层次的预测因子来进行下一步的跨层次回归分析是有意义的。其次，分别针对三种领导方式与员工工匠精神的关系建立跨层次模型 2、模型 3 和模型 4。模型 2 中，仁慈领导能显著正向预测员工工匠精神（$\gamma_{01} = 0.643$，p < 0.001），假设 5 – 1a 得到验证；模型 3 中，德行领导能显著正向预测员工工匠精神（$\gamma_{01} = 0.717$，p < 0.001），假设 5 – 1b 得到验证；模型 4 中，威权领导能显著负向预测员工工匠精神（$\gamma_{01} = -0.571$，p < 0.001），假设 5 – 1c 得到验证。综上，仁慈领导和德行领导能正向影响员工工匠精神，威权领导负向影响员工工匠精神，假设 5 – 1a、假设 5 – 1b 和假设 5 – 1c 都得到了数据的支持。

表 5 - 12　变量的描述性统计和相关系数矩阵 （N = 434）

	变量	均值	标准差	1	2	3	4	5	6	7	8	9	10	11
个体层面	1. 性别	1.546	0.560	—										
	2. 年龄	3.502	1.283	0.045	—									
	3. 文化程度	2.311	0.794	0.095*	-0.183**	—								
	4. 工作年限	3.115	1.508	0.090	0.612**	-0.005	—							
	5. 共事时间	2.675	1.430	0.049	0.522**	-0.049	0.794**	—						
	6. 工作卷入	4.678	0.911	-0.019	-0.002	0.168**	0.073	0.039	—					
	7. 自主性动机	4.521	0.953	0.011	0.178**	0.111*	0.142**	0.021	0.512**	—				
	8. 工匠精神	4.527	0.946	-0.045	0.029	0.140**	0.116*	0.063	0.685**	0.519**	—			
团队层面	1. 领导性别	1.334	0.472	—										
	2. 领导年龄	3.484	1.127	-0.205**	—									
	3. 领导文化程度	2.615	0.923	0.158**	0.001	—								
	4. 领导工作年限	4.254	1.044	0.128**	0.413**	0.205**	—							
	5. 公司性质	1.912	0.819	0.058	-0.534**	-0.109*	-0.257**	—						
	6. 团队规模	4.378	0.857	-0.079	0.121*	0.006	0.110*	-0.144**	—					
	7. 仁慈领导	4.260	1.109	-0.024	0.096*	0.127*	0.126*	-0.028	0.037	—				
	8. 德行领导	4.356	1.091	-0.039	0.106*	0.182**	0.186**	-0.053	0.159**	0.682**	—			

续表

	变量	均值	标准差	1	2	3	4	5	6	7	8	9	10	11
	9. 威权领导	2.613	0.960	0.016	0.064	-0.077	-0.090	-0.033	-0.062	-0.333**	-0.414**	—		
	10. 精神型领导	4.186	0.707	-0.097	0.059	0.019	0.112	0.091	0.078	0.546**	0.615**	-0.431**	—	
团队层面	11. 团队积极情绪氛围	4.731	1.076	-0.236**	0.233**	0.112*	0.127**	-0.113*	0.071	0.360**	0.373**	-0.179**	0.375**	—
	12. 关怀型伦理氛围	2.983	1.214	-0.082	-0.03	0.178	-0.052	-0.006	0.127	-0.044	0.014	-0.073	-0.287**	-0.116

注：** 表示 $p < 0.01$，* 表示 $p < 0.05$，一表示同一变量间呈完全相关，系数为 1，无统计学意义。

表 5 - 13　家长式领导作用于员工工匠精神主效应的跨层级回归分析结果

变量			员工工匠精神			
			模型 1	模型 2	模型 3	模型 4
截距项			3.192***	1.440**	1.707***	5.114***
控制变量	个体层次					
		性别	-0.082	-0.107	-0.088	-0.095
		年龄	-0.087*	-0.106**	-0.088*	-0.092*
		文化程度	0.069	0.034	0.041	0.056
		工作年限	0.066	0.063	0.074	0.059
		共事时间	-0.028	-0.013	-0.052	-0.031
	团队层次					
		领导性别	-0.062	-0.006	0.028	0.018
		领导年龄	0.032	0.004	0.019	0.107
		团队规模	0.173	0.109	-0.003	0.097
Level - 2 预测因子 (γ_{01})	仁慈领导			0.643***		
	德行领导				0.717***	
	威权领导					-0.571***
组内方差 σ^2			0.561	0.552	0.555	0.555
组间方差 τ_{00}			0.317***	0.050*	0.023	0.165***

注：N（员工）= 434，N（领导）= 103；所有系数均为在稳健标准误（robust standard error）下固定效果的估计值（γ）；σ^2 是层 1 的残差，τ_{00} 是层 2 的截距残差；*** 表示 $p < 0.001$，** 表示 $p < 0.01$，* 表示 $p < 0.05$。

（2）员工工作卷入的中介效应检验。

为检验工作卷入在仁慈领导、德行领导和威权领导分别影响员工工匠精神过程中的中介作用，建立以下二层次模型，HLM 的分析结果如表 5 - 14 所示。一是同样针对员工工作卷入建立零模型（模型 5），组间方差能解释员工工作卷入方差的 19.2%。二是将 level - 2 的预测因子仁慈领导引入模型建立模型 6，仁慈领导能显著正向预测员工的工作卷入（$\gamma_{01} = 0.392$，$p < 0.001$），假设 5 - 2a 得到验证。三是将 level - 2 的预测因子德行领导引入模型建立模型 7，德行领导能显著正向预测员工的工作卷入（$\gamma_{01} = 0.440$，$p < 0.001$），假设 5 - 2b 得到验证。四是将 level - 2 的预测因子威权领导引入模型建立模型 8，威权领导能显著负向预测员工的工作卷入（$\gamma_{01} = -0.444$，$p < 0.01$），假设

5 - 2c 得到验证。五是针对员工工匠精神，将 level - 1 的预测因子员工工作卷入引入模型构建模型9，发现员工工作卷入与员工工匠精神显著正相关（$\gamma_{10} = 0.644$，$p < 0.001$），假设 5 - 3 得到验证。

表 5 - 14　　　　　　员工工作卷入中介效应的跨层级回归分析结果

变量		员工工作卷入				员工工匠精神			
		模型 5	模型 6	模型 7	模型 8	模型 9	模型 10	模型 11	模型 12
截距项		3.506***	2.470***	2.628***	5.028***	0.934*	0.016	0.232	2.085***
个体层次									
控制变量	性别	-0.047	-0.057	-0.046	-0.058	-0.059	-0.068	-0.057	-0.063
	年龄	-0.035	-0.063	-0.056	-0.050	-0.056	-0.075**	-0.065*	-0.064*
	文化程度	0.119*	0.096	0.100	0.105*	0.002	-0.020	-0.015	-0.005
	工作年限	0.023	0.023	0.029	0.020	0.060*	0.047	0.052	0.053
	共事时间	-0.009	0.002	-0.019	-0.012	-0.028	-0.013	-0.034	-0.027
团队层次									
控制变量	领导性别	-0.076	-0.039	-0.015	-0.015	-0.015	0.018	0.042	0.026
	领导年龄	0.016	-0.001	0.010	0.075	0.017	0.005	0.017	0.060
	团队规模	0.125	0.089	0.021	0.070	0.086	0.059	-0.011	0.053
自变量	员工工作卷入					0.644***	0.572***	0.560***	0.607***
	仁慈领导		0.392***				0.423***		
	德行领导			0.440***				0.470***	
	威权领导				-0.444**				-0.304**
组内方差 σ^2		0.624	0.625	0.625	0.620	0.334	0.329	0.331	0.330
组间方差 τ_{00}		0.192***	0.090***	0.079**	0.102***	0.157***	0.054***	0.042**	0.122***

注：N（员工）= 434，N（领导）= 103；所有系数均为在稳健标准误（robust standard error）下固定效果的估计值（γ）；σ^2 是层 1 的残差，τ_{00} 是层 2 的截距残差；*** 表示 $p < 0.001$，** 表示 $p < 0.01$，* 表示 $p < 0.05$。

针对员工工匠精神，将 level – 1 的预测因子员工工作卷入和 level – 2 的预测因子仁慈领导同时引入模型构建模型 10，发现员工工作卷入显著正向预测员工工匠精神（$\gamma_{10} = 0.572$，p < 0.001），仁慈领导仍然显著正向影响员工工匠精神（$\gamma_{01} = 0.423$，p < 0.001），但与模型 2（表 5 – 13）相比影响系数显著下降，γ_{01} 从 0.643 降低为 0.423。由此，可以认为员工工作卷入能部分中介仁慈领导对员工工匠精神的正向影响作用，假设 5 – 4a 得到验证。接着将 level – 1 的预测因子员工工作卷入和 level – 2 的预测因子德行领导同时引入模型构建模型 11，发现员工工作卷入显著正向预测员工工匠精神（$\gamma_{10} = 0.560$，p < 0.001），德行领导仍然显著正向影响员工工匠精神（$\gamma_{01} = 0.470$，p < 0.001），但与模型 3（表 5 – 13）相比影响系数显著下降，γ_{01} 从 0.717 降低为 0.470。由此，可以认为员工工作卷入能部分中介德行领导对员工工匠精神的正向影响作用，假设 5 – 4b 得到验证。再接着将 level – 1 的预测因子员工工作卷入和 level – 2 的预测因子威权领导同时引入模型构建模型 12，发现员工工作卷入显著正向预测员工工匠精神（$\gamma_{10} = 0.607$，p < 0.001），威权领导仍然显著负向影响员工工匠精神（$\gamma_{01} = -0.304$，p < 0.01），但与模型 4（表 5 – 13）相比，γ_{01} 从 – 0.571 变为 – 0.304，负向影响减弱。由此，可以认为员工工作卷入能部分中介威权领导对员工工匠精神的负向影响作用，假设 5 – 4c 得到验证。

（3）团队积极情绪氛围的跨层次效应检验。

为检验团队积极情绪氛围对家长式领导与员工工作卷入关系的跨层次调节作用，构建以下二层模型，HLM 分析结果见表 5 – 15。针对员工工作卷入，首先，引入 Level – 2 预测因子仁慈领导和团队积极情绪氛围，以及仁慈领导和团队积极情绪氛围的交互项构建模型 13，发现仁慈领导显著预测员工工作卷入（$\gamma_{01} = 0.533$，p < 0.001），交互项显著预测员工工作卷入（$\gamma_{11} = 0.092$，p < 0.01），验证了假设 5 – 5a。然后，引入 Level – 2 预测因子德行领导和团队积极情绪氛围，以及德行领导和团队积极情绪氛围的交互项构建模型 14，发现德行领导显著预测员工工作卷入（$\gamma_{01} = 0.613$，p < 0.001），交互项显著预测员工工作卷入（$\gamma_{11} = 0.082$，p < 0.05），验证了假设 5 – 5b。最后，引入 Level – 2 预测因子威权领导和团队积极情绪氛围，以及威权领导和团队积极情绪氛围的交互项构建模型 15，发现威权领导显著预测员工工作卷入（$\gamma_{01} = -0.441$，p < 0.01），交互项对员工工作卷入无明显影响（$\gamma_{11} = 0.014$，p > 0.05），假设 5 – 5c 未得到验证。

表 5 - 15　　　　　　　团队积极情绪氛围调节效应的跨层级回归分析结果

变量		员工工作卷入			
		模型 5	模型 13	模型 14	模型 15
截距项		3.506 ***	2.181 **	2.418 ***	5.184 ***
		个体层次			
控制变量	性别	- 0.047	- 0.071	- 0.057	- 0.061
	年龄	- 0.035	- 0.057	- 0.049	- 0.048
	文化程度	0.119 *	0.085	0.091	0.104 *
	工作年限	0.023	0.020	0.029	0.018
	共事时间	- 0.009	0.002	- 0.027	- 0.011
		团队层次			
	领导性别	- 0.076	- 0.070	- 0.040	- 0.032
	领导年龄	0.016	- 0.011	0.004	0.081
	团队规模	0.125	0.113	0.027	0.065
Level - 2 预测因子 (γ_{01})	仁慈领导		0.533 ***		
	德行领导			0.613 ***	
	威权领导				- 0.441 **
	团队积极情绪氛围		- 0.093	- 0.110 *	- 0.033
交互项 (γ_{11})	仁慈领导 × 团队积极情绪氛围		0.092 **		
	德行领导 × 团队积极情绪氛围			0.082 *	
	威权领导 × 团队积极情绪氛围				0.014
组间方差 σ^2		0.624	0.623	0.623	0.620
组内方差 τ_{00}		0.192 ***	0.075 **	0.060 **	0.106 ***

注: N (员工) = 434, N (领导) = 103; 所有系数均为在稳健标准误 (robust standard error) 下固定效果的估计值 (γ); σ^2 是层 1 的残差, τ_{00} 是层 2 的截距残差; *** 表示 $p < 0.001$, ** 表示 $p < 0.01$, * 表示 $p < 0.05$。

为了更好地阐述团队积极情绪氛围在家长式领导影响员工工作卷入过程中的调节作用,采用艾肯和韦斯特 (Aiken and West, 1991) 的简单坡度分析程序,根据高于均值一个标准差和低于均值一个标准差的标准,将样本数据分为高团队积极情绪氛围组和低团队积极情绪氛围组，分别进行相应的跨层次回归分析，以描绘不同的团队积极情绪氛围水平下，仁慈领导和德行领导对员工工作卷入的影响差异。调节作用效果如图 5－3 所示，高团队积极情绪氛围下，仁慈领导与员工工作卷入的回归直线更陡峭，斜率值更大，说明员工工作卷入对仁慈领导变化的敏感性更高，即针对仁慈领导相同程度的变化，在高团队积极情绪氛围水平下，员工的工作卷入水平的同向变化程度会相对更大。同理，如图 5－4 所示，高团队积极情绪氛围下，德行领导与员工工作卷入的回归直线更陡峭，斜率值更大，说明在高团队积极情绪氛围水平下，员工的工作卷入水平的同向变化程度会相对更大。

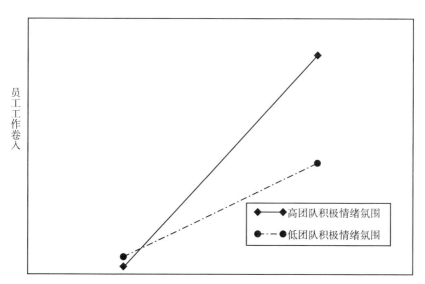

图 5－3　团队积极情绪氛围对仁慈领导与工作卷入关系的调节作用

2. 精神型领导作用于员工工匠精神的假设检验

（1）精神型领导对员工工匠精神的主效应检验。

为了检验团队层面的精神型领导对个体层面的员工工匠精神的影响，本书采用多层次模型分析的方法，建立以下模型，借助 HLM 6.08 软件进行分析，结果如表 5－16 所示。就精神型领导与员工工匠精神的关系构建跨层次模型 16。模型 16 中，精神型领导能显著正向预测员工工匠精神（$\gamma_{01} = 0.523$，$p < 0.001$），假设 5－6 得到验证，即精神型领导能正向影响员工工匠精神。

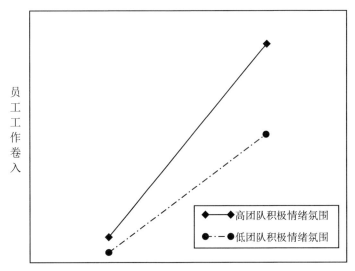

图 5-4　团队积极情绪氛围对德行领导与工作卷入关系的调节作用

表 5-16　　　精神型领导作用于员工工匠精神的跨层次回归分析结果

变量		员工工匠精神			员工自主性动机		
		模型16	模型19	模型20	模型17	模型18	模型21
截距项		1.497 *	1.547 **	0.668	2.692 **	1.159	3.881 ***
		个体层次					
控制 变量	性别	-0.049	-0.043	-0.059	-0.020	-0.020	-0.018
	年龄	-0.091 *	-0.113 **	-0.121 **	0.000	-0.001	-0.005
	文化程度	0.065	0.059	0.048	-0.002	-0.003	-0.006
	工作年限	0.060	0.036	0.034	0.020	0.020	0.017
	共事时间	-0.029	0.022	0.023	-0.032 *	-0.032 *	-0.030
		团队层次					
	领导性别	-0.014	0.031	0.067	-0.190	0.117	-0.111
	领导年龄	0.005	0.056	0.053	0.013	-0.006	-0.001
	团队规模	0.140	0.076	0.079	0.208	0.180	0.063
Level-1 预测因子 (γ_{10})	员工自主 性动机		0.565 ***	0.489 ***			
Level-2 预测因子 (γ_{01})	精神型领导	0.523 ***		0.299 ***	0.467 ***		0.498 ***
	关怀型伦理 氛围						0.613 ***

续表

变量		员工工匠精神			员工自主性动机		
		模型 16	模型 19	模型 20	模型 17	模型 18	模型 21
交互项 (γ_{11})	精神型领导 × 关怀型伦理氛围						0.160 *
组内方差	σ^2	0.564	0.501	0.503	0.084	0.084	0.084
组间方差	τ_{00}	0.190 **	0.151 ***	0.110 ***	0.782 ***	0.681 ***	0.406 ***

注：N（员工）＝434，N（领导）＝103；所有系数均为在稳健标准误（robust standard error）下固定效果的估计值（γ）；σ^2 是层 1 的残差，τ_{00} 是层 2 的截距残差；*** 表示 $p < 0.001$，** 表示 $p < 0.01$，* 表示 $p < 0.05$。

（2）员工自主性动机的中介效应检验。

为了检验员工自主性动机在精神型领导影响员工工匠精神过程中的中介作用，建立跨层次模型，HLM 的分析结果如表 5－16 所示。首先，同样针对员工自主性动机建立零模型（模型 17），组间方差能解释员工自主性动机方差的78.2%。其次，将 level－2 的预测因子精神型领导引入模型建立模型 18，精神型领导能显著正向预测员工的自主性动机（$\gamma_{01} = 0.467$，$p < 0.001$），假设 5－7得到验证。再次，针对员工工匠精神，将 level－1 的预测因子员工自主性动机引入模型构建模型 19，发现员工自主性动机与员工工匠精神显著正相关（$\gamma_{10} = 0.565$，$p < 0.001$）。最后，针对员工工匠精神，将 level－1 的预测因子员工自主性动机和 level－2 的预测因子精神型领导同时引入模型构建模型 20，发现员工自主性动机显著正向预测员工工匠精神（$\gamma_{10} = 0.489$，$p < 0.001$），精神型领导仍然显著正向影响员工工匠精神（$\gamma_{01} = 0.299$，$p < 0.001$），但与模型 16 相比影响系数显著下降，γ_{01} 从 0.523 降低为 0.299。由此，可以认为员工自主性动机能部分中介精神型领导对员工工匠精神的正向影响作用。

针对中介效应的稳健性检验，采用蒙特卡罗（Monte Carlo）法，通过 R软件进行分析，抽样次数设定为 20000 次，员工自主性动机的间接效应在95% 的置信区间为 [0.121，0.422]，该区间不包括 0，可以认为员工自主性动机在精神型领导影响员工工匠精神过程中的中介效应是显著的。综上，假设 5－8 得到验证。

（3）关怀型伦理氛围的跨层次效应检验。

为了检验团队关怀型伦理氛围对精神型领导与员工自主性动机关系的跨层次调节作用，构建相关模型，HLM 分析结果如表 5－16 所示。针对员工自主性动机，引入 Level－2 预测因子精神型领导和关怀型伦理氛围，以及精神型领导和关怀型伦理氛围的交互项构建模型21，发现精神型领导显著预测员工自主性动机（$\gamma_{01} = 0.498$，$p < 0.001$），交互项显著预测员工自主性动机（$\gamma_{11} = 0.160$，$p < 0.05$），验证了假设5－9。

为了更好地阐述关怀型伦理氛围在精神型领导影响员工自主性动机过程中的调节作用，采用艾肯和韦斯特（1991）的简单坡度分析程序，根据高于均值一个标准差和低于均值一个标准差的标准，将样本数据分为高关怀型伦理氛围组和低关怀型伦理氛围组，分别进行相应的跨层次回归分析，以描绘不同的关怀型伦理氛围水平下，精神型领导对员工自主性动机的影响差异。调节作用效果如图5－5所示，高关怀型伦理氛围下，精神型领导与员工自主性动机的回归直线更陡峭，斜率值更大，说明员工自主性动机对精神型领导变化的敏感性更高，即针对精神型领导相同程度的变化，在高关怀型伦理氛围水平下，员工的自主性动机水平的同向变化程度会相对更大。

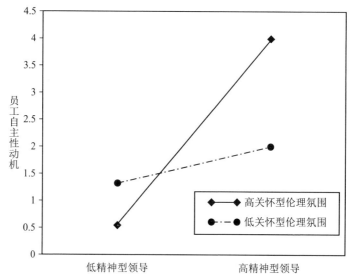

图5－5　关怀型伦理氛围对精神型领导与自主性动机关系的调节作用

5.6　结果讨论

本书通过理论推导和实证检验，探讨了家长式领导对员工工匠精神的具体作用机制以及精神型领导对员工工匠精神的具体作用机制。（1）仁慈领导、德行领导能显著正向预测员工工匠精神，威权领导会对员工工匠精神产生负向影响；精神型领导能显著正向预测员工工匠精神。（2）员工工作卷入部分中介仁慈领导、德行领导对员工工匠精神的正向影响，且部分中介威权领导对员工工匠精神的负向影响；员工自主性动机部分中介精神型领导对员工工匠精神的正向影响。（3）团队积极情绪氛围在仁慈领导、德行领导影响员工工作卷入的过程中起着跨层次正向调节作用，而在威权领导影响员工工作卷入过程中所起的调节作用未得到验证；关怀型伦理氛围在精神型领导影响员工自主性动机的过程中起着正向跨层次调节作用。

5.6.1　家长式领导对员工工匠精神作用机制的结果讨论

其一，本书发现仁慈领导对员工工匠精神会产生显著的正向影响，这与大多数研究提出的仁慈领导会对员工工作态度和行为等输出变量产生积极影响的结论一致（吴士健等，2020；叶龙等，2018；张建卫等，2018）。当领导表现出仁慈行为时，基于互惠原则，员工会对此行为给予积极的回应，如产生高水平的组织认同感、工作满意度、绝对忠诚等，这些心理认知会随着仁慈领导所营造的良好工作环境上升到行为层面，员工会表现出如提高工作技能水平和专注度、激发创造力、加强与同事的合作、提升敬业度等以回报领导和组织。此外，随着社会的进步和物质生活水平的提高，当代员工工作价值观不断发生转变，对温暖和谐的工作氛围的诉求不断提高，而仁慈领导的施恩行为能让员工感受到平等和尊重以及组织的温暖，进而更能激发出员工的积极面，有助于促进其工匠精神的形成与培育。

其二，本书发现德行领导对员工工匠精神会产生显著的正向影响，这同样与王永跃等（2018）、务凯等（2018）等提出的德行领导对员工的积极行为具有正向影响这一结论相一致。一方面，德行领导自身高尚的品德和情操能够为员工树立榜样，高德行的领导往往公平正直、不占便宜、以身作则，这些品德与行为会对员工施加潜移默化的影响，从而引导员工表现出积极的工作态度和行为。另一方面，德行领导能营造一种公平、热情的组织氛围，使员工受到感染并发自内心地认同领导，以此激发出员工的工作热情以及对组织的认同感和归属感，使其积极地投入工作当中，最终促进员工产生积极的态度和行为，表现出高水平的工匠精神。

其三，本书发现威权领导对员工工匠精神有显著的负向影响，既有部分研究也发现威权领导对员工的主动性行为、知识共享行为、创新等会产生消极影响（刘冰等，2017；张亚军等，2015；傅晓等，2012）。威权领导强调权力高度集中，要求员工按照自己的指导逐步完成工作，还会当面训斥员工，使员工出现自主性降低、创造性不足、共享意愿降低等问题，不利于员工工匠精神的形成与发展。此外，也有部分学者认为威权领导对员工业务水平的提升（Hongyu et al.，2012）、专注（魏蕾和时勘，2010）、无私帮助（吴士健等，2020）等方面具有正向影响。不同研究关于威权领导对员工的影响是正面促进还是负面抑制产生了不同的观点，究其原因，可能源于样本特征的不同。本书的被调查者主要是年轻员工，新一代的年轻员工大多具有自主意识较强、追求自由和平等个性特征，面对领导表现出的专权、不留情面时，他们的承受能力更弱、心理抵触情绪更为强烈。因此，本书中，在威权领导的作用下，员工的工匠精神水平下降。

其四，针对家长式领导与员工工匠精神之间的关系，本书验证了员工工作卷入在其中所起的部分中介传导作用。基于"领导—成员"交换理论，领导提供给员工有益的信息和资源，有利于与员工之间形成良好的交换关系（郭云和廖建桥，2014）；反之，若领导垄断信息，独权专制，则不利于形成良好的交换关系。当领导者和员工之间能够建立高质量的交换关系并得到巩固时，基于互惠原则，员工倾向于提高其工作积极性和工作参与度来回报领导，这种状态的改进使得员工的工作卷入程度提高（胡蓓和邱敏，2016），进而促进工匠精神的产生；反之，当员工被禁锢于领导的权力下，其工作主动性降低，从而降低其工作卷入水平，不利于员工工匠精神的培育。

其五，本书发现团队积极情绪氛围在仁慈领导和德行领导分别影响员工工匠精神的过程中起正向调节作用。积极的团队情绪氛围取决于团队成员的积极情绪状态（Liu and Härtel，2013），在这种氛围的熏陶下，团队成员间会展开积极情绪"感染"，最终使得每个员工感受到乐观、热情等积极情绪（门一等，2016）。基于情绪一致性记忆效应，相关信息记忆网络与个体的情绪状态会产生联结，当员工感受到相似的情绪时，则会产出相应的行为（Schwarz and Clore，1983）。在高水平的团队积极情绪氛围下，仁慈领导会让员工感到更大程度的幸福和满足，从而促使员工相应地表现出更高水平、更高质量的工作卷入；同样地，德行领导能营造出一种更浓厚的公平、诚信的团队氛围，以此促进员工不断提升工作卷入水平。而在低水平的团队积极情绪氛围下，员工之间缺乏积极情绪感染，对仁慈领导和德行领导带来的积极情绪感知不敏感，此时仁慈领导所表现出的关怀、帮助等行为难以激发员工积极的情绪状态，德行领导难以诱发员工的优秀品质，进而对员工工作卷入的影响强度有所减弱。此外，团队积极情绪氛围对威权领导与员工工作卷入之间的负相关关系的负向调节作用不显著，这可能是因为，威权领导对员工的严密控制、贬低和打压等会极大程度地激发员工的负性情绪，而负性情绪水平过高意味着员工用于继续进行自我调节的资源会相应减少（Liu et al.，2017）。因此，尽管团队中的积极情绪氛围较高，员工囿于自我调节资源的不足，仍然表现为在威权领导影响下工作卷入程度的相应降低，故团队积极情绪氛围对威权领导消极影响的弱化作用不明显。

5.6.2　精神型领导对员工工匠精神作用机制的结果讨论

首先，本书发现精神型领导对员工工匠精神会产生显著的正向影响。当领导满足了员工的精神需求时，员工会对此给予积极的回应，如产生高水平的组织认同感（仇勇等，2019）、自我效能（张光磊等，2018）、心理韧性（王艳子等，2019）、组织自尊（王明辉等，2016）和心理资本（邓志华，2016）等。这些心理认知会随着精神型领导所营造的良好工作环境上升到对工作的态度和行为层面，从而促使员工在工作中表现出更多的主动性、更强的创新能力以及更高的工作投入度和敬业度等，也即表现出更高水平的工匠精神。这与大多数研究提出的精神型领导会对员工的工作态度和行为等输出变量产生积极影响的结论相一致（Chen and Yang，2012；Wu and Li，2015；杨振芳等，2016）。具体而言，精神型领导为组织及其成员共谋愿景，赋予员工信念、希望及关爱，以自身的价值观、态度和行为内在地激发员工的工作投入，从而为组织及其成员带来积极影响。一是精神型领导通过共建愿景、共谋未来建立组织目标，规划清晰的发展方向，鼓励员工内化这些目标，大大激发了员工的工作敬业度和专注度；二是精神型领导通过赋予员工信念和希望不断鼓舞员工振作精神、迎难而上，以饱满的精神状态专注于工作难题，在工作中努力钻研和不断进取，从而培养员工精益求精、勇于创新的工作态度；三是精神型领导向员工传达无私的利他之爱会引发下属的积极效仿，从而在团队内部就会形成一种和谐、有爱的工作氛围，团队内部的协作能力就会得到提高。

其次，针对精神型领导与员工工匠精神的相关关系，本书验证了员工自主性动机在其中所起的部分中介传导作用。精神型领导的作用路径主要是通过与员工的精神互动影响其心理状态，进而对其产生更为深入的影响，因而在精神激励和心理影响方面具有独到的作用效果。精神型领导能够使员工产生积极期望以及给予员工被理解和被欣赏的感受，从而能有效满足员工的自我心理需要，增强员工对工作的自主性动机，最终实现对员工工匠精神的激发和培育。

具体而言，一方面，精神型领导利用积极的信念帮助下属树立对自己未来发展及对组织发展的信心，因而员工会备受鼓舞、精神振奋、内心充满力量，进而加深对工作价值的认同，当工作的价值认同与自我价值认同统一时，那么员工能感受到的自身与工作环境的匹配度就越高，就越能体验到所从事工作的意义，从而越愿意将更多的时间和精力投入到工作之中，员工的工作敬业度和工作专注度自然就会更高。另一方面，精神型领导通过共建愿景、共谋未来建立组织目标，为员工规划清晰而具体的工作内容和工作目标，提高员工对自身工作的认可度，从而激发其内在工作动力。具有高内在动机的员工不仅会对工作充满激情和兴趣，敢于冒险，勇于尝试新事物，最终促进创新行为的形成；而且他们能够为了取得新的突破锲而不舍，主动发现工作中的问题与不足，并自发完善工作中的不足，将任务完成得尽善尽美，最终促进精益求精工作态度的形成。因此，精神型领导通过员工自主性动机的形成，促进其工匠精神水平的提高。

最后，本书发现关怀型伦理氛围在精神型领导影响员工自主性动机的过程中的正向调节作用。关怀型伦理氛围在组织环境中扮演了一种利益共同体的载体形象，组织成员不仅关心自己的利益，还关心自己决策对他人造成的影响，试图追求实现各方利益。根据领导替代理论和社会交换理论，在高水平的关怀型伦理氛围中，员工决策或者员工行为的重要考虑因素是能够使得组织内其他成员的利益得到充分保证，而这与精神型领导内涵的高度匹配使得员工更容易认同领导的观点，很可能产生为实现组织目标而奋斗的内源性动机，并且当员工与组织之间的关系是在高水平关怀型伦理氛围下建立的，就符合了实现心理报酬交换的条件，即通过组织对员工的关怀换取员工对组织的回报。因此，当员工处于高水平关怀型伦理氛围的团队中时，便会产生想要回报组织的责任感，从而在工作中展现出积极热情的工作状态，将组织的目标内化为自身的工作目标和责任，表现出较高水平的自主性动机。反之，在低水平关怀型伦理氛围下，员工极强的以自我为中心的意识促使他们不愿意接受和执行精神型领导所下达的一些指令，也难以从以自身利益为出发点做出的行为转变为以组织目标或他人利益为出发点做出的行为，导致员工极易失去为实现组织目标而奋斗的内源性动机，从而对员工的自主性动机水平产生消极影响。

5.7　本章小结

为探讨制造企业员工工匠精神的形成机理，本章从对员工的工作态度和行为表现具有显著影响的领导力出发，延续前文的研究思路，从传统和现代两个视角，分别引入家长式领导和精神型领导，旨在探讨作为传统领导力的家长式领导和现代领导力的精神型领导对员工工匠精神的具体作用机制。首先，基于社会交换理论、社会信息加工理论、自我决定理论和领导替代理论等构建两种领导方式作用于员工工匠精神的理论模型。对家长式领导与员工工匠精神，引入工作卷入作为中介变量和团队积极情绪氛围作为调节变量；对于精神型领导与员工工匠精神，引入自主性动机作为中介变量，团队关怀型伦理氛围作为调节变量，并根据理论分析和推导，提出相应的研究假设。其次，针对所构建的理论模型，进行实证检验，具体步骤如下：一是基于研究假设，根据检验的需要进行研究设计，主要包括测量工具的选取、问卷设计、样本的选取和数据的收集以及统计分析程序等；二是根据回收的答卷，进行初步的数据检验分析，主要包括样本情况统计、共同方法偏差检验、信效度分析、团队层面数据的聚合检验和描述性统计分析等；三是进行假设检验，主要借助 SPSS 和 HLM 等统计分析软件，对所构建的跨层次理论模型进行检验，以判断研究假设是否能得到样本数据的支持。最后，对实证检验的结果进行了总结和讨论。

研究发现，首先，对于家长式领导而言，其包含的仁慈领导和德行领导有助于促进员工工匠精神水平的提升，而威权领导对员工工匠精神具有显著的负向预测作用；员工工作卷入部分中介仁慈领导和德行领导与员工工匠精神间的正相关关系，且部分中介威权领导与员工工匠精神间的负相关关系，即仁慈领导和德行领导可以通过提高员工的工作卷入程度，从而促进员工工匠精神的提高，而威权领导会通过降低员工的工作卷入程度从而不利于员工工匠精神的形成；团队积极情绪氛围能强化仁慈领导和德行领导对员工工作卷入的积极影响，而对威权领导与员工工作卷入间的负相关关系不具有调节作用。其次，精神型领导同样有助于促进员工工匠精神的提高，员工自主性动机部分中介精神型领导对员工工匠精神的积极促进作用，也即精神型领导可以通过激发员工自主性动机从而促进员工工匠精神的提升。在这一作用过程中，关怀型伦理氛围起着跨层次调节作用。具体而言，关怀型伦理氛围能强化精神型领导对员工自主性动机的积极影响，从而有助于进一步提升员工的工匠精神。

第6章 制造企业员工工匠精神形成
机制的多案例探索性研究

为了进一步检验前文得到的制造企业员工工匠精神的构念及形成机理，本章采用多案例探索性研究方法，扎根于三家典型制造企业，分别展开纵向多阶段分析，构建出典型制造企业员工工匠精神的形成机制模型，并通过多案例总结分析，探索员工工匠精神的内涵以及组织培育环境对员工工匠精神的形塑作用及实现过程，进而为制造企业员工工匠精神的培育对策研究提供重要参考。

6.1 研究思路

在制造强国战略目标与培塑文化自信战略背景的交汇作用下，沉寂多年的"工匠精神"因运而重生，成为推动新时代我国制造业前进的精神源泉。工匠精神与制造业的结合意味着产品品质升级的同时，也体现出对产品生产者的高素质要求。世界顶级奢侈品牌——普拉达的总设计师米西亚·普拉达（Miuccia Prada）多次在访谈中提出，真正的奢侈不应仅仅在于金贵的用料、复杂的工艺，更应是大量资本投入下培育出的教养、学识以及勇敢、自由等优秀品质。如今消费者对产品高品质与高品位的追求，需要"懂"他们的生产者实现其"诗与远方"的消费诉求。因而，制造业"品质变革"的深层意蕴是对从业者的人力资源开发（余同元，2005），工匠精神培育的价值除了在于促进现代工匠技能的提升，更在于能够增强职业培训中的素质培养，深化工匠的内在价值。由此，从理论层面深入分析现代工匠的培育过程以探究利于员工工匠精神形成的有效培育环境和作用机制，进而为企业的人力资源管理实践提供指导，显得尤为必要。

国内学术界围绕工匠精神进行了大量研究，取得了积极的研究进展。大多文献站在社会宏观层面，关注工匠精神产生的时代背景和培育策略等；在微观视角方面，已有部分研究针对工匠精神的前置动因与后效机制展开了实证探究。其中，技艺传承方式、企业价值观与文化、领导风格、个人特征等因素已被证实对工匠精神具有显著影响，尤其是领导者，因其在企业中的统领性作用而备受关注。本书同样关注到了领导者的关键性的引导作用，从传统与现代两个视角出发分别选取了家长式领导与精神型领导以探究不同风格的领导对工匠精神形成的影响路径，并证实了企业领导者对员工工匠精神的积极效用，且对个体心理因素的激发是其作用实现的重要途径。由此可见，外在环境的客观因素与个体主观因素构成了工匠精神培育中的关键动因，然而相关因素研究呈现出分散之态，且多为横截面研究，缺乏整合性的纵向视角展现环境与个体相互作用下较完整的工匠精神形成机制。同时，当前相关文献虽然关注到环境、个体等因素的重要作用，但内在作用机制大多通过较简洁的线性关系呈现，因素作用过程中较复杂的内在因果关联鲜有研究深入探索。

针对上述不足，并鉴于案例分析法作为规范的质性研究方法，可以用于解答没有明确答案、较复杂的管理现象，尤其对于过程性研究而言是有利的研究工具，与本书的研究主题，即员工工匠精神的形成机制具有较高的匹配度。因而，本书决定采用案例研究方法展开探究，进而以较完整且细致的方式呈现出工匠精神的形成过程。在此研究工具的基础上，针对构成工匠精神形成过程的各类因素及其复杂的交互作用机制，需聚焦于工匠精神载体——制造企业员工的微观层面进行深层探索，而心理学作为探究微观个体的有利视角，能够在一定程度上解决因个体工匠精神的强内隐性质而较难深度刻画其形成机制的问题。

基于此，本书从心理学视角出发，选取在工匠精神培育方面取得成功实践的典型制造企业作为分析对象，采用案例分析法对样本企业分别展开探索性研究，结合勒温场论，揭示优秀工匠身上工匠精神的形成过程，并对样本企业工匠精神的内涵与形成机制进行多案例总结分析，以期为工匠精神内涵、影响因素以及影响机制的相关研究作出理论贡献，并为工匠精神的培育实践提供参考。

6.2　理论基础与框架

6.2.1　工匠精神与勒温场论

基于第 1 章中的工匠精神研究现状，对文献展开进一步分析可以发现，个体层面的工匠精神内涵存在两点特性：一是虽然工匠精神的概念界定并未达成共识，但其共性表现出个体的自我发展性并将工作作为主要的自我发展领域；二是个体层面的工匠精神内涵趋于泛化，缺乏较具象的操作化界定，且综合来看，工匠精神在个体身上体现为与工作相关的外部环境作用下一系列的心理及行为事实。鉴于此，厘清个体工匠精神的形成机制，需着眼于在此过程中个体的主观能动作用以及外部环境的形塑作用。

目前个体作为相关研究的主流层面，从而可以认为个体的主观能动性是被广泛认可的，但大多研究仍未触及个体深层心理活动进而系统探究个体主观能动作用的"黑箱"，因而本书基于心理学视角，呈现个体在发展过程中于外部环境作用下产生的心理事件与相应的动力系统，以避开研究趋于泛化、抽象化的问题。同时，关于外部环境的形塑作用，大多文献通过实证研究发掘外部环境中的重要因素，以"点到点"的方式揭示员工工匠精神的动因与其中的影响机制，已有少数研究者发现了情境的关键作用（曾颢等，2018；李群等，2021），以"面到点"或"点到面"的方式探索工匠精神传承至个体层面或上升至组织层面的动态机制（曾颢等，2018；梁果等，2021；郭会斌等，2018），进而可以推断，工匠精神作为根植于个体深层内在的部分，以整体性视角探索环境中的多元要素及其协同作用下对个体产生的影响，能够更有力地诠释外部环境的形塑作用。基于以上分析，本书采用格式塔心理学中的经典理论——勒温场论，作为重要基础，阐释工匠精神在个体身上的本质属性以及具体形成过程。

勒温强调，通过个体与环境的相互作用研究个体的行为与心理，则不能将人从环境中割裂出来，并提出了一个核心概念——心理动力场，指在某一时刻影响个体行为的全部事实，包含人与环境两种力量。心理环境便为环境力量的代表，它是外部环境存在的重要形式，其确定了某时刻情境下对主体心理事件产生实在影响的所有外部环境要素，因而以个体观念的形式存在（苏世同，1999）；相应地，在内化的环境力量下，个体的自我状态作出反应，产生心理事件，个体的心理动力场发生变动，推动个体发展。在此过程中，需求作为自我状态的组成部分，是个体力量的研究重点（申荷永，1991；陈业华和田子州，2012），需求的内容及其强度在与心理环境的相互作用中扮演重要角色。具体而言，勒温遵循稳态原则，认为个体一切动机行为的最终目的均为追求内在平衡，即环境能够满足需求从而让主体产生满足与幸福感（申荷永，1991）。环境与需求之间无法协调会促成个体的失衡感，从而产生动机行为以缓解紧张状态，其中，动机表现为对个体具有吸引力的目标。因而，勒温认为个体是在"平衡—不平衡—平衡"的过程中得到发展的，且个体发展的心理过程实质上便为在心理动力场中随着目标有方向地从一个区域向另一个区域移动，发展程度的加深会促进场域内的区域不断丰富和分化。

　　基于以上分析可以发现，勒温场论具有整体观与动力观两大基点。整体观主要体现为勒温借用"场"的概念将外部环境要素进行有效整合，突出了要素间的协同作用和情境的力量，且通过实验，勒温发现，通过群体改变个体（领导、惯习等）比直接改变具体个体的效果要好得多（申荷永，1990），并在此结论的启发下提出了促进个体发展的三个环境改造阶段，即削弱个体与过去群体标准间关联的"解冻"阶段、构建并明晰新标准的"流动"阶段以及个体与新群体标准形成强关联的"重冻"阶段（曾伏娥等，2016），赋予其整合观以时间维度，利于本书探索"面"的动态形塑作用过程，具体而言，可从组织环境动态变化的角度为个体工匠精神形成过程的纵向阶段划分提供重要参考依据。同时，动力观点主要体现在个体的心理紧张系统，即调节与环境的关系以保持"动力平衡"的过程，其中针对个体的主观能动作用勒温也做了具象化阐述。在平衡倾向的基础上，个体会根据其需求感知周围环境中的对象，若对象与其需求相符，则能给主体带来积极的情绪体验（正效价），进而产生吸引力使得个体趋近，引导个体的发展性行为（申荷永，1991）。由此，个体发展过程中的心理动力过程得以展现，进而可为本书揭示个体的主观能动作用的实现过程提供重要参考。

6.2.2　工匠精神形成的理论框架

　　综上所述，为揭示工匠精神的形成机制，本书选择德胜（苏州）洋楼有限公司案例、徐工徐州重型机械有限公司以及江苏中天科技股份有限公司，围绕工匠精神的培育客体——员工展开案例研究，从工匠的发展路径中探索培育环境中的有效要素及其作用效果。

　　具体而言，本书结合勒温场论，基于心理动力场中心理环境与自我状态间的动态平衡过程，解释工匠精神形成背后的环境与个体之间的相互作用。然而，关于个体在环境中"自我"的形成，勒温未做具体论述，本书参考以自我整合与调节为主题的精神分析理论，引入其中精神结构的三个层次，借助"超我"与"本我"探寻"自我"的形成，进而解释需求、认知等自我力量的产生。

　　基于以上论述，本书初步提出员工工匠精神形成机制的理论分析框架，如图 6-1 所示。

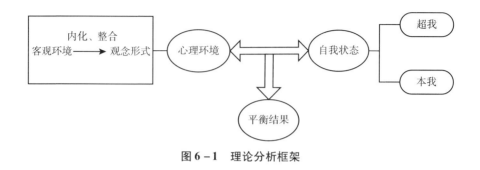

图 6 - 1　理论分析框架

6.3　研究方法

6.3.1　案例研究方法

案例研究是指"在实际社会情境之中深入地研究当前现象的经验性考察，尤其是当现象和情境的边界不是很明显时"，是一种在国内外管理学界具有代表性的定性研究方法（井润田和孙璇，2021）。案例研究聚焦于理解某一种单一情境下的动态过程，立足于案例中的实证数据构建理论构念、命题和中层理论（Eisenhardt，1989）。作为一种帮助和促进研究者达成研究目的科学方法，其存在适用于不同研究任务的多个类型，可以是描述性的、探索性的或解释性的（刘璞等，2020）。其中，探索性案例研究往往是围绕既有研究的缺陷展开案例探索，或者是基于管理现象，通过对现象的深入探索进而弥补现有理论的缺陷；描述性案例研究旨在厘清现象发生的原因及过程；解释性案例研究则从因果关系的逻辑角度，解释某一时间点事情是为何及如何发生的。此外，根据研究的案例个数来划分，案例研究可分为单案例研究和多案例研究。其中，单案例研究是针对某个单一现象进行深入剖析进而得到独特洞见，因而选取的案例需要具有代表性或典型性，抑或是属于特殊或极端现象；多案例研究则是基于一个研究目的，对多个案例进行归纳与总结，进而获得更具普适性的研究结论。

本书采用探索性多案例分析，主要基于以下几个原因：其一，工匠精神具有一定的内隐性质，对其形成机制的探究需要从工匠的日常培育入手，挖掘表面现象背后的环境与个体相互作用下的动力因素，案例研究提供的深入细致的实地调研方法能够较清晰地呈现出工匠精神形成的整体性与动态性（许晖等，

2020）；其二，本书着重于探讨制造企业员工工匠精神的形成机制，属于"为什么""是什么"和"怎么样"的问题范畴，适宜采用探索性案例分析展开探究；其三，工匠精神的形成过程蕴含着较强的发展意义，时间是本书中的重要维度，因而更适合通过案例研究展开纵向的阶段性变化探索（梁果等，2021）；其四，多案例研究的"复制"逻辑可提高本书的外部效度，进而能得到更加稳健且更具普遍性的研究结论。

6.3.2　案例企业选择

遵循理论抽样与复制逻辑原则（Eisenhardt and Graebner，2007），本书选取了三家具有代表性的制造企业作为案例研究对象，分别为德胜（苏州）洋楼有限公司、徐工徐州重型机械有限公司与江苏中天科技股份有限公司，主要原因有三个方面。第一，本书的研究目的在于探索不同培育环境下制造企业员工工匠精神的形成路径，样本企业均为不同类型的制造企业，涵盖了国有企业与民营企业、外资企业与内资企业、上市企业与非上市企业等多种类型，且三家企业的产业类型也存在较大差异，进而保证了样本的多样性与差异性。第二，所选取的企业均属于制造行业，且在其相应的产业领域内具有较好的代表性，具备较成熟的包括产业工人在内的人才培养机制，各自的"工匠精神"都具有一定典型性，与本书的研究问题有着较高的匹配度。第三，三家企业在各自领域均有较高的知名度，二手数据较为丰富，且课题组与样本企业保持着非常密切的联系，多次对其展开实地调研与访谈，获得了较为翔实、完整的一手数据资料。因而，三家企业的数据可获得性较高，可提供较丰富的证据链。

1. 德胜（苏州）洋楼有限公司

本书选择德胜（苏州）洋楼有限公司[①]（以下简称"德胜"）进行案例研究，主要有两方面原因。第一，"工匠精神"的典型性。"三流企业做产品，二流企业做标准，一流企业做系统，顶尖企业做文化"，该公司创始人聂圣哲是国内第一个提出"工匠精神"的企业家，该文化理念的提出在国内具有领先性。随着"工匠精神"从行业话语转变为政策话语，从国家发展战略中的重要部分到各行各业乃至全体劳动者需践行的普遍理念，时间验证了该企业

[①]　本部分的内容根据该公司官网、新闻报道、学术文献等整理而来。

"工匠精神"提出的前瞻性；同时，该公司的"工匠精神"文化理念已发展得较为成熟，公司内设立有专门的企业文化部，贯彻该文化理念的著作——《德胜员工守则》被广泛誉为中国管理的"圣经"；此外，该公司的"工匠精神"理念具有较强的民族性，汲取了中国传统文化中的优秀特质，蕴含了传统工匠的处世哲学，是一种具有较高参考价值的中国式管理文化。第二，"工匠精神"的启示性。德胜的"工匠精神"已在该公司的管理实践中得到了成功应用，具有较丰富的证据链。首先，德胜培养出了大批国内一流木工匠士，这些优秀工匠们不仅在产品质量上做到无可挑剔，在客户服务方面也美名远扬，从生产到服务处处体现着"工匠精神"；其次，在风云变幻的时代，规模中等的德胜能够平稳、健康地运行 20 多年，且创造了"员工流失率接近为零""年营业额近 8 亿元"等业界传奇，这离不开德胜对"扩大规模""多元化经营"等发展诱惑的拒绝，优秀而坚定的内部文化理念是其常年傲立行业之巅的重要缘由；最后，德胜的管理理念已得到国内外专家的高度认可，被誉为工匠精神的精髓。例如，日本管理大师河田信认为，它的管理代表了中国管理的一个范式，代表了中国的文化属性（曾颢等，2018）。

2. 徐工徐州重型机械有限公司

本书选择徐工徐州重型机械有限公司①（以下简称"徐工"）进行案例研究。有两方面原因。第一，从红色基因到世界五强，"全球第一吊"的徐工高度重视质量把控。真正的百年企业最重要的是要用文化凝聚人心、激活人才的主动性，徐工的前身——华兴铁工厂在抗日战争的炮火中诞生，从成立之日起，徐工就深深嵌入了红色基因。徐工自成立以来秉承"担大任、行大道、成大器"的核心价值观和"严格、踏实、上进、创新"的企业精神，激励一代代徐工人坚持理想信念，坚持改革创新，从认知、认同到践行，努力构建"人人重视质量、人人创造质量、人人享受质量"的浓厚氛围，立志成为全球信赖，具有独特价值创造力的世界级企业。为保证全员保持精力集中、精神抖擞的工作热情和斗志，公司经常举办类似于"弘扬工匠精神·勇攀质量高峰"的主题活动，积极弘扬精益求精的"工匠精神"，让品质成为全体员工的价值导向和时代精神，让质量文化成为一种信仰。徐工董事长王民从学徒一步步成长为集团的掌门人，坚持创建品质徐工，他提出的"技术领先用不毁"金标准已经成为集团每个员工铭记于心的一句话，成为徐工人对高质量、高标准的

---

① 本部分内容根据该公司官网、新闻报道整理而来。

自觉追求。第二，历代"大匠"的优秀事迹对徐工文化的传承和发扬。20 世纪 50 年代的"革新大王"掌家忠，作为全国先进工作者受到了毛主席和周总理的接见，掌家忠带领小组刻苦钻研锻造技术，不畏艰难困苦，年年月月超额完成国家计划，仅用 7 年时间就完成了 25 年 7 个月的工作量，成为一辈辈徐工人的榜样；全国"五一劳动奖章"获奖者毕可顺，是徐州市首位享受国务院特殊津贴的普通工人，也是业内响当当的高级技师，带领团队争创技术革新 70 余项；孙丽，"全球第一吊"的总设计师，荣获全国"最美职工"称号，带领团队完成了多项起重机的技术研发任务，填补了国内技术空白。2017 年，习近平总书记深入徐工一线进行考察，肯定了集团继承红色基因、适应时代发展取得的显著成绩，并亲切看望了公司的劳动模范、技术能手等职工代表，增强了企业职工的自豪感和使命感。不论是产品设计师还是车间一线员工，每一位徐工人都以百倍的热情在各自岗位上发光发热，为实现中华民族伟大复兴中国梦贡献自己的力量。

3. 江苏中天科技股份有限公司

本书选择江苏中天科技股份有限公司①（以下简称"中天科技"）进行案例研究，主要有两方面原因。第一，生产及精神领域"精细制造"的企业文化建设。"精"即精益、精致、精神，中天科技在生产经营领域追求的"精"就是精益求精，一丝不苟，在思想领域追求的是崇高的精神境界；"细"即细心、细致、细节，中天追逐的是产品的精美细腻、员工的精明强干、工作的缜密细致，中天光缆打进美国市场的重要原因之一就是精细的工作作风；"制"不仅是制造、研制，还是制度和体系，中天科技在各方面的灵活体制给予员工制度自信、管理自信和发展自信的同时，坚持"世界品牌百年中天"的愿景；"造"对于中天而言，就是创造、创新改造，中天科技积极进行创新研发、技术改造，通过创新模式使企业管理不断向前，当然创造不仅仅是创造物质财富，还包括创造精神文化，"精神家园工程师"们充分发挥纽带作用，通过"怀匠心、钻匠艺、做匠人"的演讲比赛、中天正能量的文化宣讲、走访职工家庭、成立爱心基金等一系列活动，让员工感受中天的温暖，感受道德升华的力量，且通过企业实践可以看到，该文化建设极大地促进了中天人才培养环境的打造，中天科技也被列为江苏"G42 +"民营企业人才改革试验区中的重要成员。第二，作为全国劳模的薛迟总裁对于工匠精神的格外关注和传扬。中天科

---

① 本部分内容根据该公司官网、新闻报道和政策文件等整理而来。

技集团总裁薛驰被授予"全国劳动模范称号",并应邀出席了"2020年全国劳动模范和先进工作者表彰大会",受到习近平总书记的亲切会见。薛迟总裁表示,全国劳动模范是一份沉甸甸的荣誉,要一辈子珍视,同时表示要立足于本职工作,做好分内之事,积极弘扬劳模精神、劳动精神、工匠精神,立志"实业报国",发挥劳模的示范引领作用,传递正能量,影响身边人,充分发挥自身所处平台优势,带动广大产业工人。

6.3.3　数据收集

本书遵循三角验证的原则,通过多样化的数据来源和多受访主体的方式来保证数据的信度和效度,基本包含网站信息、媒体公开报道等外部资料、企业内部文件以及深度半结构化访谈等数据收集方式与渠道,具体情况如下:

1. 德胜(苏州)洋楼有限公司

主要包含以下三个数据来源:第一,以"德胜洋楼"为关键词在网页中进行搜索得到的资料,包括公司领导的感悟、外界学者的调查等,经过筛选后共有56份资料;[①] 第二,参阅《德胜员工守则》,经过筛选后共有14份资料;第三,对公司的优秀员工、管理人员以及德胜鲁班休宁木工学校的教官进行深度访谈,获得访谈文本资料共计19份。

具体的数据收集过程如下:首先,在对二手资料进行整理和筛选的基础上,初步了解公司的管理理念与管理制度,进而形成访谈提纲;其次,通过面对面与微信电话相结合的方式展开半结构化访谈,共访谈7人次,每次访谈时间在60~120分钟之间,并采用现场笔记和录音的方式进行数据记录。其中,先与企业文化部经理进行对话,了解工匠成长路径以及德胜相应的培育机制,再通过对木工学校教官的访谈获得职业学校培训的相关措施。最后,对被授予"匠士"称号的5位优秀工匠展开正式访谈,获得工匠精神概念、工匠精神形成路径以及关键事件等相关数据。同时,除了正式访谈外,还与他们通过微信聊天展开相关交流,以对数据进行补充与验证。

---

① 包括公司官方网站9份、百度百科3份、搜狐网32份、网易网1份、新浪网2份、腾讯网3份、国家发展研究所网站1份、中外管理传媒报道1份、杭州浙江大学校友会网站1份、凤凰网1份、澎湃在线1份、中国广播网1份。

2. 徐工徐州重型机械有限公司

主要包含以下两个数据来源：第一，以"徐工"为关键词在网页中进行搜索得到的资料，包括公司官网的介绍、外界媒体的报道等，经过筛选后共有 32 份资料；① 第二，对公司的优秀员工、管理人员进行深度访谈，获得访谈文本资料共计 7 份。

具体的数据收集过程如下：首先，在对二手资料进行整理和筛选的基础上，初步了解公司的管理理念与管理制度，进而形成访谈提纲；其次，通过面对面交流与微信电话相结合的方式展开半结构化访谈，共访谈 5 人次，每次访谈时间在 60～120 分钟之间，并采用现场笔记和录音的方式进行数据记录。其中，先与企业管理层进行对话，了解工匠成长路径以及徐工相应的培育机制，再通过对"大匠"级别的优秀工匠展开访谈，获得工匠精神概念、工匠精神形成路径以及关键事件等相关数据。

3. 江苏中天科技股份有限公司

主要包含以下两个数据来源：第一，以"中天科技"为关键词在网页中进行搜索得到的资料，包括公司领导的感悟、外界媒体的报道等，经过筛选后共有 34 份资料；② 第二，对公司的优秀员工、管理人员进行深度访谈，获得访谈文本资料共计 9 份。

具体的数据收集过程如下：首先，在对二手资料进行整理和筛选的基础上，初步了解公司的管理理念与管理制度，进而形成访谈提纲；其次，通过面对面交流与微信电话相结合的方式展开半结构化访谈，共访谈 7 人次，每次访谈时间在 60～120 分钟之间，并采用现场笔记和录音的方式进行数据记录。其中，先与企业人力资源总监进行对话，了解工匠成长路径以及中天科技的培育机制，再对公司的 5 位优秀工匠展开访谈，获得工匠精神概念、工匠精神形成路径以及关键事件等相关数据。

---

① 包括公司官网 14 份、搜狐网 2 份、搜狐新闻 2 份、人民网 2 份、新华日报 1 份、工程机械在线 1 份、中国新闻网 2 份、徐州日报 3 份、中国经济网 1 份、中国政府网 1 份、工程机械之家 1 份、中国工业报 1 份、徐州党建 1 份。

② 包括公司官网 10 份、搜狐网 5 份、搜狐新闻 2 份、经济网 1 份、江苏工会服务网 1 份、通信世界网 4 份、中国产业经济信息网 4 份、中国电力网 1 份、新浪科技 1 份、网易新闻 1 份、南通网 1 份、金融界 1 份、章丘新闻 1 份、南通市人民政府网站 1 份。

6.3.4　数据分析

本书遵循严格的数据编码步骤，进行数据缩减、数据陈列、结论与验证三个阶段的数据编码与分析过程（张庆强等，2021），其中，数据编码应用焦亚等（Gioia et al.，2010）提出的一阶/二阶概念的归类方法。第一，本书通过对多源数据的初步整理，剔除与研究问题无关的数据，并对优秀工匠的成长过程形成初步认知，得到成长过程中的关键事件，形成编码的初始数据库。第二，精神的形成是主体与其所在环境共同作用的结果，优秀工匠作为工匠精神的载体，是联结外在环境与内在工匠精神的中介，因而对工匠精神形成的挖掘需要主要研究工匠成长经历中的心理过程，关注工匠对心理事件的感知而非事件本身，聚焦其行为意义而非行为结果（申荷永，1990）。鉴于此，在形成初始数据库的基础上，对数据进行陈列，找出工匠成长过程中实际影响其工匠精神形成的外在的环境因素与内在的心理因素，以及相应的心理与行为反应，通过其中的变化规律确定对工匠精神形成具有推动意义的行为事件，进而更为严谨地对工匠的成长过程进行划分，明确工匠精神形成的不同阶段，并形成初始编码。第三，依据不同的时间阶段，对初始编码结果展开阶段内的情境化分析，发现概念间的逻辑关系，明晰主体与周围环境的互动路径，得到各阶段内的完整故事线，同时采用备忘录的形式展开与文献的对话，在好故事与好理论之间达到平衡，进行新一轮的编码得到一阶概念。第四，依据整体发展脉络展开叙事性分析，将各阶段串联得到相对完整的故事。同时，对一阶概念进行归纳，增强故事的理论性，得到二阶主题。第五，将相同属性的二阶主题进行整合，得到心理环境、自我状态和平衡结果三个聚合构念（梁果等，2021），从而验证前文提出的理论框架。由此，得到了基于上述三家案例企业的数据结构，分别如图 6-2、图 6-3 和图 6-4 所示。

在数据收集与处理过程中，由管理学科的 1 位博士生和 2 位硕士生共同参与跟进，并就各自的编码结果及时进行商讨，以避免研究人员的知识结构和编码水平导致编码认知偏差。同时，在编码过程中，通过对访谈对象的求证、与文献的对话以及备忘录等形式进行思路整理，不断对数据、故事与理论进行反复比对和整合，从而实现案例数据与新兴理论之间的密切联系。

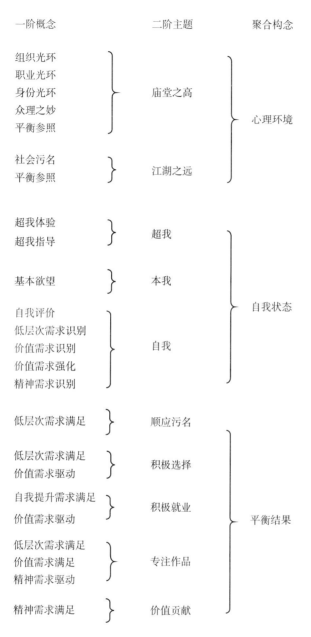

图 6 - 2　德胜数据结构

资料来源：基于收集的访谈资料和二手资料，通过严格的数据编码步骤得到一阶/二阶概念和聚合构念。

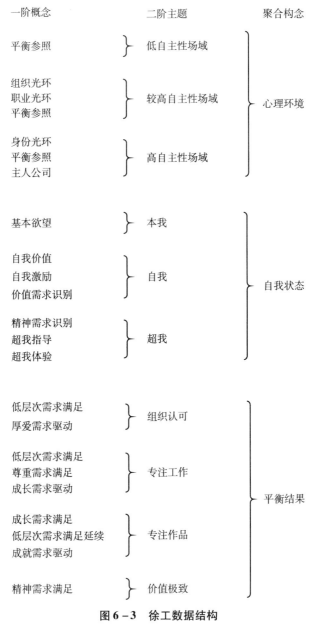

图 6 – 3　徐工数据结构

资料来源：基于收集的访谈资料和二手资料，通过严格的数据编码步骤得到一阶/二阶概念和聚合构念。

图 6 - 4　中天科技数据结构

资料来源：基于收集的访谈资料和二手资料，通过严格的数据编码步骤得到一阶/二阶概念和聚合构念。

6.4　案例分析

6.4.1　德胜（苏州）洋楼有限公司

本书通过梳理案例数据发现，德胜的工匠培育体系包含从学员选拔到在职培养多个环节，具有较高的完整性，外部环境的变化与工匠精神载体的发展轨迹存在高度契合，因而可依据培育环境的变化节点对员工工匠精神形成过程的阶段进行划分。结合前文提及的环境改造的三个阶段（申荷永，1991），在案例数据的基础上，将从中提炼出的"匠士"的外在培养机制（学员选拔→学校培育→在职培养）与其个人成长过程中的重要节点进行整合，将工匠精神的形成过程划分为三个阶段，即解冻时期、流动时期与重冻时期。本书依据现实原则对工匠各阶段内的心理活动进行场景刻画，考虑生活空间内各要素对个体当时的行为和心理活动的实际影响，从心理环境、自我状态和平衡结果三个方面呈现出个体在特定场域内与环境的交互作用机制及随之产生的相应行为结果，并随着时间观的扩展将各阶段联结，从而形成对工匠精神产生的过程性、发展性和系统性的解释。

1. 解冻时期

基于"匠士"的成长经历，解冻时期是指工匠在接受木工学校培育前的时间段。这一时期包括了工匠从顺应污名到积极选择的转变过程。顺应污名是个体对周围环境被动适应的一种平衡状态，此时个体受定势性环境的限制，同时缺乏一定程度的教化而使得"本我"释放能量，基本欲望的满足成为主体获得快感的重要方式，并以相对消极的方式生活在"必然王国"维持自我舒适。从主体心理环境出发，此时个体身处的客观环境为"江湖之远"，是指个体脱离学校教育环境后所处广阔社会的低自主性场域，场域内促进主体心理活动变化的因素主要为社会污名和替代平衡。较低的受教育程度与较差的家庭条件，使得个体进入社会后的发展处于受限的艰难情境，接受社会对其污名化的刻板印象，"农村出来的""书又念不出来""就是个靠手艺混饭的"等表现出社会机会与资源缺乏带来的被排斥感，使其放弃自我能动性以缓冲深层的自尊需要；面对不利的社会环境，关注"熟人社会"中可参照的同质群体，成为其缓解内在紧张以期实现平衡的重要心理环境要素。从自我状态出发，在自我发展程度较低且发展受限的背景下，"本我"驱动因素，如追求当前快感、避免"舒适区"外的失衡感等潜意识发挥着重要作用，主体在能够被社会环境接受的基础上实现本能（此时如遵守法律法规、道德良心等"超我"约束作用因缺乏论据而并未体现），识别出处于重要地位的自我需求，即谋生需求、安全感需求等低层次需求。因而，在此情境下，个体达到稳态的方式往往是顺应社会污名，在"江湖之远"场域内找个能够满足低层次需求的工作，即可达到内在平衡。

内在平衡状态的打破来自心理环境与自我状态间的冲突。冲突的发生决定于个体的需求强度或心理环境的刺激，内部紧张度升高到极限后，原本维持内部平衡的稳态动力出现效力不足，进而主体会寻求新的动力，如此便是个体心理行为中的解冻过程。"初三的时候公司来我们学校做宣传，当时觉得这也是个机会""做木工活的都知道这个公司很厉害，所以本来对德胜就蛮向往的"，而且"里面很多老员工都待十来年了""聂圣哲先生跟我们一样的出生背景，也是靠手艺一步步走到这个位置"，德胜的组织光环与平衡参照的刺激，在一定程度上提高了个体的自我效能感。此时，"超我"作用于自我状态，个体的自我审视行为出现，对原先状态产生了不满。同时，心理环境与超我理想人格的匹配使其自我价值得以觉醒，从而向往更为积极的人生方向。受此影响，除了原先谋生需求的维持，"自我"识别出价值需求，"除了手艺希望还能在其他地方也能有点长进"。据此可得，在低层次需求方面，木工学校培训出的手艺可使得个体未来的低层次需求得到保障，由此自我价值提升需求得以发挥作用，驱动个体选择进入木工学校进行培训的行为。此外，污名烙印带来的低自我评价与其心理环境带来的自我效能之间形成潜在的对比机制，对原有平衡的打破具有促进作用，推动产生积极选择的决策行为。

解冻时期的编码结果见表6-1。

表6-1　　　　　解冻时期（顺应污名→积极选择）的编码结果

聚合构念	二阶主题	一阶概念	初始概念	典型数据引证
心理环境	江湖之远	社会污名	身份污名	● 农村出来的 ● 书又念不出来
			职业污名	● 就是个靠手艺混饭的
		平衡参照	长辈	● 当时就觉得像我爸这样，也安安稳稳过得挺好
			熟人	● 一个村子里的不少人都是学个手艺，也啥都不愁
自我状态	本我	基本欲望	及时享乐	● 很多学生进学校前，坏习惯很多，特别是沉迷游戏
			避免痛苦	● 那时候也不用读书了，很多时候都是喝酒打牌来打发时间
	自我	低层次需求识别	谋生需求	● 有饭吃就行 ● 生计是最基础的
			安全感需求	● 这辈子安安稳稳的就行
平衡结果	顺应污名	低层次需求满足	物质保障	● 做室外工作，找活干也能吃得饱 ● 一般到制造企业里当个流水线工人

续表

聚合构念	二阶主题	一阶概念	初始概念	典型数据引证
心理环境	庙堂之高	组织光环	文化宣传	● 初三的时候公司来我们学校做宣传，当时觉得这也是个机会
			品牌声誉	● 做木工活的都知道这个公司很厉害
			企业社会责任行为	● 德胜有夏令营的活动，很多孩子会过来参与劳动，我们不会让他们白干活，结束后都给发补助
		平衡参照	企业员工	● 里面很多老员工都待十来年了
			企业创始人	● 聂圣哲先生跟我们一样的出生背景，也是靠手艺一步步走到这个位置
自我状态	超我	超我指导	自我批判	● 动不动喝喝酒、打打牌，感觉这样不太好 ● 纯粹为混口饭吃的生活太枯燥了
			价值觉醒	● 如果跟村里师傅学，也只能学手艺 ● 现在就进社会的话，感觉有点早了
	自我	自我评价	污名感知	● 像我们这样的条件，如果能进这样的公司也是天大的好事了
		价值需求识别	维持生计	● 人这辈子不仅只为混口饭
			自我价值提升	● 除了手艺希望在其他地方也能有点长进
平衡结果	积极选择	低层次需求延期满足	物质保障	● 卖田卖地不卖手艺，进了德胜掌握一门手艺肯定以后不愁没饭吃
			安全保障	● 这样的大公司，以后工作也能稳定点
		价值需求驱动	自我提升需求	● 而且还能有学上，可以再学点东西，学历上也能更好些

资料来源：根据对访谈资料的整理，并结合收集的二手资料，得到编码结果。

2. 流动时期

流动时期是指工匠接受外在培育的阶段，主要包含学校培育与在职培养两个部分。在这一时期，工匠经历了从积极选在到积极就业再到专注作品的行为转变，对该过程起直接作用的首要因素便是工匠身处场域的转变。空间作为行为发生背后心理场的关键要素，对个体心理环境起主要的现实性作用。从"江湖之远"到自主性较高的"庙堂之高"，工匠接受组织的规范化培训，工匠精神的形成进入了外部环境的形塑阶段。

（1）学校定向培育（积极选择→积极就业）。

木工学校通过对学员的正式训练与引导，使得学员对木匠这一职业展开全面的认知与实践，进而逐渐产生职业光环。

首先，德胜创办的木工学校不仅局限于技术的传授，极其注重对学员的素质教育，通过专业伦理与美学引导实现对职业的赋魅，促使学员形成对木匠职业的心理光环。"除了教手艺的师傅，我们这还有管生活的教官和上文化课的老师""我们平时都是军事化管理，很苦但我很感谢，因为改了我很多坏毛病""很多学生对这些管教都不服的，但毕业了还会返校感激我们，说那个时候管得对"。由此可见，全面化的严格培训对学员的小农经济思想与行为的扭转具有一定的强制性作用。

其次，学校教育中蕴含的道德信息是教化过程中的关键，如劳动教育，"我们会对学生规定每天的劳动时间，而且一直告诉他们劳动光荣""眼里一直有活儿就是那个时候培养出来的"，尊重劳动的良好氛围培育出学员勤劳的品质；"师傅最常对我们说的就是匠人应该有怎样的态度和追求，让我的人生受益匪浅"；"老师说手艺学到位也是一种大本事，不比把书读好差"，教育过程中职业伦理的引导以及职业平等观的传递更易让学员学会在职业中获得自尊满足；"我们也会把学生的作品放到集市上卖""看到我们的作品卖得这么好，比机器做出来的还贵得多，很有成就感"。

最后，除了职业体验，及时的成果认可也是个体内心对职业光环赋予的重要方面。在此阶段，师傅的高超技艺、匠人品质以及对学员的教导之恩，使得职业魅力在其身上得到放大，成为个体的预期平衡参照。与此同时，在职业体验与对职业身份（师傅）的投射过程中，主体的超我部分发挥作用，主要表现为其在作品创作过程中达到的短暂心流体验以使其获得职业意义实现的精神感体验，以及超我中理想部分的指导使个体形成从职业中获得满足的价值倾向，由此自我评价有所提升，同时明确了自我对更高价值需求的追求。因而，在此阶段，个体充分实现了自我提升的需求，并为满足进一步的价值需求而选择进入公司参与专业领域的相关工作。

（2）企业在职培育（积极就业→专注作品）。

学员进入公司后，德胜的组织社会化策略给工匠赋予了组织身份光环。在此阶段，个体内化的组织管理行为及其触发的心理行为，对最终工匠精神的形成发挥了重要的激励作用。

首先，身份光环的赋予表现为蕴含在组织管理中对工匠平等且尊重的态度，如"报销不需要领导签字"展现出的对员工充足的信任；"和老板碰面了还和他唠唠家常"体现出领导与员工间权力距离的缩短等。这些人性化的措施，体现出组织对员工作为成熟个体的尊重与认可，可以有效避免员工为融合周围环境而付出过多精力。

其次，组织身份的光环还表现在组织对工匠工作内容的高度重视上，促使工匠对其职业达到更深层次的认同。"员工近千名，管理层只有 13 人，仅有一位销售专员""'质量问题不可商量'是公司永恒的宗旨"等体现出产品至上的公司发展理念，以及如"公司提倡'精神贵族'，反对'管理贵族'""质量是道德""劳动最光荣，公司全员都有一线劳动任务要求"等公司领导人对一线工作的德性赋予，使得匠人成为符合组织价值倾向的主流工种。

再次，贴合工匠实际需求的组织支持措施也是工匠身份光环的重要体现。"如果我们家庭方面的私事需要时间处理，公司给我们停薪留职的机会，比如我之前为了回老家造房子就向公司申请了""我们这管理人员每个月都要顶岗一天，这样领导能更了解我们的工作情况和需求，安排生产能更顺手些，管理措施不会跟实际生产脱钩"，工匠可从这些制度中感受到自己备受重视。

最后，值得一提的是，公司领导人对工匠的德性赋予还包含道德素养的培养，"圣哲先生常对我们讲'君子爱财，取之有道'""老板讲合格的产业工人一定是有文明素养的人""我们的年会有慈善活动"等将工匠身上贴上道德光环，增添其职业身份高尚性色彩。由此，对工匠身份光环的赋予自然会使其将工匠群体的杰出代表，即组织内的"大匠"作为平衡参照的对象。"公司里的前辈×××经过很多年的经验积累，提出了技术创新的地方，甚至都能把老板定下来的技术规则给改了，拿到了公司的创新大奖""公司里的老手艺人干活的时候总是很快能想出一些巧妙的办法来解决问题"等可知，公司里的优秀前辈是个体关注并追逐的对象，帮助其确定紧张释放的方向以实现预期平衡。

从自我状态出发，在组织内身份光环及"大匠"的辐射作用下，超我发挥主导作用，既包含超我的潜意识部分，即在工作投入中的心流体验；又包含超我中有意识的指导部分，即尊重他人、产生利他行为等道德举止，主要表现为公司"把爱给够"对员工博爱意识的激发。在如此情境下，个体的自我评价得到提升，"在这样的群体里我觉得我有强大的内心和自信"，一方面，这源于超我中的道德与理想部分被组织赋予的身份光环所唤醒，进而与组织及组织创始人之间产生价值共鸣之感，"公司所提倡的那些观念我都非常赞同和认可""在公司里真的有求仁得仁的感觉"；另一方面，通过与"江湖之远"的下行比较，个体的自我分类使得其污名感知消失。与此同时，主体识别出自我的精神需求，主要包含自我约束、自我充实与情感依赖。其中，自我约束是指敬畏之心的建立，心不放弛，提防自己精神无着落的状态；自我充实是指主体对专一集中状态的满足与追求，这种状态一般通过工作得以实现；情感依赖是指受组织多年培育以及工作中良好的情感体验而产生的与组织难以分割的依恋之情。

基于以上对员工内化的组织环境与员工自我状态两方面的分析，可以发现进入公司后员工的低层次需求自然得到保障，成就感需求、尊重需求等价值需求也因组织的身份光环赋予而得到满足。此时，员工在职业劳动中的重要驱动力来源于自我精神充实的心理需求，自我约束的"主敬"之心可见个体懂得"物必有则"。只有"即物"，将具体的事物作为个体活动的目标，心灵才得到寄托。因而，专注于作品是员工在工作场所中实现精神需求的重要途径。

流动时期的编码结果见表 6－2。

表 6－2　　流动时期（积极选择→积极就业→专注作品）的编码结果

聚合构念	二阶主题	一阶概念	初始概念	典型数据引证
心理环境	庙堂之高	职业光环	全面培育	● 除了教手艺的师傅，我们这还有管生活的教官和上文化课的老师 ● 文化课的重点是思想品德的教育，还有审美的培养 ● 我们平时都是军事化管理，很苦但我很感谢，因为改了我很多坏毛病 ● 很多学生对这些管教都不服的，但毕业了还会返校感激我们，说那个时候管得对
			正向反馈	● 我们也会把学生的作品放到集市上卖 ● 看到我们的作品卖得这么好，比机器做出来的还贵得多，很有成就感
			伦理导向	● 我们会对学生规定每天的劳动时间，而且一直告诉他们劳动光荣 ● 眼里一直有活儿就是那个时候培养出来的 ● 师傅最常对我们说的就是匠人应该有怎样的态度和追求，让我的人生受益匪浅
			职业平等观	● 老师说手艺学到位也是一种大本事，不比把书读好差
		平衡参照	师傅	● 很想像师傅一样，熟练做出精美的作品 ● 师傅做活的动作看着觉得很有美感

续表

聚合构念	二阶主题	一阶概念	初始概念	典型数据引证
自我状态	超我	超我体验	心流体验	● 做活的时候会很投入，就像打游戏时候那种感受
		超我指导	价值倾向	● 感觉做这件事情是很有意义的，做活很有满足感，看到好的作品很羡慕，很想自己做出这种精美的作品
	自我	自我评价	污名感知弱化	● 孩子的手艺长进过程也是逐渐自信的过程 ● 觉得自己走这条路也不错，反正不会差
		价值需求强化	成就感需求	● 可能是好胜心吧，就是想把活做好
			尊重需求	● 这样也能得到别人的认可 ● 不想让老师和师傅对自己感到失望
平衡结果	积极就业	自我提升需求满足	全面培育	● 在学校我学到了很多让我受益匪浅的东西 ● 现在最重要的手艺就是木工学校给我的 ● 不少学生都会回校感恩当年学到的技术、各种知识和人生道理
		价值需求驱动	尊重需求	● 这里对一线的技术很重视，好好干活的话也不会被人瞧不起 ● 跟外面比这里会比较体面
			成就感需求	● 做好一件作品让我有成就感，所以还是想继续干这行
心理环境	庙堂之高	身份光环	组织信任	● 报销不需要领导签字 ● 不需要打卡上班，上下班时间自己安排
			低权力距离	● 老板看到我们都会热情和我们打招呼，甚至给我们主动让路 ● 和老板碰面了还和他唠唠家常
			产品至上	● 员工近千名，管理层只有 13 人，仅有一位销售专员 ● "质量问题不可商量" 是公司永恒的宗旨
			德性赋予	● 劳动最光荣，公司全员都有一线劳动任务要求 ● 公司提倡 "精神贵族"，反对 "管理贵族" ● 质量是道德 ● 圣哲先生常对我们讲 "君子爱财，取之有道" ● 老板讲合格的产业工人一定是有文明素养的人 ● 我们的年会有慈善活动

续表

聚合构念	二阶主题	一阶概念	初始概念	典型数据引证
心理环境	庙堂之高	身份光环	组织支持	• 如果我们家庭方面的私事需要时间处理，公司给我们停薪留职的机会，比如我之前为了回老家造房子就向公司申请了 • 我们这管理人员每个月都要顶岗一天，这样领导能更了解我们的工作情况和需求，安排生产能更顺手些，管理措施不会跟实际生产脱钩
		平衡参照	大匠	• 公司里的前辈×××经过很多年的经验积累，提出了技术创新的地方，甚至都能把老板定下来的技术规则给改了，拿到了公司的创新大奖 • 公司里的老手艺人干活的时候总是很快能想出一些巧妙的办法来解决问题
自我状态	超我	超我体验	心流体验	• 我可以比较自如地控制好 • 做活的时候感到心情很愉悦 • 干活起来感觉时间过得很快，没一会就到下班时间了
		超我指导	博爱	• 圣哲先生说希望我们过得好，他才好，现在我也这样觉得，希望别人比我好 • 我在公司里受到了足够的尊重，这也让我意识到要尊重他人
	自我	自我评价	污名感知消失	• 在这样的群体里我觉我有强大的内心和自信 • 我跟外面的手艺人不同，我是一名工匠，而不是木工 • 或许手艺差不多，但我们素质更高 • 那种流水线工作光追求速度太枯燥，我们的活有意思多了
			价值共鸣	• 公司所提倡的那些观念我都非常赞同、认可 • 在公司里真的有求仁得仁的感觉，自己的想法跟公司各方面都很契合
		精神需求识别	自我约束	• 工作上、家庭上方方面面都有做人的信条
			自我充实	• 疫情在家的时候没有活要干，反而心里慌得很 • 做活的时候心里才踏实、自在，不然会觉得很空虚
			情感依赖	• 与这里融合得很好，产生感情了，很多同事是同学、老乡，有其他的单位接触我，条件会更好点，我也舍不得走

聚合构念	二阶主题	一阶概念	初始概念	典型数据引证
平衡结果	专注作品	低层次需求满足	物质保障	● 不仅自己能吃饱，还很受尊重，在这里一直得到认可，还有什么理由有别的想法呢
		价值需求满足	尊重需求	● 我在公司里受到了足够的尊重 ● 我们对员工都是"把爱给够"
			成就感需求	● 在公司里不需要操心别的，只要干我拿手的东西，所以比较容易有成就感
		精神需求驱动	价值实现需求	● 一定要务实，在公司里唯一的想法就是把东西打好，让自己满意 ● 我们喜欢眼里有活，手里要有东西做，这样感觉自己是有价值的

资料来源：根据对访谈资料的整理，并结合收集的二手资料，得到编码结果。

3. 重冻时期

重冻时期是指员工精神需求持续得到满足的过程，在此阶段个体的心理需求趋于固定，进而变成一种稳态动力使得个体保持可变而又相对恒定的情况。精神层面的追求属于中国情境中内向性的生存之道，外部环境对个体获取平衡的控制力减弱。对工匠而言，精神需求的满足主要依赖于自身与作品，但不可空有物却不及心灵之理，只有人与器之间实现豁然通达，个体的精神需求才得以满足。

第一，主体应先懂得"众理之妙"，即自觉自主地认可如此的穷理方向，将其作为应然之理，由此内在伦理体系形成，这主要表现为爱岗与敬业。在学校与组织的引导下，个体在所在岗位上的不断投入使其获得相应的回报，即各阶段的需求得到了满足，"公司和学校引导的方向好，很认可，走着走着就觉得这条路是对的"，以及与组织间的情感加持，个体产生心理回馈，因而爱岗敬业成为其内化的伦理守则。

第二，在此伦理环境中，自我状态由超我控制，主要为超我中完美原则的效力发挥以及主体在作品创作中无意识的超我体验。"格物致知，止于至善"，精益求精是主体展开精神活动的必然途径以及基本目标。

第三，在精益求精的目标指导下，超我体验不再是模糊的心流体验，而是自我管控下较规范化的职业活动，主要包含自我工作意义赋予、任务重塑和持续专注三个部分。其中，自我工作意义赋予表现为工匠将工作与自身德性相结合，"做活怎么样也能看出来做人怎么样"，赋予作品自我表征的功能；任务重塑体现在工匠的创新行为与协作行为，"我们员工工作的时候都会有自己的思考，工作中的小改善都很常见""我们都会主动让督察人员提意见，力求质量上的完美""一般会主动向前后流程征询反馈"；持续专注表现为工匠在干活过程中不断给自己设定要求的目标管理、在工作中持续的积极情感体验以及为工作主动作出的自我牺牲。

第四，在这种人与器的有机融合下，双方得到了共赢。正如聂圣哲先生对道技合一的看法，"它练就的是一种价值贡献思维，在成效中成长"，工匠将自身投射于作品上，作品创作成为其重要的存在方式，产品的成效即为自身价值的展示，因而完成一件令自己满意的作品便是实现了自我价值的贡献。

第五，个体的精神需求得到满足，获得了内在平衡，并为维持平衡而继续投入工作，进而在工作场所中形成了稳定的内驱动力，工匠精神得以形成。

重冻时期的编码结果见表6-3。

表6-3　　　　　　　　　重冻时期（价值贡献）的编码结果

聚合构念	二阶主题	一阶概念	初始概念	典型数据引证
心理环境	庙堂之高	众理之妙	爱岗敬业	• 公司的事情也是我们的事情，公司好了我们也会好，爱公司、努力干活是基本 • 有公司给我们的发展掌舵，真的安心 • 公司和学校引导的方向好，很认可，走着走着就觉得这条路是对的，所以没啥别的想法，继续这么干着就行，而且要干好
自我状态	超我	超我指导	精益求精	• 我们习惯了干任何事情都爱琢磨，尽量做到位 • 做人做事皆要有理，人就要活得明白 • 我们都是把公司当成家的，大部分时间都在投入做活，因为满心满脑就是把作品做好，干活就有满足感
		超我体验	自我工作意义赋予	• 做活怎么样也能看出来做人怎么样 • 我们就是把公司当作家了，休息时间也常来公司干活，心里就一直惦记着
			任务重塑	• 我们都会主动让督察人员提意见，力求质量上的完美 • 一般会主动向前后流程征询反馈 • 对设计图纸会有思考和自我改善，积极建言
			持续专注	• 做活的过程让我有愉悦感，能让我忘了外界烦恼、忘了时间，所以喜欢一直干活 • 我们员工工作的时候都会有自己的思考，工作中的小改善都很常见

续表

聚合构念	二阶主题	一阶概念	初始概念	典型数据引证
平衡结果	价值贡献	精神需求满足	自身价值实现	• 它练就的是一种价值贡献思维，在成效中成长 • 把一件产品负责好就是对我自己负责好 • 最终的作品质量也能体现出我做人做事的态度 • 唯一的压力就是活的压力，把活干完干得让自己满意了，才能真正安心

资料来源：根据对访谈资料的整理，并结合收集的二手资料，得到编码结果。

6.4.2 徐工徐州重型机械有限公司

本书通过梳理徐工工匠的发展轨迹可以发现，其经历的培育教育过程与德胜工匠有较高的相似度，均接受过从职前培育到在职培养的较系统的企业培育过程。因而，参考对德胜员工工匠精神形成的阶段划分，厘清徐工培育环境的关键变化点，结合徐工工匠具体成长经历中的关键事件，对员工工匠精神的形成过程进行阶段划分。

借鉴勒温对社会变化的步骤划分（申荷永，1991），将工匠精神的形成过程划分为三个阶段，即解冻时期、流动时期与重冻时期。对每个阶段展开横截面情境化分析，在此过程中遵循勒温提出的心理过程稳态原则，从员工的心理环境与自我状态两个方面展开分析，并对二者间产生的平衡结果进行阐述，从而呈现出个体在特定场域内与环境之间的交互作用机制以及随之产生的相应行为结果，并随时间的进度将各阶段连接，从而较完整地展示出员工工匠精神形成的过程。

1. 解冻时期

对于工匠而言，解冻时期主要包含在学校内接受教育的时间段。从主体心理环境出发，首先，在接受正规职业教育前，个体最开始的心理环境体现出心智模式不成熟、自我管控意识差的特点，较低的受教育程度使其受定势环境的限制，追求"本我"的享乐主义以满足基本欲望获得快乐，对于自身的未来并没有一个明确的目标追求；其次，个体在接受了正常的素质教育之后，初步接触企业文化以及专业课程，整体上处于学校教育与企业初步构建的较低自主性场域，场域内影响主体心理活动变化的主要因素是家庭教育以及企业组织层面的相关培训。"我自己本身就是出身职工家庭，从小就在企业中，父亲时不时说着自己的工作和企业中的事情，不知不觉地对自己有了影响"，面对未知，"企业职工子弟"的家庭背景使得个体进行职业选择时深受父母影响，倾向于选择与家人相同或相似的工作或企业，从而缓减未知未来带来的紧张感和迷茫感。

从个体自我状态来看，校企合作的培养模式驱动个体所处场域由低自主性逐渐转向较高自主性，心理环境的变化促使个体状态发生转变。首先，"定向班"的培养模式在一定程度上让个体对职业有了初步的认知，"实习期三个月考核没通过便被退回学校"的严厉考核机制所形成的压力迫使个体快速学习专业技能以实现目前处于重要地位的较低层次的自我需求。其次，"我们在定向班设置了包括企业文化的课程，邀请公司的技能大师到学校讲他们的成长故事，还会将课程与他们的未来定位进行匹配，比如给他们定位的是装配，那么就会梳理出很多的理论课程，我们会制订这样的一个计划，老师亲身教学，把徐工的要求通过鲜活的案例进行展现""由企业文化方面先了解企业是怎么发展的，企业到底是什么，然后我们会派 5 个技能大师和全国劳模让他们分批次地到学校里讲课，这就是一个标杆，让学员先认识企业，有企业的这种情怀，让他先对企业感兴趣，然后再给他讲岗位上的专业知识"。最后，这些企业文化、专业课程的传授以及技能大师的现身说法形成的组织光环以及榜样力量在刺激个体形成良好的自我认知的同时，往往在一定程度上也提高了学员的职业认同感及自我效能感。在满足自身基本生存需求的条件下，自我价值得以觉醒，使得个体在获得组织认可的驱动下，期望在达到企业要求的情况下获得更多"厚爱"。

解冻时期的编码结果见表 6 - 4。

表 6 - 4　　　　　　　　　　解冻时期的编码结果

聚合构念	二阶主题	一阶概念	初始概念	典型数据引证
心理环境	低自主性场域	平衡参照	父母	● 我自己本身就是出身职工家庭，从小就在企业中，父亲时不时说着自己的工作和企业中的事情，不知不觉地对自己有了影响
	较高自主性场域	组织光环	标杆力量	● 我们会派 5 个技能大师和全国劳模让他们分批次地到学校里讲课，这就是一个标杆，让学员先认识企业，有企业的这种情怀，让他先对企业感兴趣

续表

聚合构念	二阶主题	一阶概念	初始概念	典型数据引证
心理环境	较高自主性场域	组织光环	压力推动	● 前三个月的时间是按天来拿实习工资，但是三个月后公司会联合各部门评估，对学员进行一个上岗认证，认证通过就可以拿工时工资，工时工资比按天拿的工资要高得多，这个是拉动 ● 如果你三个月没通过，那就直接退回学校，这是推动。在这种工资激励拉动和严考核推动结合的方式下，学员可以快速地上手
			定向培养	● 现在实习生基本上都是以定向班的形式来进行选拔和评选的。我们在定向班设置了包括企业文化的课程，邀请公司的技能大师到学校讲他们的成长故事 ● 我们在定向班设置了包括企业文化的课程，邀请公司的技能大师到学校讲他们的成长故事，还会将课程与他们的未来定位进行匹配，比如给他们定位的是装配，那么就会梳理出很多的理论课程，我们会制订这样的一个计划，老师亲身教学，把徐工的要求通过鲜活的案例进行展现 ● 由企业文化方面先了解企业是怎么发展的，企业到底是什么 ● 然后再给他讲岗位上的专业知识。专业知识的传授一般在大二时期进行，让学员了解到专业课的重要性，这样他才会重视起来，持续一个学期之后，会安排他们到企业里进行一年的实践
自我状态	本我	基本欲望	享乐主义	● 技校的学生贪图享乐，学习习惯相对较差，自我管控意识不强，心智模式也不成熟
			不愿吃苦	● 到技校之后，上理论课比较枯燥，上实践课又要动手，他们自身从小又没有吃过苦，就不愿意动手
	自我	自我价值	自我认知	● 技能人才来源于技工学校和职业院校，他们在学校里就有一个很好的认知，目标明确，做蓝领工人
			生存需求	● 毕业总得找个工作养活自己，能够让自己在这个社会中生存下来
平衡结果	组织认可	需求满足	低层次需求延期满足	● 实习期也是有工资的
		需求驱动	厚爱需求驱动	● 我们对员工就是严管厚爱，先严格管理，一旦你达到我们要求了，我们对会你厚爱，不管是经济方面还是想要进行学历提升、技能提升，我们都会给予满足

资料来源：根据对访谈资料的整理，并结合收集的二手资料，得到编码结果。

2. 流动时期

基于"匠士"的成长经历，流动时期是指匠士进入企业初期，初步迈入社会逐渐成为"社会人"的过程，经历了从追求组织认可到专注于工作的行为转变，促成此行为转变的直接因素便是场域的变化。从学校这样一个小型社会的较低自主性场域到自主性较高的企业工作场所，工匠在接受组织个性化培养的同时，周围的同事、前辈等也在潜移默化地影响着职场新人，造就工匠精神的外部环境初步形成。

进入企业初期，徐工的新员工管理在帮助学员快速融入团队的同时，其所触发的自我状态和行为对于最终工匠精神的形成和发挥有着重要的促进作用。首先，满足员工的基本需求才能保证其在工作中精力集中，"我们公司有一个福利商城，相当于淘宝，我们每个季度给员工发 300 积分，相当于 300 元钱，过生日时还会再发 300 积分，相当于每年每人发 1500 元""一日三餐低价解决"。其次，为了帮助员工减缓由于工作期望与现实间的差距所造成的心理落差，公司搭建了设计人员与一线人员直接对接培训的平台进行人文关怀，并用最早的全国劳模掌家忠等人作为榜样，通过企业文化进行引导，向员工传递劳动光荣的理念。"新员工入职培训体系"在集团层面通过高管授课、军事训练的模式提升员工的身体素质和大局观念，二级子公司层面的专业实习提升员工实操技能，刺激其工作积极性，同时让员工明晰作为蓝领工人企业给予的晋升路径，促成员工心理职业光环的形成。最后，在这一阶段，师傅作为平衡参照，成为员工最直接的榜样，"徒弟师傅配合默契，氛围良好，愿教愿学，培养很快"，初期"师带徒"的培养模式给予徒弟压力积极学习提升自我的同时，师傅所表现出来的高超技艺以及认真负责、精益求精的工作态度对于学员的习惯培养影响深远。

在组织塑造的职业光环以及师傅平衡参照的激励下，员工的主体自我状态发生改变，逐步识别价值层面的需求。一方面，在企业中的尊重需求和成长需求被唤醒，"自己努力，有进取心，要将技能经验传承下去""企业给予了平台帮助我们成长，我们也要回报企业，希望得到企业的认可和尊重，从心底认同企业、认同企业价值观"；另一方面，晋升路径的明确要求、每年技术相关评定以及备受认可的激励学习氛围让员工形成积极的自我提升需求，并形成驱动力，让员工专注于工作。由上可见，进入企业初期，组织的人文关怀让员工的低层次需求得到保障，尊重需求也因组织"事事有反馈"的态度而得以满足。在此阶段，个体在劳动中的主要驱动力来源于自身的成长需求，"师傅领进门，修行靠个人"，只有自身专注于职业、专注于工作，才能不断地提升自我，实现自己的职业目标。

流动时期的编码结果见表 6 - 5。

表 6 - 5　　　　　　　　　　　　流动时期的编码结果

聚合构念	二阶主题	一阶概念	初始概念	典型数据引证
心理环境	较高自主性场域	职业光环	员工关怀	● 为了让员工快速适应，公司搭建平台，让设计人员与一线人员直接对接、培训，帮助员工融入集体的同时，将设计理念传递给一线，让新员工进一步感受理念、验证理念
			个性化培养	● 针对新近大学生，集团及各二级子公司提供新员工入职培训，在集团培训层面，内涵丰富的高管授课及紧张高效的军事训练，为新员工快速融入企业打下了坚实的基础 ● 在各二级子公司层面，基层实习与部门实习相互补充、相互促进，为优秀徐工人的成长成才提供养分
			榜样力量	● 最早的全国劳模掌家忠在本企业，并且他当时参加了当年的阅兵仪式，由此可见国家对工匠的重视 ● 师傅是最直接的榜样，干每一道焊缝，就要干好，养成好习惯，并且为徒弟树立榜样，同时会进一步给自己压力干好每件事
			劳动光荣观	● 思想文化是离不开人的，用身边劳模给员工做标榜，让员工带动周围人，营造劳动最光荣的氛围
			晋升路径明确	● 企业对于蓝领有很完善的选拔培训晋升机制 ● 制造业技能人才居多，拿到技能大赛的省状元可直接参与申报省 "333" 第三层次，用这些未来可期的东西给蓝领工人做沟通，一方面用劳模的物质激励，另一方面让他们看到职业发展中的机会，鼓励核心技术攻坚，鼓励员工创新改进
		平衡参照	师傅	● 徒弟师傅配合默契，氛围良好，愿教愿学，培养很快
			劳模	● 掌家忠受到毛主席两次亲自接见，并将其派到苏联去学习新技能、新思想

续表

聚合构念	二阶主题	一阶概念	初始概念	典型数据引证
自我状态	自我	自我激励	心理落差	● 新进员工的期望与企业所给予的有差异，员工内心就会比较躁动，作为榜样告诉他们企业有很多发展空间，先把自己磨锋利了，成长了，再去考虑其他
			文化引导	● 为了让员工快速适应，企业搭建平台，用企业文化熏陶员工，让其进一步在文化的引领下努力前行 ● 考核要有指标，给压力，进一步推动进步
			成长需求	● 自己努力，有进取心，要将技能经验传承下去
		价值需求识别	尊重需求	● 企业给予了平台帮助我们成长，我们也要回报企业，希望得到企业的认可和尊重，从心底认同企业、认同企业价值观
平衡结果	专注工作	需求满足	低层次需求满足	● 福利待遇还很好。我们公司有一个福利商城，相当于淘宝，我们每个季度给员工发 300 积分，相当于 300 元钱，过生日时还会再发 300 积分，相当于每年每人发 1500 元（劳务外包和实习生没有）。员工参加支部或者公司组织的活动也都有积分 ● 实现员工一日三餐低价解决 ● 对于员工的技术以及技术一致性质量要求达标情况等，公司每年会进行评定，结束后会有相应津贴激励，不同级别有不同的津贴
平衡结果	专注工作	需求满足	尊重需求满足	● 我们在公司层面会尽量做到事事有反馈
		需求驱动	成长需求驱动	● 企业的激励学习氛围很受员工认可 ● 对于工段长的培养包括 9 大职能，他们也参与管理，是最小的单元，在晋升中级工之后可进行竞选，之后公司会进行培训

资料来源：根据对访谈资料的整理，并结合收集的二手资料，得到编码结果。

3. 重冻时期

重冻时期的个体知识经验已经积累到了一定程度，量变转为质变。此时，匠士技能精湛，经历了从专注作品到价值极致的转变，精神需求逐步得到满足，自我状态逐渐稳定上升到自我实现层面。

（1）专注作品。

专注作品是个体对周围环境熟悉后主动适应的一种平衡状态，此时个体处于组织光环所构成的高自主性场域中。从个体的心理环境出发，组织赋予的身份光环在满足工匠成长需求以及低层次需求的同时，进一步激发了员工精神层面需求的识别。

首先，组织赋予的身份光环表现为徐工在组织管理过程中对工匠的公平和支持。"员工的发展通道有横向与纵向两个维度，岗位公开竞聘，为有准备的人提供更多的平台和机遇"是企业在员工晋升过程中实现的公开、公平和公正，也是对员工尊重需求的满足。"在员工不同的发展阶段，公司会提供多种类型的培训""公司为全体员工提供了优质丰富的网络在线学院"是企业对员工提升自我的支持，也是对员工成长需求的满足。"公司设置了专门供员工提建议的平台，鼓励员工积极建言，针对工作提出一些提高效率的小建议，这些都作为年终评奖的标准，会给予奖励"是企业对员工的尊重，也是对员工积极思考的鼓励以及对员工低层次需求的延续满足，让员工感受到了组织对自身的重视。

其次，组织赋予的身份光环还表现为组织的人文关怀以及对于社会责任的主动承担。"用命干活的人，组织会给予积极的人文关怀""食堂还专门设立了孕妇餐，给予特殊员工足够的饮食营养"。徐工拥有自己的公益理念"徐工，让世界更美好"，同时组建了蓝梦同行、希望小学"微心愿"、非洲水窖等公益项目。组织的人性化措施一方面提高了员工的组织归属感，另一方面使得员工的组织认同达到更深层次。在此阶段，公司的"大师""劳模"成为主体关注和追逐的对象，"老劳模'毕大师'在集团几乎无人不知，40多岁仍不服输，日夜攻关，克服了只有外籍专家才能解决的难题，成为我们一批批后代员工忠诚信用、敬业奉献的榜样"。优秀前辈的现身说法让员工不断地超越自我，向着更高层次努力。

在此心理环境下，个体形成了自我层面的主敬意识以及成就感需求。主敬文化发展于先秦时期，并于两宋时期转型和凝定，两宋之后，求道用敬，体道用敬，存道用敬，已经成为知识界的普遍共识。一方面，主敬更侧重于精神境界、人格境界的内指性存养；另一方面，它与本体之道、伦理之仁关聚，是儒家理学的有机组成部分。在此阶段中，工匠的"主敬"意识主要是指其敬业之心，朱熹曾强调"无事时敬在里面，有事时敬在事上"，所谓敬事，就是收敛身心，严肃谨慎，尽职尽责，尽心尽力（邹文贵，2016）。当然敬业不仅包括事功价值，还蕴涵着生命意识和价值。现在社会越来越强调个体之间的协同性和依存性，"敬业"就意味着对自我对他人生命需要的满足。时时刻刻把工作放在心上，常怀"主敬之心"才能充分激活并有效推进个体心里的直觉力、理解力和创造力，在此基础上，为凸显个体的主体性，员工会充分关注自身生命的精彩度，激发成就感需求。从这个角度讲，一颗饱满的敬业之心以及对成就感的强烈需求，才是实现个体生命价值的重要基础。由此，"超我"发挥作用，进一步识别出个体的精神需求，主要包含情感依赖和价值导向。基于以上分析，在组织的社会化策略满足个体情感依赖和价值导向的情况下，成就感需求成为主要的驱动力，"把手里的事情和自己结合到一起，把产品当作一个人，有问题后进行检查对症下药，每积累一点东西都会有成就感"。由此可见，专注于作品，才能更好地实现员工在工作场所中的精神需求。

（2）价值极致。

追求价值极致，需要满足员工精神层面的需求。于工匠而言，此状态下外部环境对自身的影响减弱，"人器合一"才能成就彼此，成为"造化之大匠"。首先，在心理环境方面，"把企业当作家，做好本职工作，喜欢企业喜欢工作"，在组织的积极引导下，爱岗敬业成为个体精神需求得到满足的稳定环境动力。其次，在自我状态方面，由超我完全控制，为遵守道德理想中的完美原则，个体积极维持自己的道德价值感。"天下大事，必作于细""精益求精，臻于至善"，作为工作者的永恒追求，精益求精指导员工进行精神世界的活动。除此之外，"员工把企业当成家，人人参与管理"，爱岗敬业的环境造就了员工主人身份的大局意识。在大局意识以及精益求精的超我指导下，员工逐步成为拥有勇于创新的意识胆量、持续专注的坚守和牺牲以及成就彼此的团结和协作精神的"匠人"，"在工作中发现不足并不断提升，培养自己的创新意识，长年累月专注做一件事情，根据经验发现问题，再用创新去解决它""匠人，就要每天坚持做一件事，做到极致"。最后，在这种"人器合一"的超我状态下，才能"让卓越成为员工习惯的理念，不断成长，积累更多的成就感"，让个体的精神需求得到满足，获得内在平衡，并持续投入工作，形成稳定、良性循环和内驱动力，进而求得工匠精神的形成。

重冻时期的编码结果见表 6-6。

表 6-6　　　　　　　　　　　　重冻时期的编码结果

聚合构念	二阶主题	一阶概念	初始概念	典型数据引证
心理环境	高自主性场域	身份光环	组织公平	• 员工的发展通道有横向与纵向两个维度，岗位公开竞聘，为有准备的人提供更多的平台和机遇

续表

聚合构念	二阶主题	一阶概念	初始概念	典型数据引证
心理环境	高自主性场域	身份光环	组织支持	• 公司设置了专门供员工提建议的平台，鼓励员工积极建言，针对工作提出一些提高效率的小建议，这些都作为年终评奖标准，会给予奖励 • 公司给予很多赚钱的机会，员工只要把心放在这里，融入企业才会发现 • 在员工不同的发展阶段，公司会提供多种类型的培训，有领导力提升培训、"333"工程、雏鹰计划、融冰计划、金蓝领211计划、蓝海计划、葡萄牙语和技能强化专项培训等 • 公司为全体员工提供了优质丰富的网络在线学院，目前提供的课程涉及17个类别、2193门课程，并且以每年500多门的速度实时新增课程 • 通过网络学院，员工可以自学与业务相关的专业知识，从而迅速、有效地提升自我
			人文关怀	• 用命干活的人，公司会进行人文关怀 • 食堂还专门设立了孕妇餐，给予特殊员工足够的饮食营养 • 徐工每个月、每个季度都会为员工准备贴心的福利，以此提高员工的幸福感
			社会责任	• 公司还组建了蓝梦同行、希望小学"微心愿"、非洲水窖等公益项目
		平衡参照	劳模	• 公司专门设置了技能大师工作室，带领团队，培养出很多劳模和状元 • 老劳模"毕大师"在集团几乎无人不知，40多岁仍不服输，日夜攻关，克服了只有外籍专家才能解决的难题，成为我们一批批后代员工忠诚信用、敬业奉献的榜样
自我状态	自我	自我激励	主敬意识	• 考核要有指标，给压力，让员工时刻关心自己手里的事情，进一步推动进步
			成就感需求	• 让员工对作为"徐工人"感到骄傲 • 希望得到企业的认可，从心里认同企业、认同企业价值观
	超我	精神需求识别	情感依赖	• 员工也想着回报企业，企业文化价值观根植于员工内心，融为一体
			价值导向	• 正式、劳务、外包等不同性质的员工有不同的价值取向，企业给予了自己平台、成长

续表

聚合构念	二阶主题	一阶概念	初始概念	典型数据引证
平衡结果	专注作品	需求满足	成长需求满足	• 我们的产品、工艺每年都是变化的，技术知识也会随之变化，工序变化了，操作程序也会有差异，所以每年的理论培训都会以新产品、新工艺为主
			低层次需求满足延续	• 薪酬不断增加，例如设计人员按照项目制提薪
		需求驱动	成就需求驱动	• 一线员工可以提合理化建议，基于创新性支持，利用工作做一些工装改制，提供荣誉激励等 • 把手里的事情和自己结合到一起，把产品当作一个人，有问题后进行检查对症下药，每积累一点东西都会有成就感
心理环境	高自主性场域	主人公司	爱岗敬业	• 把企业当作家，做好本职工作，喜欢企业喜欢工作 • 员工把企业当成家，人人参与管理
自我状态	超我	超我指导	大局意识	• 把企业当成家，员工才会从企业层面去思考，去行动
			精益求精	• 匠人，要每天坚持做一件事，做到极致
		超我体验	勇于创新	• 创新源于在工作中发现不足并不断提升，培养自己的创新意识
			持续专注	• 长年累月专注做一件事情，根据经验发现问题，再用创新去解决它
			团队协作	• 工匠不是单一的个体，团队协作很重要
平衡结果	价值极致	需求满足	精神需求满足	• 让卓越成为员工习惯的理念，不断成长，积累更多的成就感 • 把手里的事情和自己结合到一起，把产品当作一个人，有问题后进行检查对症下药，每积累一点东西都会有成就感

资料来源：根据对访谈资料的整理，并结合收集的二手资料，得到编码结果。

6.4.3　江苏中天科技股份有限公司

通过对中天科技"匠士"成长经历的梳理发现，相较于德胜和徐工较完整的工匠培育体系，中天科技未针对学生时期的未来"工匠"进行定向培育，缺乏在校培育这一环节。因而，在借鉴对前两个案例企业员工工匠精神形成阶段划分的基础上，本书根据该案例数据，将中天员工工匠精神的形成分为两个阶段，即流动时期和重冻时期，合理删除了数据中并未体现的职前教育阶段，即解冻时期。本书在案例分析的基础上，依据现实原则对工匠各阶段的心理活动进行场景刻画，从心理环境、自我状态和平衡结果三个方面呈现出个体与环境在特定场域内的交互作用机制以及随之产生的相应行为结果，并随时间的进度将各阶段连接，从而对工匠精神的形成进行过程性阐释。

1. 流动时期

流动时期是个体由生存导向转为发展导向的阶段，促成此行为转变的主要因素就是场域的变化。当个体以生存为导向时，"自然我"主导个体的行为和价值观，优先求得生存，追求的是天道自然；当个体以发展为导向时，"当然我"逐渐显现，在自身能力提高的同时逐渐追求成就感等带有"主观欲望"的人生体验，此时追求的更多是人道自然。

（1）新员工入职（专注工作）。

初入企业，个体通常处于低能力、高意愿的状态，即个体对于工作的意愿很高，但是自身能力不足以支撑其独立开展工作，此状态的形成主要缘于员工所处的心理环境刺激。

首先，企业文化作为集团发展的重要支撑和驱动，对于员工影响深远，只有企业员工的价值取向和企业文化价值观念一致，才能心往一处想，劲往一处使，促进企业向前发展。"为帮助进入企业的新员工完成从学校到集团的过渡，集团会进行统一的入职培训，进行企业文化的灌输，来提高员工对企业的认可"，在员工入职初期开展文化培训，一方面帮助员工快速融入集体，另一方面从入职起就受到企业文化熏陶，可以让员工养成习惯，感受到作为中天人的自豪，提高员工的组织认同感。

其次，入职初期，公司的人文关怀极大地提高了员工的稳定性。"师傅的人文关怀让我想要留在公司"；目标管理的方式让员工充分了解自己的工作内容的同时，让其看到未来自己发光发热的舞台，从而受到激励，不断努力提升自我。"作为蓝领工人的提升路径会提前告知我们，这样我们工作起来也有目标有奔头，知道只要有能力企业就会给我们平台让我们去发展"。同时，公司会有"新员工高能量激活一日集训"类的素质拓展活动，和周围同事一起面对困难，不断挑战自我的氛围培育出员工不畏困难、奋勇前行的品质；入职培训还会邀请往届优秀员工代表分享自己入职中天后的心路历程，"看到之前的学长学姐们现在的成功，我们也更有奔头"，前辈们的分享使得职业光环在他们身上放大，成为个体在这一时期的平衡参照。

最后，"以师带徒"的培养模式也影响着员工这一时期的自我状态。"师徒结对"是中天科技传承企业文化和促进新员工能力提升的重要手段方法，应届毕业生入职报告会中的拜师仪式在给予师徒双方充分的尊重的同时，压力也成为促进师徒共同进步的驱动力。师傅在日常传道授业解惑时所展示出来的高超技术以及以身作则、精益求精的品质，让徒弟从入门便养成了好的习惯，成为徒弟这一阶段的平衡参照和追逐目标。

在此组织光环以及平衡参照所构成的心理环境下，个体"自我"部分作为主导，"师傅领进门"时的兴趣引导以及责任心的培养形成了个体在入职初期的良好工作态度，"好好工作的前提是需要生存下来，有钱了，才能有基础做其他的事情，公司福利待遇都还行""公司有食堂和宿舍，也会给员工职级津贴节日福利之类的，来保障员工的生活"，在低层次需求得到满足的基础上自我进一步识别出精神层面需求，主要包括自我成长需求和尊重需求。于个体而言，此阶段的尊重需求因组织光环的赋予已得到满足，成长需求便成为重要驱动力。因而，专注于工作，才能不断提升自己，进一步实现自我充实。

（2）适应企业（专注工作→专注作品）。

中天科技的组织管理行为以及对员工职业魅力的引导，促使其形成了对职业的心理光环。

首先，从心理环境出发，个体感知到的组织赋予的职业光环首先表现在组织管理行为对员工支持和公平的态度，如"公司始终坚持为客户、员工创造价值，以奋斗者为本，把奋斗者放在前面，一切福利、薪酬向奋斗者倾斜"，"学历提升班"展现出对奋斗者的支持，"评聘分离"的奖赏制度展现出公司的赏罚分明，"包括董事长在内的管理层下基层，前往一线，带领员工，让员工感受到公司的重视，提升员工的责任感"，展现了领导与员工之间的低权力距离。

其次，公司展现的人文关怀以及社会责任也进一步提高了员工的稳定性以及组织认同，餐厅的地方特色美食、班车、困难员工补助、子女助学金等从物质上给予员工方便，同时精神上的关怀企业也很重视，"企业会邀请家长来参观，让家人了解我们做的工作内容，感受我们的工作环境，让家长放心，让员工也能有家人的支持""我们公司实行柔性化管理，公司的管理人员会在感情上主动联系慰问人才，及时给予人文关怀和精神尊重"。企业还主动承担社会责任，在提高组织社会声誉的同时也让员工为自己作为一名中天人感到骄傲，从而使其组织认同达到更深层次。

最后，公司的一系列技能提升措施大大促进了员工在职业发展上的能动性。

知识产权银行是中天在国内的首创，倡导员工主动思考谏言，提出合理化建议提高公司效率，积极创新，在获得物质奖励的同时也形成敢于创新的品质。公司还鼓励员工参与企业内外的技能大赛等活动，让员工走出去，看到自己的差距和短板，努力向优秀的人看齐。员工将企业内外技能大赛的获奖者作为平衡参照的同时，也将其作为一种压力以及成就感需求作用于个体自我层面，鞭策他们不断提升自己。在职业光环的心理环境作用下，主体"超我"部分逐渐觉醒，主要表现为超我理想部分指导个体形成职业价值倾向。

基于以上分析，公司的各种奖励机制以及福利政策等使员工低层次需求得到保障，成长需求也通过各项培训活动逐步得到满足，此时，主体在工作过程中的主要驱动力来自成就感等精神层面的需求，中天提倡员工的高能、多能、传能，成为"三能"之人，成为许多中天人的目标和成就之象征，而专注于作品，个体才能逐步实现"三能之人"的目标，成就感需求才能逐步得到满足。因此，此阶段专注于作品是员工实现精神层面需求的重要途径。

流动时期的编码结果见表 6-7。

表 6-7　　　　　　　　　　流动时期的编码结果

聚合构念	二阶主题	一阶概念	初始概念	典型数据引证
心理环境	较高自主性场域	组织光环	文化灌输	• 为帮助进入企业的新员工完成从学校到集团的过渡，集团会进行统一的入职培训，进行企业文化的灌输，来提高员工对企业的认可 • 新入职大学生会有类似于"新员工高能量激活一日集训"之类的活动，以帮助学生尽快适应新环境，了解企业文化，增强公司人才储备力量 • 专业训练的素质拓展让员工迅速融入团队，同时锻炼新员工直面和挑战困难的品质
			人文关怀	• 师傅的人文关怀让我想要留在公司 • 入门有人带着，师傅的人文关怀可以提高徒弟的归属感
			目标管理	• 作为蓝领工人的提升路径会提前告知我们，这样我们工作起来也有目标有奔头，知道只要有能力企业就会给我们平台让我们去发展
		平衡参照	师傅	• 师傅的人文关怀让我想要留在公司 • 入门有人带着，师傅的人文关怀可以提高徒弟的归属感
			往届同辈人	• 入职培训中会有往届优秀员工代表向我们讲述他们自己的心路历程，看到之前的学长学姐们现在的成功，我们也更有奔头

续表

聚合构念	二阶主题	一阶概念	初始概念	典型数据引证
自我状态	自我	需求强化	兴趣引导	● 个人兴趣对工匠精神的影响：热爱工作，全身心投入才能更好地工作
			责任心	● 技术传授促进徒弟技能的培养，师傅的以身作则让徒弟从入门就开始培养责任心
			生存需求	● 好好工作的前提是需要生存下来，有钱了，才能有基础做其他的事情，公司福利待遇都还行
		精神需求识别	尊重需求	● 师徒互评让员工进一步感受到自己被尊重被重视，对师傅的考核也是对徒弟的一种尊重和负责
			成长需求	● 学长学姐们现在的成就也在激励着我们不断成长
平衡结果	专注工作	需求满足	低层次需求满足	● 公司福利待遇还可以，公司有食堂和宿舍，也会给员工职级津贴、节日福利之类的，来保障员工的生活 ● 工匠分为 7 级工，每一级都有不同程度的补贴 ● 师傅讲课有奖励；出师时间以及徒弟的等级到一定地步有奖励 ● 师徒评议选出优秀的师傅，徒弟提前结业会给师傅奖励 ● 公司离家也挺近，薪资福利相比当地有优势
			尊重需求满足	● 拜师仪式感提高师傅荣誉感 ● 第三方评定，尊重每一位员工的成绩，避免互相包庇
		需求驱动	成长需求驱动	● 以师带徒，举办拜师仪式，承诺多长时间带出徒弟 ● 师徒互评，既是对徒弟是否有工匠精神的考察，又是对是否合格的考察 ● 感觉很荣幸自己能够加入这样大规模、创新强、发展快的上市公司，所以一定会努力工作，让自己成为职场优秀新人
心理环境	高自主性场域	职业光环	组织支持	● 公司设立有学历提升班 ● 公司始终坚持为客户、员工创造价值，以奋斗者为本，把奋斗者放在前面，一切福利、薪酬向奋斗者倾斜
			组织公平	● 总经理每天都在员工到来之前先到车间，8：30～9：00 开早例会，下班之前也再次下车间，比员工上班早、下班晚 ● 有所有人下基层的文化，包括人力资源部在内，下车间，服务一线工人，到各个子公司进行及时交流 ● 评聘分离

续表

聚合构念	二阶主题	一阶概念	初始概念	典型数据引证
心理环境	高自主性场域	职业光环	人文关怀	• 实行柔性管理，感情上多联络并主动慰问人才，给予人文关怀和精神尊重 • 家长观念很重要，我们建立了中天班，企业会邀请家长来参观，让家人了解我们做的工作内容，感受我们的工作环境，让家长放心，让员工也能有家人的支持 • 地方特色美食、班车、困难员工补助、子女助学奖金、外地员工夫妻宿舍、为大学生安排相亲、单身公寓等 • 我们公司实行柔性化管理，公司的管理人员会在感情上主动联系慰问人才，及时给予人文关怀和精神尊重
			低权力距离	• 包括董事长在内的管理层下基层，前往一线，带领员工，让员工感受到公司的重视，提升员工的责任 • 总经理每天都在员工到来之前先到车间，8：30～9：00开早例会，下班之前也再次下车间，比员工上班早、下班晚
			知识产权银行	• 中天在全国首次创立了知识产权银行 • 员工合理化建议谏言、立足于自身岗位发表论文、专利等提交到公司后，公司的评审委员会会进行评分形成相应的积分存入知识产权银行个人账户，年底兑现现金，鼓励员工积极探讨建言，积极创新
			社会责任	• 董事长捐资捐物高达1亿元，修桥建路，在中天发展历程中，始终保持着对社会公益的关注和高度的社会责任意识 • 这种关注与对社会责任的意识，体现在许多方面：慈善捐款、希望小学等
			以奋斗者为本	• 公司始终坚持为客户、员工创造价值，以奋斗者为本，把奋斗者放在前面，一切福利、薪酬向奋斗者倾斜 • 公司导向很重要，公司要关注高精尖技术，精细化工作，面对客户的品质，喜欢精益求精的工作方式更有利于工匠精神的培养，公司要肯定工匠精神，提倡工匠精神，让工匠成为标杆 • 以精细文化引领企业由小到大，一步一个脚印地稳步发展，使中天不仅做强做大，而且做精做优 • 用文化带动员工，让员工专注一个东西，专注才能专业，才能成为一个专家

续表

聚合构念	二阶主题	一阶概念	初始概念	典型数据引证
心理环境	高自主性场域	平衡参照	优秀员工	● 现身说法，优秀员工讲自己的故事
			技能大赛获奖者	● 公司内部竞技比武，发现差距，弥补短板，同时鼓励员工参与外部比赛，蓝领技工容易满足，一般对标公司内部人员，让员工走出去，看到差距，培养野心 ● 积极开展"怀匠心，学匠艺，做匠人"活动，从 2013 年开始，每年举办一次职业技能大赛，引导广大职工钻研技术，精炼技能，促使自己不断由"工人"向"工匠"转变成长
自我状态	自我	自我激励	压力驱动	● 评聘分离、考核机制、师徒连带 ● 采取学分制管理模式，评估、考核员工所接受教育培训的量和质后赋分，并累积计算 ● 根据岗位设置不同，对基层员工、中层员工、高层员工等不同岗位能级，明确不同的学分要求 ● 招聘中优先内部晋升
		精神需求升华	成就感需求	● 你擅长你来做，各司其职，发挥所长，共享
	超我	超我指导	情感依赖	● 家庭和睦，家人如果可以帮助自己分担工作，可以让员工在工作中投入更多精力，工作中更专注
平衡结果	专注作品	需求满足	成长需求满足	● 拜师仪式 ● 学历提升，优秀工匠可进行学历深造，提升之后便于评选；不脱产，有老师到公司上课，而且公司会给报销，鼓励学历提升 ● 与高校合作，请老师到企业来上课，建立数字化、精细化培训班、智能制造培训班 ● 学历教育，大专、本科、硕士；以技能培养为主，也鼓励学历教育，公司报销学费 ● 学历教育公司提供便利，脱产、在职、请老师来公司 ● 对在组织培训中做出贡献的个人，设置多达万元的培训奖励，推动形成"全员学习""终身学习""全过程学习"的浓厚氛围 ● 员工合理化建议、立足于自身岗位发表论文、专利等提交到公司后，公司的评审委员会会进行评分，年底兑现现金，鼓励员工积极探讨建言

聚合构念	二阶主题	一阶概念	初始概念	典型数据引证
平衡结果	专注作品	需求满足	低层次需求满足延续	● 公司福利待遇还可以，没有想轻易离开，离职率较低，离家近，安安稳稳
		精神需求驱动	成就需求驱动	● 鼓励员工高能（在某个领域是专家）、多能（一个人拥有多种技能）、传能（不仅自己有能力，还能传承下去，带动身边人） ● 在尊重工人的基础上，把员工带出去，开阔眼界

资料来源：根据对访谈资料的整理，并结合收集的二手资料，得到编码结果。

2. 重冻时期

重冻时期是指员工精神需求逐步得到满足的阶段，此阶段个体心理需求基本趋于稳定，形成一种具有稳态动力的良性循环，这便是"超然我"主导下的圣道超然。中天科技"精细制造"的企业文化不仅仅是期望员工在产品的生产制造上实现精细制造，更多的是期望实现思想领域上的"精细制造"，也就是期望培养一支精益求精、关注细节、灵活自信、勇于创新，拥有着工匠精神的匠人。热爱自己的岗位，才会养成"我工作、我思考、我建议"的"三我"精神，才会形成与企业间的情感纽带，对企业忠诚。

首先，中天积极创建的浓厚创新氛围对员工形成爱岗敬业的工作态度和品质具有重要的促进作用，"早年集团提出改进微缺陷，领导层面可能看不到一些小缺陷，那如何去发现并改善，从而提高生产效率呢，一个人的思维有限，一群人思考一个问题就会有不同的思维和理念，鼓励员工去发现身边可以改进的地方，积极创新，共同推动企业的前进"。其次，在这种心理环境下，主体完全由超我控制，在"精细制造"的环境中逐步形成个体的精细制造，让精益求精的工作态度成为员工精神世界的指导和追求。再次，"让员工专注一个东西，专注才能专业，才能成为一个专家"，持续专注于自己所做的事情，才能在自己的领域中成为专业人士，才能本着精益求精的态度不断从工作中发现新问题。最后，中天科技在不断追求创新研发和技术改造的同时，更加关注员工的创造精神文化，时刻保持创新意识，才会在发现问题时激发自身的创新能力去解决它，提高工作效率和产品质量，成就产品的同时，自我精神层面的需求进一步得到满足，达到内在平衡。范晔在《后汉书》中有云：精思傅会，十年乃成，从生产经营领域看，就是精益求精，一丝不苟，专注于一件事坚持做下去；从思想领域看，就是要有崇高的精神境界，精神需求的满足是个体在工作领域的稳定驱动力，激励员工实现德艺双馨，进而形成工匠精神。

　　重冻时期的编码结果见表 6 - 8。

表 6 - 8　　　　　　　　　　　　　重冻时期的编码结果

聚合构念	二阶主题	一阶概念	初始概念	典型数据引证
心理环境	高自主性场域	情感纽带	爱岗敬业	• 对自己专业技术"精"的同时，愿意学习其他的技能，并且愿意传承，会教徒弟，把工匠价值发挥到最大 • 传承（是否带徒、是否有输出，这个是加分项）作为评工匠的一个标准
		组织氛围	创新氛围	• 早年集团提出改进微缺陷，领导层面可能看不到一些小缺陷，那如何去发现并改善，从而提高生产效率呢，一个人的思维有限，一群人思考一个问题就会有不同的思维和理念，鼓励员工去发现身边可以改进的地方，积极创新，共同推动企业的前进 • 让员工发现身边可以改进的地方，同时让员工不放松、积极创新
自我状态	超我	超我指导	精益求精	• 工匠精神，技术精湛，别人才会信服；有责任心，关注质量 • 细节决定成败，中天深海光电缆之所以能够打进美国市场，讲的就是细节，靠的就是精细的工作作风 • 用 150 多项美国通行的技术标准倒逼自己，逐一对照，不放过任何一个细微的瑕疵，认真对待每一个细小的环节，做不厌精、干不厌细，以精细於常制，让产品皆极精细 • 最终高质量的中天海缆受到了客户的高度认可和一致好评，也使中国海缆制造第一次进入了国际先进制造的行列
		超我体验	持续专注	• 用文化带动员工，让员工专注一个东西，专注才能专业，才能成为一个专家
			勇于创新	• 中天科技不断追求创新研发和技术改造，已经获得国家专利 600 多项，国际专利 8 项，通过各种创新管理模式，使企业管理不断走上新台阶，同时关注员工的创造精神文化
平衡结果	价值极致	需求满足	精神需求满足	• 德艺双馨 • 范晔在《后汉书》中有云：精思傅会，十年乃成。体现在生产经营领域，就是精益求精，一丝不苟；体现在思想领域，就是要有崇高的精神境界

　　资料来源：根据对访谈资料的整理，并结合收集的二手资料，得到编码结果。

6.5 案例发现与讨论

6.5.1 德胜（苏州）洋楼有限公司

本书以德胜的工匠发展过程中的行为事件线，即"顺应污名—积极选择—积极就业—专注作品—价值贡献"作为依据，探索行为线背后个体在当时情境下的心理动力场，即自我状态与心理环境两种力量间的平衡状态，以呈现工匠成长过程中各意向性活动背后潜在动力的变化规律，由此厘清工匠精神作为工匠在物我场域由内在精神性需求驱动的稳态动力的内涵及其形成路径。

1. 工匠精神的内涵

勒温的稳态论主张个体具有自然平衡的取向，通过自我控制产生适应性行为以达到与外在环境相互作用中的相对内在平衡，内在平衡的维持取决于外在环境或心理需求的变动（申荷永，1991）。依此分析，相对稳定的平衡状态关键在于个体心理需求的易于满足，回归案例可以发现在解冻时期的低层次需求与重冻时期的精神需求同属于较易满足的心理需求，然而二者不同的是，前者属于放弃自我发展而被动依赖于外部的外向性生存动力，后者属于自我发展到一定程度后减少外部环境依赖性而能够自足的内向性生存之道，而这也正是中国情境下儒家所提倡的安身立命之道（胡国栋和张丽然，2019）。"穷则独善其身，达则兼济天下"，儒家思想中尊崇的豁然通达的超脱状态是中国情境中"内在平衡"的最佳解释，至于获取平衡的适应性行为理学家朱熹给出了解答，即格物致知。"形而上者谓之道，形而下者谓之器"，求道需就实处穷竟（段重阳，2019），在对客观事物的认识与改造中达到豁然贯通的境地，进而才以至极。在此修己过程之中，求善为最关键的动力特点，中国文化中个体在自我发展过程中自身伦理道德的完善会促使其产生对崇高理想人格的心理投射，由此获得的高质量精神性满足赋予其充足的自尊，进而在与外在环境的融合过程中掌握积极能动的地位，个体的内在平衡得以维持在高水平的状态。此外，将道德规范奠定在本然的格物活动方向上，是朱子的重要思想（李健芸，2021），而这也正是德胜创始人聂圣哲先生在谈工匠精神中的重要观点，即道德意识应成为常识性思维，将个体内化的伦理体系赋予一定客观实在性，进而对个体的心理行为产生心力作用（苏世同，1999），保证个体实践活动的正确方向，进而实现内外、物我豁然贯通。

循此逻辑，结合案例分析中的"重冻"阶段，德胜"匠士"身上所体现的工匠精神符合儒家文化中格物致知的内在平衡思想。首先，知众理之妙促使个体内化外界对其职业身份的伦理要求，将爱岗敬业的工作理念作为应然之理，指导工匠的职业活动方向，即实现组织伦理与职业伦理的统一并构成内在伦理体系；其次，在内在伦理规范的指导下，个体的失衡焦虑得以缓解，能更安心地在物我场域内格物，在求真的过程中以求善。主要表现为精益求精的工作态度，以及个体在工作中的自我管控行为，包含对工作赋予精神性意义（"善"被给予）、提高工作标准并对相应工作任务进行改善，即任务重塑，以及作品创作过程中长时间的高度投入，即持续专注。最终，高品质产品得以完成，在圆满完成组织交与的任务的同时，更重要的是满足了自我工作要求并实现了自我赋予的工作意义（合于"善"），这样的过程使得主体履行了内在伦理要求，并通过工作中的精神性体验使自身道德修养得到提升。如此，器有形迹，人以修身，物理、心知呈现，工匠自身价值通过作品创作得到内在提升并以作品的形式得到外在展现，完成价值贡献，获得内在平衡。如此的平衡方式符合聂圣哲先生所言的"价值观变现"过程，在职业谋生中获取精神性满足，工作成为工匠汲取幸福感的重要来源，为维持此高品质生活，工匠会持续投身于物我场域，形成长期稳定的工作投入，较完整的工匠精神得以实现。因而，根据案例分析内容，基于勒温的场动力理论，并参考朱子格物致知论中的相关观点，本书得出工匠精神是一种在物我场域由个体内在精神性需求驱动的稳态动力模式。

2. 工匠精神的形成

心理需求作为场的动力特点，随着心理需求的升级，场域内各力量也进行相应的方向性变动，场域的发展性得以展现（申荷永，1990）。根据案例情境，精神需求作为工匠精神的动力源，是个体生活空间内各种要素相互作用并持续发展的结果。具体而言，组织环境中各类导向型要素通过对个体所从事职业及所在岗位进行赋魅，进而激发个体的超我部分，最终促成个体高度依赖于从职业劳动中的精神性体验获取满足感。此过程主要包含两个关键步骤，即引导个体不断识别高一层次需求，同时及时满足其低一层次的需求。由案例可得，"低层次需求——价值需求——精神需求"是工匠行为事件线的动力路径，低层次需求作为个体的原始工作需求，是工匠职业发展的动力起点。事实上，大多数的产业工人确实也以谋生作为长期的工作动机，德胜的培育亮点在于对具有小农阶级思想的普通工人的发展动力设计，让他们走上如知识型员工般以自我价值实现为需求重心的发展路径，使文化层次较低的制造业工人在工作场所出高素质表现。在低层次需求得以保障的基础上，使其对物质利益的需求进行部分转移，从价值需求的满足中获取满足感与幸福感。该需求层次的提升一方面来自个体自我提升的基本动机，另一方面源于学校与组织对个体的引导与塑造，包含从实践到思想文化、从生活到职业的全方面培养，同时师傅、教师、领导、企业创始人等外在群体的表征原型展现出学员/员工培养方向相一致的态度与行为，使得个体对外部环境的心理光环与实际相符，构成整体协调性较高的场域，进而深化其价值需求，并形成从职业劳动中感受自我价值的心理取向。最后，德胜伦理导向的组织文化与管理制度使得工匠的职业身份在组织内形成道德光环，工匠意识中职业劳动与理想人格追求形成紧密联系，进而识别出更深层的价值需求，即精神需求。工匠在自我内在伦理体系约束下展开职业活动，外界的指导效力减弱，此时"匠人"身份承载工匠大部分的自我意义，对作品的精益求精的创作过程以及自我价值得以展现的创作结果成为其获取满足感的主要方式，精神需求对工匠的职业活动形成持续性的驱动，工匠精神的动力内核得以形成。

在组织环境对个体心理需求的引导下，随着时间线的扩展，不同层次心理需求带来的驱动作用表现出带有方向性的引力，引导着个体的行为方向。具体而言，除了解冻阶段初期，引力方向一致，指向"庙堂之高"场域（学校/组织）的正效价力逐步增加，即组织吸引力呈现出梯度效应（陈业华和田子州，2012）。随着组织吸引力增强，工匠加深在组织内的发展程度，与组织的高度融合让其自我认同得到了群体认同的加成，进而无须担忧外部环境会对其造成威胁，安心投入于"物我"的二项式世界进行作品创作，精神需求得到可稳定驱动的场域环境，工匠精神得以完整形成。首先，组织引力来源于组织环境蕴含符合个体心理需求的特性。一方面，德胜的光环赋予不断激发出个体的超我部分，将个体原本的物质利益导向转移为职业发展中的自我价值导向，而这样的导向与德胜内部环境所体现的价值倾向相契合；另一方面，个体会关注相似背景条件的公司前辈，在他们身上找到预期平衡因而组织对其具有引力。其次，组织引力的增强得益于德胜对个体自身利益的重视与满足。职业发展的积极引导与用心培育作为对员工个人发展的重要投资，让个体深刻感知到组织对其发展的重视与付出；同时，组织中有利的条件让个体需求及时得到满足，让个体在职业发展过程中享受到相应的回报，如此的经历促使其更加认可该成长方向。最后，组织引力强度还与个体的自我效能感有关（陈业华和田子州，2012）。根据案例情景，个体的自我评价是逐渐升高的，一方面缘于其在职业发展过程中德胜对其不断的光环赋予；另一方面缘于个体内在的比较机制。由案例分析可以发现，尽管工匠的思想素质已超越小农阶级，然而熟人社会文化依旧在其内在比较机制中发挥重要作用。因而比较机制主要表现为与"江湖之远"场域内的老乡、同行等熟人的下行比较，从"江湖之远"与"庙堂之高"场域间的强大张力中获取积极的社会比较，进而提升自我效能感。

勒温借用物理学中的力场概念，将个体在某时间所处的空间作为场，以空间区域呈现环境与个体因素及各心理事件，并借助拓扑学的概念表现心理事实在场中的移动，通过空间、时间等元素系统且动态地图示个体的心理与行为（竺培梁译，2011）。借鉴此思想，综合前文分析，本书得到了德胜的员工工匠精神形成机制模型，如图6-5所示。

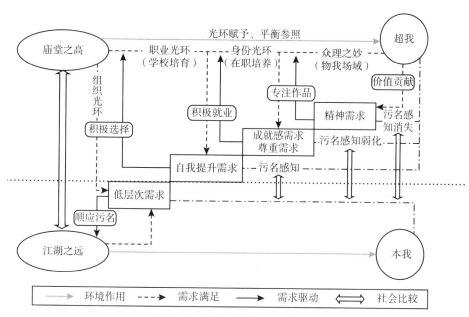

图6-5　德胜工匠精神形成机制

6.5.2 徐工徐州重型机械有限公司

本书以徐工的工匠发展过程中的行为事件线，即"组织认可—专注工作—专注作品—价值极致"作为依据，探索行为线背后个体在当时情境下的心理动力场，即自我状态与心理环境两种力量间的平衡状态，以呈现工匠成长过程中各意向性活动背后潜在动力的变化规律，由此厘清工匠精神作为工匠在物我场域由内在精神性需求驱动的稳态动力的形成路径及其内涵。

1. 工匠精神的内涵

徐工的核心价值观"担大任、行大道、成大器"中的"行大道"一词出自老子的《道德经》，所谓大道即中华传统思想文化中的真、善、美，"道"是老子用来描述宇宙万物演化奥妙的"名"（凌均卫，2014），"道可道，非常道；名可名，非常名"，"道"是天地万物的原始，又是统领支配天地万物和人类的总规律、总法则，更是宇宙中一种合理的秩序及安排，无论是人类还是天地，都必须效法和遵循"道"这一根本规律和秩序（吕锡琛和黄小云，2017）。在企业管理中，管理者必须深谙"道"之思想，全面深刻揭示员工、企业环境等各个要素之间内在的必然联系（郭明和刘骏昊，2018），才能在提高员工个体的同时，走向基业长青之路。对于个体而言，道家之"德"是产生和养护生命的根本，"德不离"也就把握住了生存和发展的根本（王乐，2016），道家之人的大欲望并非名利的世俗快乐，而是通过精神修养，消除人生痛苦。道家倡导的无欲并非减少乃至消除欲望，是通过精神修养提升自身思想境界从而实现消除人生痛苦的大欲望，进入无苦无乐的至乐境界。"周行而不殆"，道家认为事物始终处于运动之中，"发展—极盛"之后，还是会回到原点，"无欲"便是获得常葆兴盛之利的重要手段，即只有通过精神层面的自我修养来提高思想境界，并不断以此来驱动自我，才能使事物在周而复始的运动中逐渐趋向"无欲"之境界。

依据此逻辑，结合案例中徐工匠士"重冻"阶段的分析，其身上的工匠精神正是道家不断追求"无欲"的体现。首先，精益求精作为工作者的永恒追求，在不断引导着个体在精神层面提高自我技能和修养，《庄子》一书中记载有"梓庆削木为鐻""庖丁解牛""痀偻丈人承蜩""工倕旋指画圆"等古代匠人事迹，虽从事技艺活动各不相同，但故事主题在各自领域都是出类拔萃的大师级别，用的都是出神入化、"惊犹鬼神"的技术，这种精益求精的工作态度正是现在社会必不可少的。其次，要达到对产品和质量的精益求精，离不开在心理上的高度专注以及对职业的长期坚守。对工作的专注在工匠职业层面的体现便是爱岗敬业的精神，在企业层面便是"把企业当成家"的大局意识。在此情境下形成的稳定环境动力，鼓励徐工员工不断创新以达到"至善"之境界，道家所尊崇和赞扬的也正是这种在技术实践中克服"不该不遍"、死守一隅的局限，由技入道、顺应自然之道、并与其融为一体的"造化之大匠"，此时工匠已经达到了心手合一之境地，并逐渐升华为具有能动性、创造性、审美性的艺术活动，是真与善的统一（程军，2020）。因而，根据案例分析，基于勒温的场动力理论，并参考道家"无欲"的相关观点，本书得出工匠精神是一种在物我场域由个体内在精神性需求驱动的稳态动力模式。

2. 工匠精神的形成

马斯洛需求层次理论指出，在不同的时期，个体都有一种需求占主导位置，其他需求处于从属地位，当匮乏型需求得到充分满足后，个体会呈现出对于自我提升需求的渴望，而自我实现作为该理论中的最高层次，不断驱动个体超越自我，内在价值和内在潜能的实现乃是人的本性，环境具有促使潜能得以实现的作用。道家之"无欲"便是此理。回归本案例可以发现，当员工处于解冻时期、流动时期、重冻时期的不同阶段，随着场域的变化，工匠需求也由本我易于满足的低层次需求逐渐上升为超我价值层面的精神需求，企业环境等要素的变化也进一步引导个体内在潜能的发挥和内在价值的实现，工匠精神作为匠士实现自我的重要一环，不断激励个体向更高层次奋斗。为在周而复始的运动中达到"无欲"的内在平衡，工匠依次经历了"组织认可——专注工作——专注作品——价值极致"的阶段，保证个体价值层面的满足，形成长期稳定的良性循环，积极投入工作，最终实现工匠精神作用下的"人器合一"。

勒温借用物理学中的力场概念，将个体在某时间所处的空间作为场，以空间区域呈现环境与个体因素及各心理事件，并借助拓扑学的概念表现心理事实在场中的移动，通过空间、时间等元素系统且动态地图示个体的心理与行为。借鉴此思想，综合前文分析，本书得到了徐工的员工工匠精神形成机制模型，如图 6 – 6 所示。

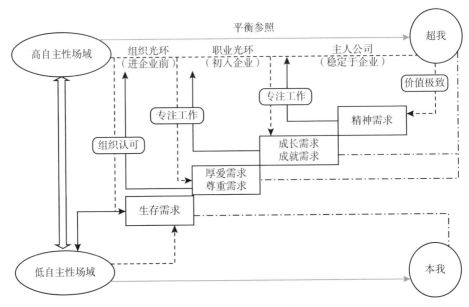

图 6 - 6　徐工工匠精神形成机制

6.5.3　江苏中天科技股份有限公司

本书结合中天的"匠士"成长经历,将工匠精神的形成分为两个阶段,即由生存到发展的流动时期以及由发展到渐入佳境的重冻时期,并以工匠发展过程中的行为事件线,即"专注工作——专注作品——价值极致"作为依据,探索行为线背后个体在当时情景下的心理动力场,即自我状态与心理环境两种力量间的平衡状态,厘清工匠精神作为工匠在物我场域由内在精神性需求驱动的稳态动力的内涵及形成路径。

1. 工匠精神的内涵

一般平衡论将人性总结为"自然我 + 当然我 + 超然我"的三我一体。"三我"是人性的充分必要因素,在不同时空等外界因素条件下,"三我"总是处于动态变化中,比重最大的"我"主导着个人的价值取向和行为。当然,人是环境的产物,自然和社会环境总会在无形中影响"我"的存在模式,"自然我"重在与自然平衡,"当然我"重在与他人平衡,"超然我"则重在内心平衡。万物同宗同源同归宿,是在求生存本能驱动下所达到的自我平衡,平衡时拥抱平衡,不平衡时寻找新的平衡,求平衡的本能使得万物始终处于"平衡—不平衡—新平衡"的循环之中。

依据此逻辑，本案例中工匠精神形成的各个阶段刚好与不同"我"主导下的行为和价值观相契合。在最后阶段，中天"匠士"们身上所体现的工匠精神便是"超然我"主导下万物求平衡的良性循环。"重冻时期"的高自主性场域下，中天积极营造精益求精的创新氛围，为达到组织环境与个体内心的平衡，爱岗敬业成为员工专注于所做之事的必备条件，以促进个体外我层面的平衡。在这种平衡的状态下，个体在物我场域中安心追求"超然我"，专注于精神层面需求的实现，成就作品的同时成就"我"，从而达到内心价值层面的平衡。当然，精神层面的实现是没有尽头的，为追求更多的精神品质，成就"超然我"，个体会持续在物我场域中投入，形成工匠精神。因而，根据案例分析内容，基于勒温的场动力理论，并参考一般平衡论，本书得出工匠精神是一种在物我场域由个体内在精神性需求驱动的稳态动力模式。

2. 工匠精神的形成

一般平衡论认为，维持系统间以及系统与环境间平衡的关键因素就是平衡点，通过对平衡点的分析便可找到支撑平衡的关键因素。在不同"我"的主导下，个体拥有不同的平衡点，"自然我"以生存作为平衡点，"当然我"以名利为平衡点，"超然我"更多是以名利之上的信仰作为精神支柱，以平衡物我。回归本案例，在"自然我"和"当然我"做主导的"流动时期"，匠士的驱动力主要来自于低层次的需求得以满足，在保证"活下来"的同时，对成长、尊重和成就感的需求以及对名利的渴望驱动着个体达到周围环境变化与个体内心的平衡；当匠士在流动时期逐渐到达平衡状态时，随着物我环境的变化，其逐步识别出更高层次的需求，再次走向不平衡，到达"超然我"主导的"重冻时期"。在这一时期，来自精神层面的需求成为重要的驱动力，支撑其在精神层面不断超越自我从而完成自我实现的目标，自此精神需求成为工匠职业活动的持续驱动力。由此，工匠精神的动力内核得以形成。

勒温借用物理学中的力场概念，将个体在某时间所处的空间作为场，以空间区域呈现环境与个体因素及各心理事件，并借助拓扑学的概念表现心理事实在场中的移动，通过空间、时间等元素系统且动态地图示个体的心理与行为。借鉴此思想，综合前文分析，本书得到了中天的员工工匠精神形成机制模型，如图 6-7 所示。

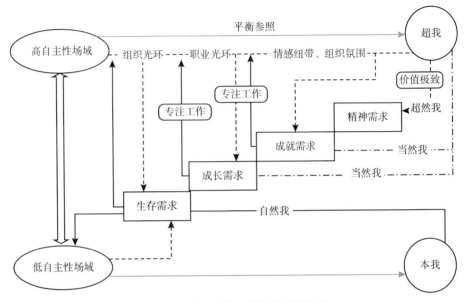

图 6 - 7　中天科技工匠精神形成机制

6.5.4　进一步分析与讨论

通过单案例探索性分析，本书分别梳理出了三家案例企业员工工匠精神的具体形成路径。基于以上单案例研究结果，本书进行多案例总结分析，从工匠精神的内涵和工匠精神的形成两方面进一步深度阐述制造企业员工工匠精神的形成机制。

1. 工匠精神的内涵

基于三家样本企业的案例研究，并从勒温场论的心理学视角出发，得到工匠精神在员工个体身上表现为一种在物我场域由个体内在精神性需求驱动的稳态动力模式。具体而言，工匠精神受自我精神需求的动力源推动，并受个体内在伦理规范的约束指导，呈现为个体在职业劳动中由超我控制的高度自我管理状态。其中，精神需求均体现为一种具有较强利他属性的自我价值实现需求，将满足他人需求作为实现自我价值的重要途径，其中"他人"在案例中主要体现为组织，大多数优秀的工匠已经将个体发展与组织发展紧密地联系在一起。更进一步，在引证的数据中，还能得到"他人"对"大匠"而言甚至可以是更为广泛的人类共同体，工匠致力于将自身作品的影响力扩散至最大，而这与我国传统文化中通过"修己"而实现"内圣外王"的思维不谋而合。

"内足以资修养而外足以经世"（贾坤鹏，2018），其中"内圣"的核心便为求善。在中国情境下，"仁爱"思想的引导使得"德性"成为个体达到高度自我认同的关键途径（胡国栋和张丽然，2019），从而个体获得充足的内在资源以达到"外王"。不同于古代帝王的"身国同构"的"治人"之术以达到"外王"，工匠精神所体现的"外王"蕴含于"人器合一"的实践智慧，通过技艺将"修身"的成果置于作品之中，在矢志于自身价值实现的同时提高产品品质，进而达到利组织、利客户的利他行为，在此过程中，个体的德性进一步得到完善。因而，工匠精神并非是从"修己"到"外王"的单向模式，而是属于一种良性循环。借用勒温的内在平衡观念（申荷永，1990），我们可以将其归结为一种稳态动力模式。

基于以上分析可以认为，工匠精神符合我国传统文化中所推崇的内向性生存之道，这种"修己"之为不是依赖于外在力量或者他人提供帮助，是具有高度自觉性的（成伯清，2020）。因而，内在伦理体系在此过程中成为重要的实践指导。回归案例可以发现，相较于儒家提出的"克己复礼"伦理守则，现代工匠的伦理守则表现为对共同体规范的内化，将"爱岗敬业"作为应然之理，完成组织伦理与职业伦理的统一，进而以"外我"（外界社会所期待的自我）来指导"自我"。工匠精神这种与群体结合的特征不仅在本书中的现代工匠身上可以得到，在传统工匠身上，受身份世袭的影响，个体内在的伦理体系往往是职业伦理与家族伦理的统一（余同元，2005）。可见，身处深度融入的群体是中国情境下工匠内在伦理体系构建的重要前提。在此基础上，群体认同的加成促使工匠无须担忧外部环境的威胁，节省其"抬头看天"的功夫而全身心地"埋头干活"，自我管理与控制的高度自主性过程得以开始。值得一提的是，中天作为一家业内科技领先的企业，创新被发现是其员工内在伦理体系中的鲜明要素，成为该企业工匠精神的深刻烙印。

由前述案例研究可以得到，工匠精神所蕴含的自我管理模式都是从精益求精的目标开始的。工匠对任务的高度认可使得其在价值比较时将现实状况与自我理想高度联系，进而个体由超我人格掌控，并获得大量积极的心理资源驱使其无限地接近理想自我，追求完美感便是重要表现（王佳鹏，2021），得以解释工匠们一致将精益求精作为目标。此外，除了精益求精，徐工的工匠在此环节还具有"大局意识"的超我指导部分，这与其作为国有大企业所具有的鲜明红色基因文化密不可分，对集体负责成为其工匠精神利他属性的重要表现。在精益求精的目标导向下，工匠开始任务的实操环节，此环节三家案例企业的工匠呈现出不一致的超我体验。德胜的工匠具有较完整的自我管控过程，工作自主性较明显，主要表现在自我激励（自我工作意义赋予）和工作设计（任务重塑），这可能源于其作为木匠的工作性质，与古代传统手工业的工匠有较高相似度，个人投入能较快体现于作品质量上，在此情况下作品与个人的联结可达到最深程度，因而工匠自觉表现出对前后多项程序职责的承担（刘红芳和徐岩，2016）；通过对徐工的案例研究，可凸显国有企业中浓厚的集体主义氛围，团队协作成为该公司工匠精神的重要组成部分；中天的工匠则积极表现出其对创新的执着，助力公司的技术水平在行业内领跑。在上述的超我指导与体验下，个体内在伦理得以履行，达到与心理环境的平衡，进而实现了其精神需求，优秀工匠身上的工匠精神得到完整的呈现。同时，本书的案例研究结果与前人研究得出的工匠精神内涵趋于一致，爱岗敬业、精益求精、持续专注、创新（刘建军，2016；栗洪武和赵艳，2017；庄西真，2017；朱祎等，2020）等工匠精神的重要特征均在案例中得以体现，且与第 3 章中探究出的工匠精神多维度概念有较高的契合。因而，可以认为第 3 章通过理论分析方法得到的结论，在本章以案例研究的方式得到了验证。

2. 工匠精神的形成

通过对工匠精神的内涵分析，得到了工匠精神作为稳态动力模式所包含的三个部分：精神需求的动力源、内在伦理规范的约束指导与针对任务展开的自我管控过程。其中，精神需求作为工匠精神得以稳定驱动的动力源，是由低层次需求到价值需求的层层满足与驱动而形成的，员工追求内在心理满足与自我实现的过程成为案例的纵向主线，展现出工匠关键行为背后组织对其个体需求的把握与积极引导。同时，通过上述的工匠精神内涵分析，我们得到工匠的内在伦理体系在一定程度上体现为对共同体规范的内化。由此可见，个体与组织之间的密切联系是工匠精神在个体身上形成的巨大推动力，组织的形塑作用是工匠精神培育的关键。勒温的群体动力学指出，对个体的改造需先让个体所属的社会团体发生相应的改变，这比直接改造具体的个体效果好得多（申荷永，1990）。根据案例我们也得到了相似的结论，在低自主性场域，个体缺乏规范性、系统性的培育环境，进而会产生"顺应污名""享乐主义"等与工匠精神相距甚远的状态，而在高自主性的场域内，个体产生了截然相反的价值取向与发展方向。通过提取和归纳培育环境中的有效因素，我们得到组织对个体心理光环的赋予，可以激发个体的超我部分进而形成与理想自我和道德自我相贴近的心理与行为状态。在此过程中，个体的心理光环以及超我中的理想自我和道德自我部分便为组织效用发挥的关键环节。

（1）领导者的引领作用。

根据勒温的群体动力学理念，领导对群体改造具有举足轻重的作用（曾伏娥等，2016），领导者的魅力对于群体成员的心理光环与超我人格具有不可忽视的辐射作用。首先，魅力体现于领导者的道德价值观（苗贵安，2017），"德性"的光辉促进了成员组织光环的形成与超我人格的初步构建，主要表现为对外的社会责任行为与对内的人文关怀与企业伦理灌输，同时员工会以领导者作为理想人格的表征而抑制其本我，触发其对道德和理想自我的追求。其次，领导者的魅力体现于将自身的道德价值观渗透于管理实践，将组织场域内的伦理要素整合为较完整的体系，涵盖了管理制度的客观层面与企业价值文化的非客观层面，并以此构成了组织社会化策略促进员工适应并融合于组织环境，该过程主要通过对成员职业光环与身份光环的赋予将其超我人格进行具象化，进而达到强大的正向激励作用。回归案例可以发现，在此阶段，领导通过发挥专家权与模范权将员工的理想自我与职业伦理紧密相连，同时设立相应的职业培育与发展机制，以对个体超我部分的完整化发展起到保障作用。由于主要业务领域的不同，三家企业也呈现出与业务发展相符的职业伦理和职业培育制度，如德胜注重德艺双全的全面培育模式、徐工强调为集体奉献自我的劳模榜样力量以及中天设立的创新导向的知识产权银行。再次，领导者的民主特性可以加深群体的凝聚力，促进个体达到与组织的高度融合。勒温的群体动力学中有关领导风格的结论表明，民主型领导对提升群体成员动力具有显著的积极效用（沈宜超和于军，1995）。在案例中，"组织支持""组织公平""低权力距离"等领导者的民主作风，对个体能动性和自觉性的提升发挥了重要的激励作用，促使个体最大限度地调动其内在资源以投入工作。

（2）群体氛围的感染作用。

在领导者的引领下，组织培育环境中的各要素形成统一的导向，进而产生协同作用，以群体心力来改变个体。良好的群体心理环境可促进群体的吸引力和凝聚力，且能够在一定程度上印证个体初步形成的心理光环从而加强了光环效应，使得个体产生与群体表征接近、类化的心理类化现象（苏世同，1999），深度激发其超我人格向理想自我趋近。在本书的案例中，符合企业价值观的积极群体氛围便为良好群体心理环境的重要表现形式，且主要以个体的平衡参照对象，即群体的表征人物的形式对个体起到辐射作用。

首先，组织光环的产生主要来源于群体氛围的外溢效益。在徐工的案例中，由于其大型国有企业的属性，其对职工的丰厚福利以及人文关怀而使得组织群体氛围辐射到职工家庭，进而职工子弟从其父母身上被徐工的氛围所感染，组织引力由此产生。有所不同的是，德胜作为中型私企，虽对当地社区的辐射效应有限，但其在招生环节的用心宣传促进了组织氛围的外溢，提升了组织吸引力。

其次，职业光环的形成主要源于技术培育中和谐的"师带徒"氛围。通过对三家案例企业的分析发现，个体职业认同的产生与加深都离不用心传技的师傅，亲密的师生关系可以让个体得到职业帮助与心理支持，是工匠精神初步形成的重要因素（叶龙等，2020）。

最后，个体与组织、职业的深度融合使其深受工匠精神培育氛围的感染，企业内大力宣扬的工匠精神代表人物成为其追求内在平衡的参照对象，如德胜授予"匠士"称号的大匠、徐工表彰的"劳模"、中天科技为推动创新举办的技能大赛中的获奖者等，都对员工工匠精神的形成产生了直接影响。

6.6　本章小结

工匠精神作为企业界先于学术界提出的优秀精神文化，其培育和弘扬近年来受到了党和政府的高度重视。扎根于已经取得相关成功实践的代表性企业，挖掘并细致描绘出企业环境下杰出员工身上工匠精神的形成机制并从中得到实践规律显得尤为必要。

本章从心理学视角出发，基于文献回顾与总结，并结合勒温场论与精神分析理论中的结构层次观点提出先导构念，采取探索性多案例研究方法，以解答在具体实践中工匠精神的操作化定义（What）和如何形成工匠精神（How）的问题。根据多案例研究遵循理论抽样和复制逻辑的原则，本章选取了三家制造企业作为案例研究对象，通过逐项复制逻辑解构工匠精神在员工身上形成的内在机理，根据时间维度进行案例内的阶段性分析，并展开进一步的研究发现与讨论，构建出三家案例企业员工工匠精神形成的理论框架。在对单个企业展开案例分析的基础上，进行多案例总结分析，并结合内圣外王的儒家学说和勒温的群体动力学理念展开论述，从中得到更加稳健且更具有普遍性的结论。

　　本章的研究结论有以下几点：其一，工匠精神在员工个体身上表现为一种在物我场域由个体内在精神性需求驱动的稳态动力模式，具体而言，工匠精神包含精神需求的动力源、内在伦理规范的约束指导与针对任务展开的自我管控过程三个部分；其二，工匠精神的形成表现为员工追求内在心理满足与自我实现的过程，个体与组织之间的密切联系与相互作用是工匠精神在个体身上形成的巨大推动力；其三，组织的形塑作用是工匠精神培育的关键，主要体现在领导者的引领作用以及群体氛围的感染作用。

第7章 制造企业员工工匠精神的培育对策研究

制造企业员工工匠精神的培育是一项长期、复杂的系统工程，涉及企业、政府、行业协会、学校等多方主体，其中企业作为用人单位，应当发挥核心性和关键性的作用，而其他主体则需要发挥保障性的作用。在前面的理论分析、工匠精神评价分析以及工匠精神形成机理和形成机制分析的基础上，本章遵循企业自身与学校、政府、行业协会等外部主体协同培育工匠精神的思路，较为系统地探讨制造企业员工工匠精神的培育对策，为工匠精神的培育实践提供参考。

7.1 强化工匠精神培育的顶层设计

对于制造企业自身而言，工匠精神的培育是一个系统性的工程，涉及企业战略、企业文化、企业制度、员工行为、企业面貌等多方面要素，是诸多要素相互影响、相互作用、动态发展的复杂系统。具体而言，工匠精神培育系统包含理念、制度、行为和物质四个层面，既需要企业各级领导、导师和员工的全面参与，也需要企业战略、制度和物质等多方面的保障。此外，员工工匠精神的培育还是包含认同、内化、发展、固化、传承的动态发展过程。因此，制造企业要从系统性、战略性、动态性的视角来考虑工匠精神培育系统的顶层设计问题。

7.1.1 制定引领工匠精神的企业战略

企业战略目标和任务制定以后，会经过各个部门直到分解到每个员工身上。因此，员工是企业愿景、使命和战略目标得以实现的关键。企业对于产品与服务质量、市场目标定位、生产经营方式、管理模式与制度等的长远整体谋划，是员工工匠精神培育的方向引领。工匠精神是员工在对高质量、高附加值、高品位的产品与服务的创造活动中孕育、固化和传承发展的，因此制造企业对于产品质量和价值的定位、消费者市场的定位、客户服务的定位等都会直接影响到员工工匠精神的培育成效，而员工工匠精神的培育也将对企业战略目标的实现发挥着重要的支撑和保障作用。故此，对于制造企业而言，基于工匠精神的战略设计重点是高质量的产品战略和高品质的服务战略，具体分析如下。

1. 高质量的产品战略

产品质量是企业竞争优势的源泉，也是企业生存与发展的根本。高质量的产品既是客户的基本价值需求，同时也是员工工作成果的价值体现，从而成为工匠精神培育的基石。因此，企业的产品战略要定位于对高质量、高技术、高附加值产品的持续追求。在高质量的产品战略实施过程中，制造企业一方面要时刻关注消费者市场的需求变化，不断地进行产品的技术创新；另一方面，要革新产品的生产工艺与流程，实施精益生产，持续加强产品的质量管理与控制。

2. 高品质的服务战略

随着制造业服务化进程日益加速，"客户服务"已经成为制造企业价值链的核心环节。高品质的服务既是外部客户的重要价值需求，也是内部客户（即企业员工）职业发展的价值实现需求，从而成为员工工匠精神培育的关键。因此，制造企业要通过制定并实施高品质的服务战略，为企业内外部客户提供个性化、精准化、集成化、高品质的服务。在高品质的服务战略实施过程中，制造企业一方面要以客户需求为核心、以客户满意为目标，构建全方位、全过程、全覆盖的客户服务体系；另一方面，要以员工需求为核心、以员工发展为目标，构建自主参与、协作高效、激发动能的员工管理体系。

7.1.2　营造良好的企业工匠文化

工匠精神既是员工职业精神的集中体现，同时也是企业工匠文化的核心内容。因此，制造企业要将员工工匠精神的培育纳入企业文化建设之中，并通过营造良好的企业工匠文化，促进员工工匠精神的培育。

1. 高度重视企业工匠文化建设

企业文化是企业在生产经营和管理活动中所创造的精神财富和物质财富的总和。企业文化建设是企业全体员工共同参与、同心协力、团结合作的过程，其落脚点关键在于员工的精神塑造和行为引导，让员工形成企业所倡导的共同价值观，并实施符合企业伦理的行为。企业文化建设包括理念层、制度层、行为层和物质层四个层次，其中理念层是企业文化建设的核心，包括企业愿景、使命、价值观、企业精神、道德规范和行为准则等方面。

在理念层面，企业文化的内涵较为广泛，涉及企业成员在处理企业与员工、企业与客户、企业与供应商、企业与竞争对手、企业与社会、企业与生态环境等多方面关系中所坚持的信念、态度和价值观。其中，企业对于产品的高质量要求，对于客户服务的高品质追求，对于智能制造的创新需求以及对于生产经营的服务化转型需求等，均要求员工具备较高的工匠能力和工匠精神。

员工文化是企业员工在工作、生活中所坚持的信念、态度和价值观，是与企业文化相联系、相对应、相交融的一种文化形态。员工文化的核心是员工职业文化，工匠精神既是员工职业文化的核心内容，也是企业工匠文化的核心组成部分。工匠精神既体现了员工对职业技能、职业精神、职业理想的目标追求，是企业对全体员工职业精神与职业品德的核心要求，而且也体现了员工对产品、服务、内外客户的态度和行为准则，是企业打造工匠文化的主要体现。因此，制造企业要将工匠精神培育作为企业工匠文化建设的重要内容，予以高度重视。

2. 强化工匠精神与企业文化的融合

工匠精神是企业精神的重要内容，也是企业文化建设的重要组成部分。因此，在工匠精神的培育中，制造企业要强化工匠精神与企业文化的深度融合，并通过企业文化建设推进工匠精神的培育。

（1）加强工匠精神与企业文化的理念融合。

在理念层面，本书认为现代制造企业的工匠精神包含精益求精、爱岗敬业、持续专注、勇于创新和团队协作五个维度。工匠精神要与企业文化的其他内容，如质量文化、品牌文化、创新文化、人际关系文化、社会责任文化等的核心理念相互融合。

在工匠精神内涵的五个维度上，一方面，精益求精反映了员工对产品与服务质量的追求，持续专注反映了员工对产品和服务完美性和超越性的道技追求，勇于创新反映了员工对产品和自身技艺创新的追求，这三者都与企业的质量观密切相关。因此，在企业文化的理念设计上，要围绕产品与服务质量，提出诸如"质量第一""客户至上""持续创新""追求卓越"等相应的价值观念。另一方面，爱岗敬业反映了员工对所从事职业和岗位的态度，团队协作反映了员工对于与其他团队成员合作的态度，这两者均与企业的人才观密切相关。因此，企业文化也要围绕人才开发与管理，树立诸如"责任担当""师徒传承""尊师重道""协作共赢"等相应的价值观念。

由此可见，工匠精神与企业文化在理念层面是相互交融、相互影响的。制造企业的创立者、高层管理者在重视企业经营发展的同时，要高度重视企业文化的建设，并将工匠精神的核心理念融入企业精神文化体系中。

（2）设计符合工匠精神的企业文化理念体系。

员工工匠精神既是员工职业文化的核心内容，也是企业工匠文化打造的核心内容。可见，制造企业要基于工匠精神，从企业愿景、企业使命和企业精神等方面，设计相适应的企业文化理念体系。

企业愿景是企业最高层领导者对企业未来成为什么样企业的设想，是企业未来的发展蓝图，也是企业终极追求的目标。工匠精神在最高层次强调的是对完美产品的匠艺追求，实现自然规律与职业技能的道技合一。因此，企业愿景的设计要围绕品质、艺术、人文等方面，全面展现为客户提供高附加值的产品与服务以及追求卓越和完美的良好企业形象。

企业使命是企业在推动经济和社会发展中应当承担的责任和义务，是企业在社会上存在的根本理由。工匠精神反映了员工对高品质、高技术含量、高附加值的产品和服务的职业追求，企业使命的设计要将员工的这种职业追求，作为企业为客户提供高品质、高技术含量、高附加值的产品和服务的责任与担当。

企业精神是特定企业全体成员或大多数员工所具备的共同价值观念和态度，属于群体意识并反映了企业成员的总体精神面貌。大多数员工具备的共同的工匠精神属于企业精神的核心组成部分之一，与其他企业精神相辅相成、相互作用。工匠精神反映的是员工对待自我职业发展、产品或服务品质、工作创新、员工协作的态度。因此，制造企业在企业精神内容设计上要做到以下几点。首先，要树立自我实现的人才观，在企业内部倡导形成自我规划、爱岗敬业、自我实现的人才职业发展氛围。其次，要打造协作共赢的人际观，在企业内部的上下级之间、部门之间、同事之间以及与客户的关系中，形成精诚团结、合作共享的人际理念。再次，要形成质量第一、追求完美、客户至上的产品观和服务观。企业要在产品与市场定位、研发设计、生产质量、技术支持、售后服务、经营管理等领域，全面、持久、动态地培育和固化这种以质量和服务为核心的价值观念。最后，要培育别具匠心、革故鼎新的管理观和操作观，在领导者经营管理、员工技术技能等领域，企业要着力打造这种勇于创新的企业精神。

（3）完善工匠精神的企业形象设计。

企业形象是企业文化的外在体现，是企业给内部员工和外部社会公众留下的印象和评价。员工工匠精神作为企业工匠文化的核心理念，是企业形象塑造的重要方面，企业形象要体现企业工匠精神的主要内容。因此，制造企业要通过企业宣传标语、广告设计、宣传展板、文化墙、内部刊物和微信公众号等VI基本要素（顾欣欣，2020），对企业涌现出的杰出工匠人才、优秀工艺产品、杰出模范导师、感人工匠事迹等进行大力表彰和全方位的宣传，为员工工匠精神的培育和企业工匠文化的建设营造良好的舆论氛围。

7.1.3　完善工匠精神培育的制度体系

工匠精神的形成除了需要员工的自我规划、自我管理、自我发展外，还需要企业对员工进行有意识、有组织、有计划的培养与训练，通过完善的管理制度来加以推动。当前，我国不少制造企业在工匠精神培育中仍然存在"重理念，轻制度"的现象。如果企业缺乏良好的管理制度、流程体系，工匠精神的培育也将难以实现。因此，企业管理制度作为员工工匠精神培育的基本条件和重要保障，制造企业要围绕工匠精神的培育需求，科学设计并不断完善企业的制度体系，以确保员工工匠精神的培育能够落地生根、开花结果。

1. 优化企业的人才管理制度

企业的人才管理制度体系包括人才招聘制度、培训开发制度、绩效考核制度以及薪酬激励制度等方面，需要进行全面的优化，以支持工匠精神的培育，具体如下：一是在人才引进过程中，要将员工的职业精神作为非常重要的甄选标准；二是在新员工培训制度中，要重视工匠精神和企业文化方面的培训，在"学徒制"培养中也要高度重视师承制度的建设；三是在绩效考核、职称评审与职级评价中，要将职业精神纳入考核评价体系，并细化评价标准；四是在人才薪酬激励中，要将物质激励与精神激励有机结合，对企业的杰出工匠以及在工匠精神方面表现优秀的员工加大激励力度。

2. 完善管理者与员工导师管理制度

企业管理者和员工导师作为员工工匠精神的关键培育主体，对于员工工匠精神的培育发挥着重要的作用。因此，提升企业管理者和企业导师的能力，激发其对员工工匠精神培育的积极性，对于员工工匠精神的培育显得尤为重要。因此，制造企业要完善企业管理者的领导力培养与考核机制以及员工导师管理制度。其中，员工导师管理制度作为工匠精神培育落地的重要保障，包含企业内部和外部导师的选聘制度、培养制度以及考核激励制度等，需要予以重视和完善。

3. 改进工作规范与企业运营流程

有效的员工工作与行为规范以及科学的业务与管理流程，是员工工作行为的基本依据和准则，也是员工工匠精神培育的重要保障。因此，制造企业，首先要基于企业的业务流程和工作分析，完善员工的岗位工作规范；其次，要根据行业与职业规范、企业文化与管理制度，完善员工的行为规范；最后，要优化企业的业务流程和管理流程，从流程上对各部门内部的员工之间以及不同部门之间的协作进行规范，对企业各级管理者的管理行为进行规范。

7.2 提升企业管理者的领导力

在制造企业内部，员工工匠精神的培育主体包括直接管理者、员工导师、培训师和员工自身四类。其中，直接管理者对员工的理念、态度和行为都将会产生直接的影响力，这种影响力又会受到直接管理者的领导模式与风格、领导能力和领导行为的影响。由此可见，提升制造企业管理者的领导力，对于员工工匠精神的培育具有举足轻重的意义。

7.2.1 重塑企业管理者的领导力模式

作为管理者的核心能力，领导力是指引和影响下属达成组织目标的一种能力，其本质在于影响力。管理者对于下属领导力的作用主要体现在指引、协调和激励三个方面。其中，指引是指管理者通过目标引导、任务分配、支持与指导，帮助下属完成岗位目标；协调是指管理者通过协调组织内外员工关系以实现组织目标；激励是管理者通过授权、能力开发、潜能激发、心理激励等赋能行为，激励员工高效完成岗位工作，实现自我职业价值。

多数学者认为，工匠精神是员工在工作中持久专注、深度卷入并高度敬业的集中体现（邓志华和肖小虹，2020a），管理者通过工作指引、榜样示范、授权赋能、关系协调等对员工的工作认同、心理需求满足、自我效能等产生影响，进而对员工的工作态度、价值观念产生影响，并促进员工的工作专注度、卷入度和敬业度的提升，最终影响到员工工匠精神的形成。由此可见，管理者的领导力对于员工工匠精神的培育具有非常重要的影响。

聚焦到具体的领导风格，本书研究发现，从传统领导力出发的家长式领导和从现代领导力出发的精神型领导，均对员工工匠精神的培育和发展具有重要的影响作用。首先，家长式领导包括仁慈领导、德行领导和威权领导三个维度。其中，仁慈领导根植于儒家思想，核心在于强调领导者给予员工个性且长久的关怀，通过给予员工关心照顾、创造机会和平台、为员工提供帮助、员工犯错时予以宽容和体谅、与员工资源共享等行为，有助于促进员工工匠精神水平的提升；德行领导倡导公平、维护平等、尽职尽责，通过匹配员工价值观、为员工树立道德榜样、对待工作认真负责、重视诚信、营造公平和开放的氛围等行为，同样有助于促进员工工匠精神水平的提升；威权领导则强调个人权威主义，通过要求员工无条件服从领导、当面训斥员工、贬低员工等行为，抑制员工工匠精神的产生。其次，对于精神型领导，通过为组织及其下属共同谋划愿景、给予下属对于工作的信念和希望、运用利他之爱在工作中关怀下属、满足下属的各种需求等方式，不仅可以大大激发员工的敬业度和专注度，而且还培养了员工精益求精、勇于创新的工作态度，并有益于提高组织内部的团队协作水平，促进员工工匠精神的提升。

为了应对经济环境的动态化和复杂化，企业需要不断调整战略来应对内外部压力，寻求在激烈的市场竞争下长久立足、稳步向上的管理模式。在组织结构逐渐扁平化和网络日益盛行的现实背景下，充分调动员工的积极性和运用员工的力量显得尤为重要。因此，员工工匠精神在组织管理环境中的价值日益凸显。本书通过实证分析发现仁慈领导、德行领导都能显著促进员工工匠精神水平的提高，威权领导对员工工匠精神会产生显著的负向影响。因此，要积极弘扬仁慈领导风格和德行领导风格，将两种领导方式的积极效应发挥到最大。同时，对于威权领导风格，既要重视其能带给员工安全感等优点，合理加以鼓励，而且又要注意规避其强调权力高度集中以及当面训斥、贬低员工等缺点带来的消极影响。此外，为改善当今社会利益至上、物质为王而忽视企业员工内在精神和信念强大作用的现状，企业可以考虑运用精神型领导的方式，充分运用物质利益和精神信念这两种激励手段，双管齐下，继而提高现代企业员工的工匠精神，增强企业在市场中的竞争力。

7.2.2 企业管理者领导力的提升策略

当前我国不少制造企业在发展过程中，仍然存在"重经营，轻管理"的现象，对企业管理者的能力尤其是领导力的开发尤其不足，进而影响员工工匠精神的培育。因此，对于制造企业而言，通过实施有针对性的培训活动，着力提升管理者在工匠精神培育方面的领导力，显得尤为重要和迫切。

1. 科学分析管理者领导力培训的需求

按照管理层次，企业管理者可以分为高层管理者、中层管理者和基层管理者三类。管理者领导力培训需求分析的目的有两个方面：一是确定管理者培训对象，二是确定管理者领导力的培训内容。管理者领导力的培训需求分析可以从组织、任务和人员三个方面进行。

组织层面分析主要分析企业整体范围内的管理者培训需求。制造企业要根据企业所处发展阶段，从企业当前的发展战略、企业文化、员工关系、管理效率等方面寻找管理者培训需求的压力点，重点分析战略执行效率、部门效率与效益、员工对管理者的投诉率、管理者离职率等方面的指标。

任务层面分析主要分析管理者领导力培训的内容。制造企业可以通过管理者工作分析、管理者绩效考评、员工满意度测评等方面，分析确定管理者领导力需要培训的内容。

人员层面分析主要确定管理者领导力培训的人员。制造企业可以通过管理者素质测评、管理者业绩考核记录、管理者领导力培训需求问卷，确定企业需要培训的各级管理人员。

2. 合理制定管理者领导力提升的内容

从管理者对员工工匠精神的影响路径可以看出，管理者的战略管理能力、赋能管理能力、沟通协调能力、质量与流程管理能力以及制度与文化建设能力等方面的领导力，对员工工匠精神的影响较为重要。因此，制造企业要以管理者的这几项领导力为培训培育目标，根据企业文化和战略，并结合企业管理者领导力的培训需求分析结果，有针对性地培养管理者的仁慈领导、德行领导和精神型领导等有助于提升员工工匠精神的领导风格，建构管理者领导力提升的内容体系。

在管理者领导力提升的内容体系确定后，制造企业还需要根据该内容体系，由培训部门组织企业内外部的培训专家，差异化地制定适合企业各级管理者领导力提升的课程体系，设置相应的培训项目，并将培训项目纳入企业管理者的年度培训计划。

3. 采用适宜的管理者领导力培训方式

从员工工匠精神培育的角度来看，在确定了企业管理者领导力的培训需求和培训内容后，制造企业还要根据培训对象的层次，采用相适应的领导力培训方式与方法。

其一，针对企业高层管理者，领导力培训的内容重点在于战略管理、领导艺术、影响力、企业文化、赋能管理等方面。相应地，其培训方式可以采用高级研习班、报告会、研讨会以及 MBA、EMBA 进修等方式。

其二，针对企业中层管理者，领导力培训的内容重点在于授权、组织文化、沟通艺术、关系管理、激励等方面。相应地，其培训方式可以采用研习班、专题讲座、头脑风暴法、初级董事会、案例分析法、行动学习以及 MBA 进修等方式。

其三，针对企业基层管理者，领导力培训的内容重点在于执行力、组织行为、精细管理、管理沟通、人际关系等方面。相应地，其培训方式可以采用专家授课、专题讲座、行动学习、角色扮演、敏感性训练以及 MBA 进修等方式。

7.3　增强企业导师的工匠精神形塑力

作为员工工匠精神最重要的培育主体之一，企业导师对于员工工匠精神的培育具有举足轻重的影响。企业导师的工匠精神形塑力的高低，直接关系着员工工匠精神培育的成效。因此，制造企业在实施学徒制的过程中，要高度重视企业导师工匠精神形塑力的提升，着力打造一支素质优良的企业导师团队。

7.3.1　重视企业导师的工匠精神形塑作用

学徒制是我国制造企业工匠精神传承和培育最为重要的机制。在学徒中，导师不仅通过工作指导，将技艺、技能传授给了学徒，而且通过为学徒提供职业生涯指导和心理指导，也将工作理念、行为规范和职业精神传递给了学徒。此外，导师会以自身的品德、价值观潜移默化地影响学徒。由此可见，企业导师对于学徒工匠精神的培养具有关键性的形塑作用。具体来说，在学徒制中，导师对学徒工匠精神的影响机制主要包括以下三种。

1. 学习机制

当学徒与企业导师的师徒关系建立以后，在学徒的工作过程中，企业导师对学徒进行技艺传授、工作指导和思想教育，学徒通过向导师学习，获得工作相关的技术、技能，并对所从事的工作和职业的态度、理念和精神等形成印记（曾颢和赵曙明，2020），经过学徒自身的理解、加工和改造，逐渐内化并形成学徒内在的工作理念、态度与职业精神。

2. 认同机制

在师徒之间的教学互动中，经过持续、动态的学习过程，学徒会对学习中从企业导师身上获得的工作理念、工作方法、工作态度和职业精神等进行辨识，有选择地形成自我认同感，并逐渐将其固化，在动态的认知中不断加以提升，进而形成员工内在的、稳定的、持续的工匠精神。

3. 模范机制

在师徒之间的动态关系中，具有高超技艺、高尚品行和优秀成果的企业导师容易得到学徒高度的认可与尊重，并成为学徒的角色模范。企业导师的技艺技能、职业精神、人格魅力等对学徒都会产生潜移默化的影响，在学徒身上产生烙印，学徒也会在不知不觉中从心理上认同导师，在行为上模仿导师，并逐渐与导师的工作态度、职业精神等趋同。

7.3.2 企业导师工匠精神形塑力的打造

在学徒制中，企业导师的技艺技能、职业精神和引导能力的高低是学徒工匠精神培养成败的关键。因此，制造企业要着力打造一支技艺高超、爱岗敬业、勇于创新、人格高尚、乐于奉献的企业导师团队，具体包含以下几个方面。

1. 完善企业导师的选拔机制

在学徒制的实施中，企业导师的合理配置对于学徒工匠精神的培育尤为重要。因此，对制造企业而言，首当其冲的就是要建立健全企业导师的选拔机制。

首先，建立企业导师胜任力评价指标体系和评价标准体系。要根据学徒的岗位性质、岗位层级和工作要求等特点，从知识技能、工作态度、职业精神、指导能力等方面，构建分层分类的企业导师胜任力评价指标体系和评价标准体系。

其次，组建企业导师能力评价委员会。企业导师能力评价委员会，可以由企业相关高层领导、模范企业导师和外聘专家等人员共同组成。在组建企业导师能力评价委员会后，要制定企业导师能力评价委员会的职权职责和运行机制。

再次，完善企业导师的甄选机制和信息库。在企业导师选拔的过程中，要遵循公开、公平、公正的原则，由企业导师能力评价委员会经过对报名人员的综合评价，择优挑选素质优良、经验丰富、乐于奉献的企业导师，并建立和完善企业导师信息库。

最后，完善学徒的企业导师配置机制。在企业导师的配置过程中，要根据学徒的岗位性质、技术技能、经验经历、个性心理等因素进行综合考量，为企业的每个学徒配备适合的企业导师，为学徒制的有效运行奠定基础。

2. 完善企业导师的培训机制

对于选拔出来的企业导师，制造企业还需要对他们进行一定的培训，以提升企业导师的业务指导能力和工匠精神形塑能力。

首先，确定企业导师的培训需求。应综合考虑企业的战略发展需求、员工的指导需求以及企业导师的能力开发需求等因素，确定企业导师培训的人员需求和项目需求。

其次，制订企业导师的培训计划。在企业导师培训需求确定的基础上，要制订企业导师的培训计划，确定企业导师的培训目的、培训内容、培训师、培训方式和培训时间等。其中，企业导师的培训内容主要在于导师工作流程、导师素质提升、指导态度培训等方面；培训师要选择技艺高超、培训经验丰富、富有影响力、资历较深的劳动模范、典型人物等。

最后，完善企业导师的培训效果评估机制。在企业导师培训计划实施后，还需要对企业导师的培训效果进行评估。可以从技术技能提升、工作态度转变、职业精神塑造、指导能力提高等维度，对企业导师培训的效果进行综合评估。

3. 完善企业导师的考核与激励机制

为了加强对企业导师的管理，制造企业还需要建立并完善企业导师的考核与激励机制。

首先，要强化企业导师的考核机制。对于年度业绩考核不合格的指导老师，通过绩效沟通与反馈，找出存在的问题、提出改进的办法，需要进行培训的纳入企业导师培训计划。而对于两次以上考核不符合要求的企业导师，应当从企业导师信息库中退出。

其次，要完善企业导师的激励机制。一方面，对于指导业绩优秀的企业导师，给予相应的指导津贴和奖励津贴，并作为企业导师的重要晋升依据。另一方面，要加大对企业导师的精神激励力度，如在企业内评选模范企业导师、优秀企业导师等，进一步激发他们的工作积极性。

4. 塑造尊师重道的文化氛围

师徒关系是影响学徒制实施的一个重要因素，企业导师的角色模范对于企业员工工匠精神的形成具有潜移默化的影响，学徒对待导师的态度直接影响到学徒的学习态度和学习行为。可见，尊师重道是员工工匠精神培育的基石（安丰金和焦新伟，2021）。因此，制造企业要重视塑造尊师重道的良好文化氛围。

首先，宣传尊师重道的文化理念。我国自古以来就有尊师重道的优秀传统，企业可以通过内部的各类宣传媒介，广泛宣传我国古代和现代尊师重道的典型事例，大力弘扬尊师重道的中华优秀传统。

其次，加大对模范导师的宣传力度。可以通过企业内部和外部的各类媒体，宣传报道企业模范导师的优秀成果、感人事迹，引导企业学徒以模范导师为角色榜样，通过模仿学习形塑自身的工匠精神。

最后，制定学徒的行为规范。制造企业在学徒制的实施中，要制定并完善学徒的行为规范。例如，在师徒关系形成中，举行拜师仪式可以使得学徒对导师更加尊重，在企业内形成良好的尊师重道氛围。

7.4　完善工匠精神培育的人力资源管理机制

有效的人力资源管理机制是员工工匠精神培育的基础条件和重要保障。因此，制造企业要从员工选聘、员工培养、员工考核和员工激励四个方面完善相关的管理机制，以保障员工工匠精神培育活动的顺利实施。

7.4.1　基于工匠精神改进员工选聘机制

当前，许多制造企业在员工选聘中仍然存在"重学历、轻能力"，对员工职业精神、职业价值观考察不够重视的现象，导致引进的人才实践能力不足、职业精神缺乏，既影响了企业生产经营任务的完成，同时也造成了由于职业生涯发展受阻而导致的人才流失问题。因此，制造企业要以工匠精神为标准，不断完善员工的选聘机制。

企业招聘录用的员工是工匠精神培育的基础条件，直接影响到企业工匠精神培育的难度和效率。因此，制造企业在员工选聘中，需要选择具有良好工作态度和职业精神的人才。人才甄选标准是影响企业员工选聘效果的关键因素，企业人力资源管理部门要通过工作分析，构建基于工匠精神的人才胜任力模型。在工匠精神方面，按照精益求精、爱岗敬业、持续专注、勇于创新和团队协作五个维度，设定相应的细化评价指标。在运用人才胜任力模型进行员工甄选的过程中，企业还需要实施霍兰德职业兴趣测试、人格测试等心理测评工具，对应聘的人才进行综合素质测评。

7.4.2　改善员工工匠精神的培养机制

员工工匠精神的形成不能仅靠员工自身的自发自觉来实现，制造企业需要通过改善员工工匠精神的培养机制来加以形塑。具体而言，企业可以从完善学徒制和培训制度两个方面着手，来培养员工的工匠精神。

1. 完善企业学徒制

学徒制是员工工匠精神培养的重要机制，对员工工匠精神的形成发挥着至关重要的影响。自2018年11月国家人力资源和社会保障部、财政部共同印发《关于全面推行企业新型学徒制的意见》以来，企业新型学徒制正在我国全面推进实施。所谓新型学徒制，是通过企校合作等方式，以技能岗位新招用人员和新转岗人员为对象，以培养企业中高级技能人才为目标。在此背景下，制造企业要探索实施具有自身特色的新型学徒制。

在新型学徒制的实施中，一方面制造企业在制定培养方案的过程中，要将工匠精神的培育作为重要的培养目标，通过企业和学校"双导师"共同培育员工的工匠精神；另一方面，在培养课程的设置中，要建立工匠精神培养课程体系，既包含学校的理论课程，同时也要包含企业的实践课程。

2. 完善企业培训制度

培训是员工工匠精神的培育的重要手段。因此，制造企业要以工匠精神培育为目标和内容，完善各项培训制度。

首先，将工匠精神纳入员工培训计划。制造企业在制订员工培训计划时，要将工匠精神作为员工培训的重要目标与任务，并根据培训对象的不同，有针对性地设置工匠精神培训专项课程。

其次，重视新员工的企业文化培训。在新员工进入企业后，企业在新员工培训中要高度重视企业文化培训，将企业愿景、使命、企业精神、工匠精神等内容传递给新员工，增进他们对企业的了解和认同感。

最后，工匠精神培训与业务培训相结合。制造企业要在员工的日常业务培训中，充分体现工匠精神培育的核心内容，实现员工工匠精神培育的常态化以及与业务培训的紧密衔接，增强培育的效果。

7.4.3　优化员工工匠精神培育的考核机制

在工匠精神培养方案实施后，还需要对员工工匠精神的培育效果进行考核。因此，制造企业需要建立并优化员工工匠精神培育的考核机制，通过诊断反馈，找出员工工匠精神培育中存在的问题，分析原因，为培养方案的改进提供依据。

在员工工匠精神培育的考核机制优化中，一方面要对员工的工匠精神水平进行考核，通过对比分析培育前后员工的工作行为、工作态度和工作业绩等方面的变化，评估员工工匠精神的提升状况。同时，通过绩效面谈找出工匠精神培育的关键短板，提出有针对性的改善建议，并进一步优化原有的工匠精神培养方案。另一方面，要加强对员工工匠精神培育的主体，例如，企业培训部门负责人、员工的直线管理者、企业导师等进行工匠精神培育工作的考核，找出员工工匠精神培育过程中的制度、流程等方面的问题，并予以及时改进。

7.4.4　健全员工工匠精神培育的激励机制

当前，我国不少制造企业还存在员工薪资水平较低、职业发展通道不畅、有效的精神激励不足等激励机制问题，既影响了企业人才的外部招聘，也导致了企业现有员工的工作积极性低下、工匠精神缺乏甚至人才流失。由此可见，激励机制是员工工匠精神培育的坚实保障，制造企业要高度重视人才激励机制建设，通过设计有效的激励机制，促进员工工匠精神培育方案的顺利实施。

1. 物质激励机制

在物质激励方面，制造企业要按照公平性、竞争性和激励性的原则，设计合理的员工薪酬体系。其中，公平性要求员工的岗位薪酬要以岗位价值为基础，反映岗位对企业的贡献，制造企业要在工作分析和岗位评价的基础上，设计科学的岗位薪酬体系；竞争性要求企业薪酬在行业中具有一定的外部竞争性，制造企业要在市场薪酬调查的基础上，按照企业战略、财务状况和行业定位等，设计具有一定竞争性的薪酬水平；激励性要求员工薪酬要具有较强的激励功能，制造企业要以员工的绩效、能力和贡献为依据，设计科学的绩效薪酬体系和能力薪酬体系，以激励员工持续提升职业能力和绩效水平，培养他们的工匠精神。

此外，制造企业在物质激励中，还要注重短期激励与长期激励相结合。对于企业的核心员工，如高级管理人才、高级技术人才和高级技能人才等，企业需要设计有效的长期激励机制，使得企业的核心人才与企业的长期发展密切关联，成为命运共同体。具体来说，企业可以通过员工持股计划、股票期权等多种方式，有效激励企业的核心员工，以留住企业的核心人才，激发他们的工作潜能，提升他们对企业的忠诚度。

2. 精神激励机制

在物质激励的基础上，制造企业还要完善精神激励机制。其中，在荣誉奖项方面，企业可以设立工匠大师、精英人才、劳动模范、技术能手等荣誉称号，设置技术革新奖、技能竞赛奖、突出贡献人才奖等奖项，并通过企业内外媒体加大对工匠人才的宣传力度；在成就发展方面，企业可以为员工做好职业生涯规划与管理工作，畅通企业人才的双重职业发展通道，鼓励人才参与企业管理，建立并完善员工的建言制度等。

7.5　加强企业工匠精神培育的外部保障

工匠精神培育系统是一个由制造企业、学校、政府部门、行业协会等培育主体，制造企业员工、培育环境以及相关要素的作用机制等构成的相互联系、相互作用的动态生态系统。在培育主体的功能上，工匠精神的培育要以制造企业为主导，以企业员工为中心，学校、政府部门、行业协会等主体共同参与，通过多主体的密切配合、协同合作来实现。因此，工匠精神的培育，既需要制造企业优化培育与管理机制，也需要学校、地方政府和行业协会等培育主体完善工匠精神培育的相关保障机制。

7.5.1　完善学校工匠精神培育机制

学校是人才培养的摇篮，是制造企业人才的输送基地，也是制造企业人才培养的合作伙伴。在校学习生涯是人才职业成长与发展的准备期，制造企业员工工匠精神的形成与其在校期间接受的职业精神培养密不可分。因此，作为制造企业人才供给的本科院校和职业院校，要以工匠精神培育为核心，加强教学改革，完善相关人才培养机制。

1. 加强本科院校工匠精神培育的教学改革

本科院校毕业生是制造企业核心人才招聘的重要对象，学生在校期间职业精神的培养对于制造企业培育员工工匠精神具有极其重要的影响。因此，本科院校要通过教学改革，培育在校学生的工匠精神。其主要措施如下：

首先，基于工匠精神完善人才培养方案。在本科院校的人才培养方案改革中，要将学生的工匠精神作为重要的培养目标和培养任务，按照学生学科、专业的不同，细化工匠精神的理念结构和内容，并将其纳入人才培养体系。

其次，加快工匠精神培养的课程教学改革。在课程教学改革中，要将工匠精神融入课程教学大纲，并在教师教学活动中对学生的工匠精神进行形塑和引导。可以将思政课程、职业规划课程等作为工匠精神培养的重点专项课程，在其他基础课程和专业课程教学中也融入工匠精神的理念。

再次，加强辅导员和学业导师对学生工匠精神的引导。在学生工作中，辅导员和学业导师在学生的职业生涯规划和专业指导的过程中，要加强对学生工作价值观、职业精神等方面的引导，提高学生的职业素养。

最后，加强企业实习中学生工匠精神的培养。在学生的企业认识实习和专业实习中，实习负责教师要与企业共同制订企业实习计划，协同企业培训导师在学生的企业实习活动中培育学生的工匠精神。

2. 基于工匠精神完善职业院校的现代学徒制

职业院校学生作为制造企业技能人才招聘的主要供给来源，其在校期间工匠精神的培养水平是制造企业技能人才工匠精神培育的重要基础条件。现代学徒制是我国职业教育人才培养的主要模式，也是我国职业教育体系改革的重点方向，更是职业院校学生工匠精神培育的重要机制。具体而言，在现代学徒制模式中，培养学生工匠精神要关注三个方面。

首先，将工匠精神作为学徒培养的重要目标。制造企业与职业院校在共同制定学徒培养方案时，要以企业工匠人才胜任力为基准，科学设定学徒培养目标体系，将工匠精神的培养和工匠能力的培养摆在同等重要的位置。对于工匠精神的培养目标，可以按照精益求精、爱岗敬业、持续专注、勇于创新和团队协作五个维度，设置具体的培养目标和任务。

其次，构建工匠精神培养的课程体系。在工匠精神培养的课程体系设置中，既要包含专项课程，也要包括融入课程。在当前工匠精神专项课程较为缺乏的情况下，职业院校要高度重视工匠精神专项课程的开发，鼓励教师编著诸如自制力、创新学、细节管理、团队沟通等教材。融入课程可以包括思政课、专业课、规划课等，要从课程目标、教学内容、教学考核等方面将工匠精神的内涵融入这些课程教学的全过程。

最后，在实践课中践行工匠精神。一是要将工匠精神的形塑作为实践课程的重要目标、学习内容和考核任务，并制定相应的教学大纲和考核制度；二是要加强校企合作，合作企业需要对学生的企业导师在教学内容、教学方式和教学方法等方面开展相应的培训，并制定有效的激励机制，充分发挥企业导师言传身教的形塑作用；三是要将工匠精神作为学生考核的重要指标内容，制定合理的考核标准，将考核结果与学生留企相挂钩（安丰金和焦新伟，2021）。

7.5.2　优化地区工匠文化培育机制

当前，我国技能人才的社会地位和经济地位偏低，导致人们不愿意从事而且更不愿意自己的子女从事技能生产工作，使得许多具有中国传统文化和家族特色的技术技能传承之路被中断和阻断，并造成了当前社会工匠文化的缺失。因此，优化地区工匠文化的培育机制，对于地区制造企业培育员工工匠精神具有非常重要的意义，具体措施如下：

1. 加强高层次工匠型人才培养工程建设

高层次工匠型人才是具有较强工匠能力和工匠精神的领军人才。加强地区高层次工匠型人才的培养，有助于树立地区工匠模范，弘扬地区工匠精神与工匠文化。因此，地方政府在中长期人才规划中要加强工匠型人才的培养工程建设，重点是要深入实施高技能领军人才培养工程。相关政府部门要通过实施高技能人才培训项目，建设高技能人才公共实训基地，资助企业建设技能大师工作室等，大力加强地区高技能人才队伍建设。

2. 打造地区工匠文化建设平台

良好的交流与建设平台既是工匠能力提升的重要途径，也是工匠精神孕育的重要载体，地区工匠精神的培育和工匠文化建设离不开相关平台的打造。因此，地方政府可以通过举办职业技能大赛、召开地区性职工创新大会、劳模评选大会、工匠人才选拔推进会、工匠人才交流会、推进校企合作联盟等措施，促进地区工匠文化建设。

3. 营造地区工匠文化氛围

工匠文化氛围是工匠精神孕育和传承的播种机与催化剂，对于工匠精神的培育和工匠文化的建设发挥着尤为重要的影响。地方政府相关部门，要充分利用官方主流媒体和新兴自媒体平台，挖掘地方典型工匠故事，弘扬精益求精、爱岗敬业、持续专注、勇于创新、追求卓越等工匠精神的文化理念，宣传报道地区典型企业、劳动模范等，在全社会形成"尊重工匠、尊重劳动、尊重技术、尊重创新"的良好文化氛围。

7.5.3 健全行业工匠精神培育机制

员工工匠精神的内涵在不同行业中具有一定的差异，而在相同的行业中则具有较多的共性特征。因此，行业协会作为制造企业工匠精神的重要培育主体，应当建立和完善本行业工匠精神的培育机制，以带动、引领和规范行业内制造企业工匠精神的培育行为，营造良好的行业工匠文化。

1. 建立工匠精神培育的行业标准

工匠精神的行业标准是某个行业相关从业人员职业精神的一个重要评价标

准。科学制定工匠精神培育的行业标准，有助于对所在行业员工工匠精神的培育活动进行引导和规范。实践中，地方行业协会可以邀请人力资源和社会保障部门、教育部门等部门的相关领导、行业领军企业相关负责人、行业工匠大师和相关学术专家等，借鉴国内外有益的经验，并结合本行业及行业内相关职业的特点，共同研究制定本行业相关从业人员工匠精神培育的指标体系和标准体系，为本行业内员工工匠精神的培育提供重要指引。

2. 制定员工职业道德与行为规范

职业道德与行为规范是员工从事某一职业的行为道德和行为准则。制定基于工匠精神的职业道德与行为规范，有助于对制造企业员工的职业行为进行规范。因此，行业协会在建立工匠精神培育的行业标准的基础上，还需要组织行业相关专家，制定本行业内相关职业的职业道德和行为规范，并建立相应的考核标准与奖惩制度，以规范行业内员工的职业行为，为本行业内制造企业员工的职业行为提供基本依据和规则。

3. 搭建企业间交流协作平台

企业之间的交流协作是工匠精神培育和工匠文化氛围形成的重要途径之一，搭建行业内企业的交流协作平台，对于行业工匠文化的建设具有重要意义。因此，行业协会要通过举办企业家论坛、工匠人才交流会、行业职业技能竞赛、企业工匠人才招聘会等途径，大力促进行业内制造企业之间的交流与协作，为工匠型人才的职业能力提升和文化交流提供良好的支撑平台，以塑造具有较强影响力、导向力和凝聚力的行业工匠文化。

7.6　本　章　小　结

工匠精神的培育和弘扬已经成为国家战略，受到了从中央到地方的各级党委和政府以及社会各界的高度关注。本章在前文研究的基础上，从企业、学校、政府、行业协会等相关主体协同的视角出发，从企业的顶层设计、管理者领导力、导师形塑力、人力资源管理机制以及外部保障五个方面，提出了制造企业员工工匠精神的培育对策。

（1）强化工匠精神培育的顶层设计，主要包括：制定引领工匠精神的企业战略；营造良好的企业工匠文化；完善工匠精神培育的制度体系。

（2）提升企业管理者的领导力，主要包括：重塑企业管理者的领导力模式；通过科学分析管理者领导力培训的需求、合理制定管理者领导力提升的内容、采用适宜的管理者领导力培训方式，有效增强管理者的领导力。

（3）增强企业导师的工匠精神形塑力，主要包括：重视企业导师的工匠精神形塑作用；完善企业导师的选拔机制、培训机制、考核与激励机制；塑造尊师重道的文化氛围。

（4）完善工匠精神培育的人力资源管理机制，主要包括：基于工匠精神改进员工选聘机制；改善员工工匠精神的培养机制；优化员工工匠精神培育的考核机制；健全员工工匠精神培育的激励机制。

（5）加强企业工匠精神培育的外部保障，主要包括：完善学校工匠精神培育机制；优化地区工匠文化培育机制；健全行业工匠精神培育机制。

第 8 章　结论与展望

8.1　研究结论

围绕新时代背景下我国制造企业员工工匠精神的培育问题，本书综合采用定性分析与定量分析相结合的方法，在建构制造企业员工工匠精神的概念并开发工匠精神测量量表的基础上，从领导力的角度出发探讨了家长式领导和精神型领导对员工工匠精神的影响机理，并通过多案例探索性分析建立了员工工匠精神的形成机制模型，进而提出员工工匠精神培育的有效对策，主要研究结论如下。

（1）本书从传统特征和现代特征交融的视角，剖析了制造企业员工工匠精神的概念结构，得到精益求精、爱岗敬业和持续专注等工匠精神的传统维度以及勇于创新、团队协作等现代维度。在此基础上，严格依据心理学量表开发程序编制出相应量表并通过了统计性检验，得到了共包含22个题项的工匠精神测量工具。通过数据检验和分析，验证了该量表具有良好的信度和效度。此外，为了进一步验证量表的科学性，运用自编的工匠精神量表对样本员工的工匠精神进行测评，结果发现：其一，持续专注和勇于创新两个维度与其他维度相比评分较低，持续专注作为道技合一的理想工作状态，是对人才素质的高层次要求，而勇于创新则侧重于对人才技术潜能的考察，两个维度是智能制造时代对员工提出的更高挑战；其二，总体而言，员工的学历、职级越高，其工匠精神水平也越高，说明无论是学校教育还是企业培养，对员工工匠精神的提升都能产生积极的作用。

（2）从传统领导力——家长式领导来看，本书发现，家长式领导对员工工匠精神具有显著影响，其中的仁慈领导和德行领导对员工工匠精神产生显著的正向影响，威权领导对员工工匠精神产生显著的负向影响；员工工作卷入能部分中介仁慈领导和德行领导对员工工匠精神的正向影响作用，部分中介威权领导对员工工匠精神的负向影响作用；团队积极情绪氛围正向调节仁慈领导和德行领导对员工工作卷入的正向影响，即团队积极情绪氛围水平越高，仁慈领导和德行领导对员工工作卷入的正向影响越大；团队积极情绪氛围对威权领导与员工工作卷入的负向调节不显著。从现代领导力——精神型领导来看，精神型领导为员工工匠精神的激发和培育带来积极影响；员工自主性动机能部分中介精神型领导对员工工匠精神的正向影响作用；关怀型伦理氛围正向调节了精神型领导对员工自主性动机的积极影响。关怀型伦理氛围水平越高，其与精神型领导内涵的匹配程度就越高，员工就更容易认同领导的观点，促使其产生为实现组织目标而奋斗的内源性动机，进而员工的自主性动机就越强。

（3）本书扎根于工匠精神培育的优秀企业实践，从心理学视角出发，基于文献回顾与总结，并结合勒温场论与精神分析理论中的结构层次观点提出先导构念，采取探索性多案例研究方法，以解答在具体实践中工匠精神的操作化定义（What）以及如何形成工匠精神（How）的问题，得到如下结论：其一，本书得到工匠精神在员工个体身上表现为一种在物我场域由个体内在精神性需求驱动的稳态动力模式。具体来说，工匠精神包含精神需求的动力源、内在伦理规范的约束指导和针对任务展开的自我管控过程三个部分；其二，工匠精神的形成表现为员工追求内在的心理满足与自我实现的过程，个体与组织之间的密切联系与相互作用是工匠精神在个体身上形成的巨大推动力；其三，组织的形塑作用是工匠精神培育的关键，主要体现在领导者的引领作用与群体氛围的感染作用。

（4）基于工匠精神的概念建构、量表开发、形成机理实证分析和形成机制案例分析的结果，本书遵循企业自身与学校、政府、行业协会等外部主体协同培育工匠精神的思路，较为系统地提出了制造企业员工工匠精神的培育对策，包括五个方面：强化工匠精神培育的顶层设计；提升企业管理者的领导力；增强企业导师的工匠精神形塑力；完善工匠精神培育的人力资源管理机制；加强企业工匠精神培育的外部保障。

8.2　研究展望

由于研究时间、条件等方面的限制，本书还存在一些不足之处，需要在今后的研究中加以完善。

（1）工匠精神概念建构和量表开发方面，由于现代生产工艺流程被分割，生产者往往只承担生产线上的某一个工艺，工匠精神也会随着生产者这一载体发生分解与转型。因此，工匠精神的内涵在具有较多共性的同时也存在特定的职业指向。本书针对一般意义上的制造企业员工的工匠精神进行考量，未根据制造业内的不同职业类型进行细分并展开探索，未来研究可根据制造企业员工不同的职业角色，更有针对性地探索工匠精神的概念维度以及测量量表，从而为工匠精神的测量提供更为科学的评判尺度。同时，受条件限制，本书的问卷调查样本规模有限，其代表性以及研究结论的普适性会受到一定的影响，未来研究可拓展地区和企业覆盖面，尽可能地扩大样本量，从而更客观地反映我国制造企业员工的工匠精神现状。

（2）领导风格作用于工匠精神的机理研究方面，一是本书对每个工作团队的数据集中在同一个时间点进行收集。实际上，家长式领导和精神型领导对员工工匠精神的影响应该存在着一定的延迟效应，在时间和条件可以满足的情况下，未来可以考虑开展纵向研究，采用多时点观察，更加准确地厘清变量之间的关系。二是本书发现员工工作卷入部分中介家长式领导对员工工匠精神的影响，员工自主性动机也部分中介精神型领导对员工工匠精神的影响，可能还存在其他的中介作用路径。另外，本书仅分别考察了团队积极情绪氛围和关怀型伦理氛围的调节作用。未来研究可以选取其他中介变量和调节变量，开展更加全面、深入的分析，以拓展领导风格对员工工匠精神的影响路径及边界条件。三是除了工匠精神测量量表之外，本书采用的量表部分是由国外学者开发的量表翻译而来，虽然选取的都是权威量表，但是将国外量表直接应用到中国情境中可能会存在一定的局限性。未来研究可以考虑立足于中国特定的组织文化环境，开发出更加符合中国文化情境的量表，以提高测量的有效性。

（3）基于优秀企业实践的多案例研究部分，一是在研究方法方面，本书为了探究制造企业员工工匠精神的形成机制，以逐项复制逻辑对在工匠精神培育方面具有较高代表性的三家制造企业进行分析研究并得到有较好普适性的研究结论，对比性分析较为缺乏。未来可从案例的典型性出发，选择差异较大的更多案例展开差别复制的多案例研究，以增强相关研究的多样性，同时可采用竞争理论的方式完成对现有理论的有效性佐证。二是在研究主体方面，本书仅聚焦于员工个体层面，以较微观的视角探究工匠精神的内涵及形成过程。实际上，工匠精神作为一个多层面概念，未来可从团队、组织乃至国家等多个层面进行界定。此外，工匠精神存在特定的职业指向，本书基于一般性考虑并未对制造企业中的职业群体作具体划分，未来可针对不同的职业类型展开案例探究，为管理实践提供更具有指向性的参考。

附录 I　工匠精神现状调查问卷

尊敬的女士/先生：

您好，非常感谢您花时间和精力来填答这份问卷！

本次调查旨在了解制造企业员工的工匠精神现状，为课题研究提供重要依据。本问卷不记名填写，不涉及您的个人隐私和公司的商业机密，并严格按照《统计法》的有关规定为您保密，调查结果仅作学术研究之用。您的回答对于我们的研究具有重要的参考价值，为了保证科学研究的质量，我们期待您真实地表达自己的想法。衷心感谢您的支持与合作！

一、个人基本信息部分

请在对应的方框上打"√"或在"_____"上填写。

1. 您的性别：

□男　　□女

2. 您的文化程度：

□高中及以下　　□大专　　□大学本科　　□研究生

3. 您所在公司的领域：

□农副食品加工业

□食品制造业

□酒、饮料和精制茶制造业

□烟草制品业

□纺织业

□纺织服装、服饰业

□皮革、毛皮、羽毛及其制品和制鞋业

□木材加工和木、竹、藤、棕、草制品业

□造纸和纸制品业

□家具制造业

□印刷和记录媒介复制业

□文教、工美、体育和娱乐用品制造业

□石油加工、炼焦和核燃料加工业

□化学原料和化学制品制造业

□医药制造业

□化学纤维制造业

□橡胶和塑料制品业

□非金属矿物制品业

□黑色金属冶炼和压延加工业

□有色金属冶炼和压延加工业

□金属制品业

□通用设备制造业

□专用设备制造业

□汽车制造业

□铁路、船舶、航空航天和其他交通运输设备制造业

□电气机械和器材制造业

□计算机、通信和其他电子设备制造业

□仪器仪表制造业

□其他制造业

□废弃资源综合利用业

□金属制品、机械和设备修理业

□其他_____（若有，请填写）

4. 您在本公司的工作年限：

□1 年以下　□1 ~ 2 年　□2 ~ 3 年　□3 ~ 5 年　□5 年以上

5. 您在公司中的职级：

□普通员工　□基层管理人员　□中层管理人员　□高层管理人员

□其他_____（若有，请填写）

二、调查题项部分

说明：请根据您在过去一段时间内的真实工作体验作答。请在对应的数字上打"√"。

说明：请根据您的真实工作体验选择	完全不符合	比较不符合	不确定	比较符合	完全符合
1. 我有极高的工作目标	1	2	3	4	5
2. 做事有条理、有系统对我是十分重要的	1	2	3	4	5
3. 我能接受比别人更高的工作标准	1	2	3	4	5

续表

说明：请根据您的真实工作体验选择	完全不符合	比较不符合	不确定	比较符合	完全符合
4. 我在工作中高度注重细节，追求完美	1	2	3	4	5
5. 我对自己有很高的工作要求	1	2	3	4	5
6. 我希望做事能够尽善尽美	1	2	3	4	5
7. 自己完全投入到工作中	1	2	3	4	5
8. 我对自己从事的工作充满自豪感	1	2	3	4	5
9. 我愿意投入精力在工作中	1	2	3	4	5
10. 在工作中，我感到精力充沛	1	2	3	4	5
11. 我对工作充满热情	1	2	3	4	5
12. 当我工作时，我忘记了周围的一切	1	2	3	4	5
13. 工作的时候，我感觉时间过得很快	1	2	3	4	5
14. 工作时，我会达到忘我境界	1	2	3	4	5
15. 在工作中，我全心全意	1	2	3	4	5
16. 我经常有创造性想法	1	2	3	4	5
17. 我主动提出新方法来实现工作目标	1	2	3	4	5
18. 在工作中，我会主动寻求应用新技术、新流程或新方法	1	2	3	4	5
19. 我经常探究出新想法或方案	1	2	3	4	5
20. 我会积极制订相应计划或规划来落实创新性构想	1	2	3	4	5
21. 我经常尽己所能地帮助与支持同事	1	2	3	4	5
22. 我在团队工作讨论中经常积极发言	1	2	3	4	5
23. 我会主动关心团队其他成员	1	2	3	4	5
24. 我愿意想方设法提高团队整体工作绩效	1	2	3	4	5
25. 我会主动协助同事完成工作	1	2	3	4	5

祝您工作顺利，生活愉快！

附录 Ⅱ 工匠精神影响因素主管调查问卷

尊敬的女士/先生：

您好，非常感谢您花时间和精力来填答这份调查问卷！

此次调查问卷将主要涉及您对本部门团队氛围的评价，评价结果无好坏之分，仅作学术研究之用。问卷采取不记名填写，所有信息都将严格保密，您所在公司的任何人都不会看到您所填写的答案。

您真实、完整的填答对我们至关重要，每一题均为必答题，期待您真实地表达自己的想法。衷心感谢您的支持与合作！

一、个人基本信息部分

请在对应的方框上打"√"。

1. 您的性别：

□男 □女

2. 您的年龄：

□21~25 岁 □26~30 岁 □31~35 岁 □36~40 岁 □40 岁及以上

3. 您的文化程度：

□高中及以下 □大专 □大学本科 □硕士及以上

4. 您在本公司的工作年限：

□1 年以下 □1~2 年 □2~3 年 □3~5 年 □5 年以上

二、调查题项部分

说明：我们想了解您对本部门团队氛围的评价，您在多大程度上同意以下陈述呢？请在对应的数字上打"√"。

说明：请根据您的真实工作体验选择	完全不同意	比较不同意	略不同意	略同意	基本同意	完全同意
1. 在我们团队，员工之间都彼此互相关照	1	2	3	4	5	6
2. 在我们团队，员工可以为了集体利益而牺牲自我	1	2	3	4	5	6

续表

说明：请根据您的真实工作体验选择	完全不同意	比较不同意	略不同意	略同意	基本同意	完全同意
3. 在我们团队，员工通常都非常关心同事的利益	1	2	3	4	5	6
4. 我们团队在日常工作中会给予员工关心和鼓励	1	2	3	4	5	6
5. 我们团队非常关注所有员工的整体利益	1	2	3	4	5	6
6. 在团队中，大家觉得工作起来很有干劲	1	2	3	4	5	6
7. 在团队中，大家都乐观和自信	1	2	3	4	5	6
8. 团队中，大家都朝气蓬勃	1	2	3	4	5	6
9. 在团队中工作，大家觉得充满希望	1	2	3	4	5	6

请将填好的问卷放回信封并封好

问卷到此结束，感谢您的回答，祝您工作顺利，生活愉快！

附录 Ⅲ 工匠精神影响因素员工调查问卷

尊敬的女士/先生：

您好，非常感谢您花时间和精力来填答这份调查问卷！

此次调查问卷将主要涉及您目前的工作感受。调查结果仅作学术研究之用，您的回答没有好坏之分。问卷采取不记名填写，不涉及您的个人隐私和公司的商业机密，并严格按照《统计法》的有关规定为您保密，您所在公司的任何人都不会看到您所填写的答案。

您真实、完整的填答对我们至关重要，每一题均为必答题，期待您真实地表达自己的想法。衷心感谢您的支持与合作！

一、调查题项部分

我们想了解您最近的工作感受，您在多大程度上符合以下陈述呢？请在对应的数字上打"√"。

说明：请根据您的真实工作体验选择	完全不符合	比较不符合	略不符合	略符合	基本符合	完全符合
1. 我有极高的工作目标	1	2	3	4	5	6
2. 做事有条理、有系统对我是十分重要的	1	2	3	4	5	6
3. 我能接受比别人更高的工作标准	1	2	3	4	5	6
4. 我在工作中高度注重细节，追求完美	1	2	3	4	5	6
5. 我对自己有很高的工作要求	1	2	3	4	5	6
6. 我对自己从事的工作充满自豪感	1	2	3	4	5	6
7. 我愿意投入精力在工作中	1	2	3	4	5	6

说明：请根据您的真实工作体验选择	完全不符合	比较不符合	略不符合	略符合	基本符合	完全符合
8. 在工作中，我感到精力充沛	1	2	3	4	5	6
9. 我对工作充满热情	1	2	3	4	5	6
10. 当我工作时，我忘记了周围的一切	1	2	3	4	5	6
11. 工作的时候，我感觉时间过得很快	1	2	3	4	5	6
12. 工作时，我会达到忘我境界	1	2	3	4	5	6
13. 在工作中，我全心全意	1	2	3	4	5	6
14. 我经常有创造性想法	1	2	3	4	5	6
15. 我主动提出新方法来实现工作目标	1	2	3	4	5	6
16. 在工作中，我会主动寻求应用新技术、新流程或新方法	1	2	3	4	5	6
17. 我经常探究出新想法或方案	1	2	3	4	5	6
18. 我会积极制订相应计划或规划来落实创新性构想	1	2	3	4	5	6
19. 我经常尽己所能地帮助与支持同事	1	2	3	4	5	6
20. 我会主动关心团队其他成员	1	2	3	4	5	6
21. 我愿意想方设法提高团队整体工作绩效	1	2	3	4	5	6
22. 我会主动协助同事完成工作	1	2	3	4	5	6

我们想了解您对您主管领导风格的感受，您在多大程度上同意以下陈述呢？请在对应的数字上打"√"。

说明：请根据您的真实工作体验选择	完全不同意	比较不同意	略不同意	略同意	基本同意	完全同意
1. 我能理解组织愿景，并承诺为其服务	1	2	3	4	5	6

续表

说明：请根据您的真实工作体验选择	完全不同意	比较不同意	略不同意	略同意	基本同意	完全同意
2. 我的组织拥有一个激励我表现最佳的愿景	1	2	3	4	5	6
3. 我的组织愿景能够激励我表现出最好的绩效	1	2	3	4	5	6
4. 我对为员工服务的组织愿景很有信心	1	2	3	4	5	6
5. 我的组织愿景是清晰的，并对我很有吸引力	1	2	3	4	5	6
6. 我相信我的组织，并愿意不惜一切代价完成组织使命	1	2	3	4	5	6
7. 我坚持并应用额外的努力去帮助我的组织成功	1	2	3	4	5	6
8. 我总是尽自己最大的努力去做好自己的工作	1	2	3	4	5	6
9. 我为我的工作设定挑战性目标	1	2	3	4	5	6
10. 通过做事帮助组织成功，阐明我对组织和其使命的信任	1	2	3	4	5	6
11. 我的组织真心关心自己的员工	1	2	3	4	5	6
12. 我的组织对员工关心和体贴	1	2	3	4	5	6
13. 我的领导经常说到做到	1	2	3	4	5	6
14. 我的组织是值得信赖的，并对员工是忠诚的	1	2	3	4	5	6
15. 我的组织不惩罚诚实员工所犯的错误	1	2	3	4	5	6
16. 我的领导是真诚的，不妄自尊大	1	2	3	4	5	6
17. 我的领导为了员工的利益，有勇气站出来支持和帮助员工	1	2	3	4	5	6

说明：此处的他指您的 直接上级/主管，作答方式同上	完全不同意	比较不同意	略不同意	略同意	基本同意	完全同意
1. 他关怀我个人的生活与起居	1	2	3	4	5	6
2. 他平常会向我嘘寒问暖	1	2	3	4	5	6
3. 我有急难时，他会及时向我伸出援手	1	2	3	4	5	6
4. 对相处较久的部属，他会做无微不至的照顾	1	2	3	4	5	6
5. 他对我的照顾会扩及我的家人	1	2	3	4	5	6
6. 他为人正派，不会假公济私	1	2	3	4	5	6
7. 他对待我们公正无私	1	2	3	4	5	6
8. 他不会因个人的利益去拉关系、走后门	1	2	3	4	5	6
9. 他是我做人做事的好榜样	1	2	3	4	5	6
10. 他能够以身作则	1	2	3	4	5	6
11. 他不把信息透露给我们知道	1	2	3	4	5	6
12. 本部门大小事情都由他自己决定	1	2	3	4	5	6
13. 开会时，都照他的意思作最后的决定	1	2	3	4	5	6
14. 与他一起工作时，他带给我很大的压力	1	2	3	4	5	6
15. 当任务无法达成时，他会斥责我们	1	2	3	4	5	6

　　我们想了解您最近的工作感受，您在多大程度上符合以下陈述呢？请在对应的数字上打"√"。

说明：请根据您的真实 工作体验选择	完全不符合	比较不符合	略不符合	略符合	基本符合	完全符合
1. 我会努力工作，因为我认为这份工作付出努力很重要	1	2	3	4	5	6
2. 我会努力工作，因为这份工作符合我的个人价值观	1	2	3	4	5	6
3. 我会努力工作，因为这份工作对我个人来说很重要	1	2	3	4	5	6
4. 我会努力工作，因为我很享受我的工作	1	2	3	4	5	6
5. 我会努力工作，因为我的工作能给我带来很多快乐	1	2	3	4	5	6
6. 我会努力工作，因为我做的工作非常有趣	1	2	3	4	5	6

说明：请根据您的真实工作 体验选择，作答方式同上	完全不符合	比较不符合	略不符合	略符合	基本符合	完全符合
1. 发生在我身上最重要的事常来自我的工作	1	2	3	4	5	6
2. 对我而言，工作只是我个人的一小部分	1	2	3	4	5	6
3. 我对工作非常的投入	1	2	3	4	5	6
4. 工作是我生活中所不可或缺的部分，如同吃喝及呼吸一般	1	2	3	4	5	6
5. 我大部分的兴趣都围绕在工作上面	1	2	3	4	5	6
6. 我对我的工作有很强烈的感情，很难割舍	1	2	3	4	5	6
7. 我常常很想离开这份工作	1	2	3	4	5	6
8. 我人生的目标大多是根据工作制定的	1	2	3	4	5	6

续表

说明：请根据您的真实工作体验选择，作答方式同上	完全不符合	比较不符合	略不符合	略符合	基本符合	完全符合
9. 我认为工作是我生活的中心	1	2	3	4	5	6
10. 大多数时间我喜欢沉浸在我的工作中	1	2	3	4	5	6

二、个人基本信息部分

请在对应的方框上打"√"或在_____上填写。

1. 您的性别：□男　□女

2. 您的年龄：□20 岁及以下　□21～25 岁　□26～30 岁　□31～35 岁　□36～40 岁　□40 岁及以上

3. 您的文化程度：□高中及以下　□大专　□大学本科　□硕士及以上

4. 您所在公司的性质：□国有企业　□民营企业　□外商独资企业　□中外合资企业　□其他_____（若有，请填写）

5. 您在本公司的工作年限：□1 年以下　□1～2 年　□2～3 年　□3～5 年　□5 年以上

6. 您与目前的主管共事的时间：□1 年以下　□1～2 年　□2～3 年　□3～5 年　□5 年以上

请将填好的问卷放回信封并密封好

问卷到此结束，感谢您的回答，祝您工作顺利，生活愉快！

参 考 文 献

[1] [美] 本杰明. 穷理查年鉴: 财富之路 [M]. 刘玉红, 译. 上海: 上海远东出版社, 2002.

[2] [美] 彼德·布劳. 社会生活中的交换与权力 [M]. 孙非等, 译. 北京: 华夏出版社, 1988.

[3] [美] 库尔特·考夫卡. 格式塔心理学原理 [M]. 李维, 译. 北京: 北京大学出版社, 2010.

[4] [美] 库尔特·勒温. 拓扑心理学原理 [M]. 竺培梁, 译. 北京: 北京大学出版社, 2011.

[5] [日] 阿久津一志. 如何培养工匠精神——一流人才要这样引导、锻炼和培养 [M]. 张雷, 译. 北京: 中国青年出版社, 2017.

[6] [日] 稻盛和夫. 干法 [M]. 曹岫云, 译. 北京: 机械工业出版社, 2015.

[7] [日] 秋山利辉. 匠人精神 [M]. 陈晓丽, 译. 北京: 中信出版社, 2015.

[8] [宋] 朱熹. 四书集注 [M]. 长沙: 岳麓书社, 1985.

[9] [英] 马凌诺斯基. 西太平洋的航海者 [M]. 梁永佳, 李绍明, 译. 北京: 华夏出版社, 2002.

[10] [英] 亚当·斯密. 国富论 [M]. 重庆: 重庆出版社, 2015.

[11] 安丰金, 焦新伟. 论现代学徒制人才培养模式下如何培养学徒的劳模工匠精神 [J]. 知识文库, 2021 (8): 189-190.

[12] 鲍风雨, 杨科举. 新时代高等职业教育"工匠精神"的培养策略 [J]. 中国高等教育, 2018 (20): 58-59.

[13] 曹前满. 新时代工匠精神的存在逻辑: 载体与形式 [J]. 暨南学报 (哲学社会科学版), 2020, 42 (2): 121-132.

[14] 曾楚宏, 李青, 朱仁宏. 家长式领导研究述评 [J]. 外国经济与管理, 2009, 31 (5): 38-44.

[15] 曾伏娥, 王克卫, 池韵佳, 等. 领导风格对团队常规绩效和创新绩

效的影响及机理研究——团队执行力与组织认同的中介效应 [J]. 科技进步与对策, 2016, 33 (8): 133-139.

[16] 曾颢, 赵曙明. 工匠精神的企业行为与省际实践 [J]. 改革, 2017 (4): 125-136.

[17] 曾颢, 赵宜萱, 赵曙明. 构建工匠精神对话过程体系模型——基于德胜洋楼公司的案例研究 [J]. 中国人力资源开发, 2018, 35 (10): 124-135.

[18] 曾宪奎. 工匠精神与我国制造业竞争力提高 [J]. 学术探索, 2017 (8): 97-101.

[19] 曾宪奎. 当前强化国内大循环主体地位问题研究 [J]. 长白学刊, 2021 (2): 101-108.

[20] 常晓媛. 论工匠精神与劳模精神 [J]. 中国劳动关系学院学报, 2019, 33 (1): 112-117.

[21] 陈栋. 论道德教育的社会学范式——涂尔干道德教育思想的启示 [J]. 现代大学教育, 2020, 36 (5): 68-74, 111.

[22] 陈龙, 刘宝巍, 张莉, 等. 谦逊型领导对建言行为的影响——一个被调节的中介模型 [J]. 科学学与科学技术管理, 2018, 39 (7): 117-132.

[23] 陈少华. 人格心理学 (第2版) [M]. 广州: 暨南大学出版社, 2018.

[24] 陈艳艳, 赵永乐, 孙锐. 家长式领导风格对企业创新绩效的影响——基于组织情绪能力中介效应的视角 [J]. 浙江社会科学, 2019 (5): 33-39, 74, 156.

[25] 陈业华, 田子州. 组织"力场"对 AMT 环境下员工行为的影响 [J]. 科学学与科学技术管理, 2012, 33 (2): 159-166.

[26] 成伯清. 从修己到治人——自我技术视角下儒家伦理的早期嬗递 [J]. 山东社会科学, 2020 (12): 21-31.

[27] 程军. 现代"工匠精神"的传统道家思想来源——基于《庄子》匠人寓言的解读 [J]. 理论月刊, 2020 (9): 144-153.

[28] 仇勇, 孟雨晨, 杨旭华. 精神型领导何以激发员工创新?——领导成员交换关系与组织认同的链式中介作用 [J]. 华东经济管理, 2019, 33 (4): 44-50.

[29] 戴翔, 宋婕. "一带一路"有助于中国重构全球价值链吗? [J]. 世界经济研究, 2019 (11): 108-121, 136.

［30］邓志华，肖小虹．自我牺牲型领导对员工工匠精神的影响研究［J］．经济管理，2020a，42（11）：109－124．

［31］邓志华，陈维政．家长式领导对员工工作态度和行为影响的实证研究——以工作满意感为中介变量［J］．大连理工大学学报（社会科学版），2013，34（1）：24－29．

［32］邓志华，肖小虹．谦逊型领导对员工工匠精神的影响研究［J］．领导科学，2020b（20）：45－48．

［33］邓志华．精神型领导对员工工作投入的影响［J］．经济管理，2016，38（4）：181－189．

［34］丁彩霞．建立健全锻造工匠精神的制度体系［J］．山西大学学报（哲学社会科学版），2017，40（1）：115－120．

［35］丁苏安．西方人类学家列传［M］．哈尔滨：黑龙江人民出版社，2016．

［36］董临萍，於悠．服务型领导能提升知识员工敬业度吗？——基于主观幸福感和程序公平的中介作用［J］．北京工商大学学报（社会科学版），2017，32（3）：112－120．

［37］段升森，迟冬梅，张玉明．信念的力量：工匠精神对组织韧性的影响研究［J］．外国经济与管理，2021，43（3）：57－71．

［38］段重阳．"诚意"与"正心"：致良知工夫的两种路径［J］．中国哲学史，2019，4（6）：55－62．

［39］樊景立，郑伯埙．家长式领导：再一次思考［J］．本土心理学研究，2000（13）：219－226．

［40］方俊明．信息加工认知心理学的发展和面临的挑战［J］．心理科学，1998（6）：481－484，574．

［41］方来坛，时勘，张风华．员工敬业度的研究述评［J］．管理评论，2010，22（5）：47－55．

［42］方阳春，陈超颖．包容型人才开发模式对员工工匠精神的影响［J］．科研管理，2018，39（3）：154－160．

［43］方勇．墨子［M］．北京：中华书局，2015．

［44］傅晓，李忆，司有和．家长式领导对创新的影响：一个整合模型［J］．南开管理评论，2012，15（2）：121－127．

［45］高静美．组织变革中战略张力构建与实施途径——基于管理者"意义行为"的视角［J］．经济管理，2014，36（6）：180－188．

［46］高颖，乔刚. 中国制造业"降成本"的现状、难点与政策导向［J］.河南社会学，2018，26（6）：33－37.

［47］高远，吕甜甜. 新时代工匠精神与大学生专业素养培育融通机制探析［J］. 江苏高教，2021（4）：98－101.

［48］高中华，赵晨，付悦. 工匠精神的概念、边界及研究展望［J］. 经济管理，2020，42（6）：192－208.

［49］龚晓洁，张剑. 人类行为与社会环境［M］. 济南：山东人民出版社，2011.

［50］顾欣欣. 工匠精神融入中小企业文化建设的路径分析［J］. 中外企业家，2020（2）：159－160.

［51］顾远东，周文莉，彭纪生. 组织创新支持感对员工创新行为的影响机制研究［J］. 管理学报，2014，11（4）：548－554，609.

［52］关新华. 感知服务氛围对酒店员工适应性行为的影响研究——自主性动机和顾客需求知识的中介作用［J］. 旅游科学，2018，32（3）：13－26.

［53］管宁. 匠心召唤、主体自新与文化高质量发展［J］. 深圳大学学报（人文社会科学版），2020，37（5）：5－15.

［54］郭本禹，修巧艳. 马库斯的自我社会认知论［J］. 西南大学学报（人文社会科学版），2007（1）：17－21.

［55］郭会斌，郑展，单秋朵，等. 工匠精神的资本化机制：一个基于八家"百年老店"的多层次构型解释［J］. 南开管理评论，2018，21（2）：95－106.

［56］郭明，刘骏昊. 新时代背景下现代企业管理的研究——源于道家思想的角度［J］. 吉林省教育学院学报，2018，34（12）：162－165.

［57］郭云，廖建桥. 上级发展性反馈对员工工作绩效的作用机理研究［J］. 管理科学，2014，27（1）：99－108.

［58］郭钟泽，谢宝国，程延园. 如何提升知识型员工的工作投入？——基于资源保存理论与社会交换理论的双重视角［J］. 经济管理，2016，38（2）：81－90.

［59］贺正楚，彭花. 新生代技术工人工匠精神现状及影响因素［J］. 湖南社会科学，2018（2）：85－92.

［60］洪丕熙. 勒温的场决定论对教育学的影响［J］. 华东师范大学学报（教育科学版），1983，4（1）：75－80.

［61］侯杰泰，温忠麟，成子娟. 结构方程模型及其应用［M］. 北京：教

育科学出版社，2004.

［62］侯钧生．西方社会学理论教程［M］．天津：南开大学出版社，2010.

［63］侯曼，武敏娟．价值理性视角下家长式领导与新生代员工反生产行为关系研究［J］．领导科学，2018（32）：46－48.

［64］胡蓓，邱敏．绩效考核目的取向与员工工作卷入：内在激励的中介作用分析［J］．管理评论，2016，28（5）：150－160.

［65］胡国栋，王晓杰．中国情境下组织公民行为研究［J］．财经问题研究，2016（4）：3－10.

［66］胡国栋，张丽然．中国情境下工作场所精神性的运作机理研究——组织行动者的"内圣外王"之道［J］．南京社会科学，2019（7）：26－32.

［67］胡利利，熊璐．制造业员工工匠精神内涵界定：理论与实证［J］．生产力研究，2019（2）：112－118，161.

［68］胡利利，万韩莎，熊璐．组织氛围对员工工匠精神影响实证研究［J］．生产力研究，2019（12）：87－90.

［69］胡文龙．智能化时代的工匠精神：价值、意蕴与培育路径［J］．中国职业技术教育，2019（4）：58－63.

［70］胡宗泽．礼品与交换——读马歇尔·莫斯《礼品》［J］．民俗研究，1997（4）：84－86，89.

［71］黄海．文化自信的生成谱系、现实挑战与实践方略［J］．思想理论教育导刊，2020（1）：85－90.

［72］黄君录．"工匠精神"的现代性转换［J］．中国职业技术教育，2016（28）：93－96.

［73］黄俊，吴隆增，朱磊．CEO变革型领导行为对中层管理者工作绩效和工作满意度的影响：组织支持知觉和价值观的作用［J］．心理科学，2012，35（6）：1445－1452.

［74］黄如艳，李晓华．新时代劳动教育的本质、价值及推进路径［J］．教学与管理，2020（33）：1－5.

［75］贾坤鹏．论韩非的"内圣外王"之学［J］．哲学研究，2018（11）：51－58.

［76］姜松荣．中国艺术史中"工匠文化"的伦理价值［J］．伦理学研究，2019（1）：104－107.

［77］晋琳琳，陈宇，奚菁．家长式领导对科研团队创新绩效影响：一项

跨层次研究 [J]. 科研管理，2016，37（7）：107－116.

[78] 井润田，孙璇. 实证主义 vs. 诠释主义：两种经典案例研究范式的比较与启示 [J]. 管理世界，2021，37（3）：198－216，13.

[79] 康宛竹，吕林义，张军成，等. 威权领导对员工帮助行为的影响——内部人身份感知与情感承诺的链式中介作用 [J]. 技术经济，2019，38（11）：57－63，82.

[80] 匡瑛. 智能化背景下"工匠精神"的时代意涵与培育路径 [J]. 教育发展研究，2018，38（1）：39－45.

[81] 李保玉. 勒温场动力理论视域下新建本科院校教师专业发展的动力机制探析 [J]. 大理大学学报，2017，2（7）：91－98.

[82] 李博文，徐静茹，张志安. 从李子柒走红看网民心态与网络外宣的启示 [J]. 传媒，2020（18）：78－80.

[83] 李超平，毛凯贤. 变革型领导对新员工敬业度的影响：认同视角下的研究 [J]. 管理评论，2018，30（7）：136－147.

[84] 李海舰，徐韧，李然. 工匠精神与工业文明 [J]. China Economist，2016，11（4）：68－83.

[85] 李宏昌. 供给侧改革背景下培育与弘扬"工匠精神"问题研究 [J]. 职教论坛，2016（16）：33－37，96.

[86] 李宏伟，别应龙. 工匠精神的历史传承与当代培育 [J]. 自然辩证法研究，2015，31（8）：54－59.

[87] 李嘉，杨忠. 威权领导对团队建言氛围的影响机制研究 [J]. 经济管理，2018，40（6）：53－68.

[88] 李健芸. 主敬立本与穷理之基——对朱子"格物致知补传"中"已知之理"的阐释 [J]. 安徽大学学报（哲学社会科学版），2021，45（1）：42－49.

[89] 李珂. 中国制造业转型升级呼唤工匠精神 [J]. 人民论坛，2017（17）：60－61.

[90] 李磊，尚玉钒. 基于调节焦点理论的领导对下属创造力影响机理研究 [J]. 南开管理评论，2011，14（5）：4－11，40.

[91] 李敏，黄青良，周恋. 心理契约、公平感、发言权与工作卷入——基于劳务派遣工的实证研究 [J]. 商业经济与管理，2013（6）：39－47.

[92] 李朋波，靳秀娟，罗文豪. 服务业员工工匠精神的结构维度探索与测量量表开发 [J]. 管理学报，2021，18（1）：69－78.

［93］李群，唐芹芹，张宏如，等．制造业新生代农民工工匠精神量表开发与验证［J］．管理学报，2020，17（1）：58－65．

［94］李群，蔡芙蓉，栗宪，等．工匠精神与制造业经济增长的实证研究［J］．统计与决策，2020，36（22）：104－108．

［95］李群，蔡芙蓉，张宏如．制造业员工工匠精神对工作幸福感的作用及其影响因素研究［J］．管理学报，2021，18（6）：864－872．

［96］李霞．体知及其教育意蕴［J］．高等教育研究，2020，41（6）：57－63．

［97］李燕萍，骆元静，穆慧娜．变革中多渠道信息传递对员工绩效的影响机制［J］．经济管理，2020，42（4）：91－105．

［98］李永占．真实型领导对员工创新行为的影响：工作投入的中介效应［J］．心理与行为研究，2019，17（6）：854－860．

［99］李宗波，王明辉．威权领导对员工沉默行为的影响：一个有调节的中介效应模型［J］．心理与行为研究，2018，16（5）：713－719．

［100］栗洪武，赵艳．论大国工匠精神［J］．陕西师范大学学报（哲学社会科学版），2017，46（1）：158－162．

［101］梁阜，李树文．变革型领导对员工创新行为的影响机制：一个跨层次模型研究［J］．科技进步与对策，2016，33（24）：147－153．

［102］梁果，王扬眉，李爱君．家族企业工匠精神传承的涓滴效应模型：一个纵向单案例分析［J］．中国人力资源开发，2021，38（3）：91－108．

［103］林春培，庄伯超．家长式领导对管理创新的影响：一个整合模型［J］．科学学研究，2014（4）：622－630，638．

［104］林克松．职业院校培育学生工匠精神的机制与路径——"烙印理论"的视角［J］．河北师范大学学报（教育科学版），2018，20（3）：70－75．

［105］林培锦．勒温场理论下当代大学生学习兴趣的培养探究［J］．中国大学教学，2015，4（6）：67－71．

［106］凌均卫．"道"与"行大道"之解读［J］．南华大学学报（社会科学版），2014，15（5）：46－51．

［107］刘冰，许骁，徐璐．威权领导与员工主动性行为：一个跨层次研究［J］．预测，2017，36（3）：8－13．

［108］刘冰，于莹莹，袁雨晴．团队心理安全与团队效能的关系研究：以领导行为为调节变量［J］．华东经济管理，2014（9）：117－124．

［109］刘兵，李大赛，吴遐．德行领导对新生代员工工作繁荣的影响研

究 [J]. 领导科学, 2017 (22): 30 – 31.

[110] 刘顿, 古继宝. 领导发展性反馈、员工工作卷入与建言行为: 员工情绪智力调节作用 [J]. 管理评论, 2018, 30 (3): 128 – 139.

[111] 刘国莲. 基于企业管理视角的工匠精神培育和文化塑造 [J]. 企业管理, 2018 (8): 120 – 121.

[112] 刘红芳, 徐岩. "工匠" 源与流的理论阐析 [J]. 北京市工会干部学院学报, 2016, 31 (3): 4 – 12.

[113] 刘建军, 马卿誉, 邱安琪. 工匠精神的社会政治内涵 [J]. 学校党建与思想教育, 2020 (11): 8 – 11.

[114] 刘建军. 工匠精神及其当代价值 [J]. 思想教育研究, 2016 (10): 36 – 40, 85.

[115] 刘锦峰. 高职学生工匠精神培育的价值意蕴、现实困境与实现路径——以跨境电商专业为例 [J]. 当代教育论坛, 2020 (4): 60 – 68.

[116] 刘璞, 张紫微, 戴东, 等. 管理实证案例研究的规范性问题——以信息系统领域为例 [J]. 管理案例研究与评论, 2020, 13 (4): 476 – 492.

[117] 刘少杰. 现代西方社会学理论 [M]. 长春: 吉林大学出版社, 1998.

[118] 刘淑桢, 叶龙, 褚福磊, 等. 领导—成员交换对知识型员工知识分享的影响——基于社会关系视角 [J]. 软科学, 2020, 34 (7): 22 – 26.

[119] 刘向兵. 用劳模精神、劳动精神、工匠精神凝聚新征程奋斗力量 [J]. 红旗文稿, 2021 (1): 37 – 39.

[120] 刘小禹, 孙健敏, 周禹. 变革/交易型领导对团队创新绩效的权变影响机制——团队情绪氛围的调节作用 [J]. 管理学报, 2011, 8 (6): 857 – 864.

[121] 刘新梅, 姚进, 陈超. 谦卑型领导对员工创造力的跨层次影响研究 [J]. 软科学, 2019, 33 (5): 81 – 86.

[122] 刘毓庆, 李蹊. 诗经·卫风·淇奥 [M]. 北京: 中华书局, 2013.

[123] 刘远举. 工匠精神离不开企业家精神 [J]. 领导科学, 2017 (6): 21.

[124] 刘云, 石金涛. 组织创新气氛与激励偏好对员工创新行为的交互效应研究 [J]. 管理世界, 2009 (10): 88 – 101.

[125] 刘志彪, 王建国. 工业化与创新驱动: 工匠精神与企业家精神的指向 [J]. 新疆师范大学学报 (哲学社会科学版), 2018, 39 (3): 1 – 7.

[126] 刘志彪. 工匠精神需要制度和文化支撑 [N]. 人民日报, 2016 - 4 - 27 (019).

[127] 刘自团, 李齐, 尤伟. "工匠精神" 的要素谱系、生成逻辑与培育路径 [J]. 东南学术, 2020 (4): 80 - 87.

[128] 龙立荣, 毛盼盼, 张勇, 等. 组织支持感中介作用下的家长式领导对员工工作疏离感的影响 [J]. 管理学报, 2014, 11 (8): 1150 - 1157.

[129] 卢俊婷, 张喆, 贾明. 公仆型领导与创新行为: 有中介的调节模型 [J]. 预测, 2017, 36 (6): 9 - 15.

[130] 卢卫生. 新中国成立 70 年来我国制造业发展取得举世瞩目的巨大成就 [N]. 中国经济导报, 2019 - 7 - 30 (002).

[131] 罗霞, 陈维政. 自我决定理论与积极组织管理 [J]. 商业经济与管理, 2010, 227 (9): 39 - 43.

[132] 罗序斌. "互联网 +" 背景下中国传统制造业转型升级研究 [J]. 金融教育研究, 2019, 32 (1): 18 - 29.

[133] 吕守军, 代政, 徐海霞. 论新时代大力弘扬劳模精神和工匠精神 [J]. 中州学刊, 2018 (5): 104 - 107.

[134] 吕锡琛, 黄小云. 道家社会管理思想的主旨及其意义 [J]. 求索, 2017 (6): 124 - 128.

[135] 马捷, 贾荟珍. 自我效能视角下阅读推广三元交互模型构建 [J]. 图书与情报, 2019 (2): 46 - 56.

[136] 马璐, 张哲源. 威权领导对员工创新行为的影响 [J]. 科技进步与对策, 2018, 35 (17): 139 - 145.

[137] 马鹏, 蔡双立. 家长式领导对员工建言行为激励内化机制研究——中庸思维调节下的跨层次分析 [J]. 财经论丛, 2018 (7): 88 - 96.

[138] 马文聪, 颜坤, 陈修德, 等. 员工导向人力资源实践和职业成长对离职倾向的影响机制 [J]. 软科学, 2019, 33 (8): 104 - 109.

[139] 马迎霜, 张昊民, 马君. 创新性工作要求对创造力的影响: 工作卷入的中介作用及分配公平的调节作用 [J]. 商业经济与管理, 2018 (2): 37 - 45.

[140] 马永伟. 工匠精神与中国制造业高质量发展 [J]. 东南学术, 2019 (6): 147 - 154.

[141] 马振清, 杨礼荣. 中国特色社会主义文化自信的三个来源及其生成逻辑 [J]. 河北学刊, 2020, 40 (2): 201 - 206.

[142] 门一，樊耘，马贵梅．认知—情感要素对员工即兴行为影响机制的研究：一个跨层分析 [J]．预测，2016，35（2）：17–22．

[143] 苗贵安．变革型领导力研究述评 [J]．领导科学，2017（19）：36–38．

[144] 闵继胜．中国为什么缺失"工匠精神"：一个分析框架及检验 [J]．安徽师范大学学报（人文社会科学版），2017，45（5）：616–622．

[145] 彭澎．谈论工匠精神之时，不应忽略企业家精神 [N]．南方日报，2016–3–31（AA2）．

[146] 彭伟，朱晴雯，乐婷．包容型领导影响员工创造力的双路径——基于社会学习与社会交换的整合视角 [J]．财经论丛，2017（10）：90–97．

[147] 彭征安，杨东涛，刘鑫．德行领导与知识员工离职倾向关系：工作价值观的调节效应 [J]．江苏社会科学，2015（4）：72–77．

[148] 齐丽云，李腾飞，尚可．企业社会责任的维度厘定与量表开发——基于中国企业的实证研究 [J]．管理评论，2017，29（5）：143–152．

[149] 钱俊，钱琛．工匠精神融入职业院校大学生思政教育的路径探究 [J]．学校党建与思想教育，2018（18）：19–20．

[150] 钱闻明．基于行业标准的新时代工匠精神培育路径研究 [J]．江苏高教，2018（11）：101–104．

[151] 乔东．劳模精神、劳动精神和工匠精神探析 [J]．中国劳动关系学院学报，2019，33（5）：35–42．

[152] 乔娇，高超．大学生志愿精神、创业精神、工匠精神与感知创业行为控制的关系研究 [J]．教育理论与实践，2018，38（30）：20–22．

[153] 饶卫，黄云平．工匠精神驱动精准扶贫：融合共生的视角 [J]．经济问题探索，2017（5）：45–50．

[154] 申荷永．勒温心理学的方法论 [J]．心理科学通讯，1990（2）：41–44，65．

[155] 申荷永．论勒温心理学中的动力 [J]．心理学报，1991，4（3）：306–312．

[156] 申荷永．团体动力学的理论与方法 [J]．南京师大学报（社会科学版），1990（1）：101–105．

[157] 申荷永．学校中团体气氛的综合研究 [J]．南京师大学报（社会科学版），1991（2）：27–30．

[158] 沈明泓，戴中梁，李爽尔．人格培养：职业院校大学生工匠精神

培育的有效途径 [J]. 教育理论与实践, 2020, 40 (18): 32 - 34.

[159] 沈翔鹰, 穆桂斌. 家长式领导与员工建言行为: 组织认同的中介作用 [J]. 心理与行为研究, 2018, 16 (6): 841 - 846.

[160] 沈伊默, 周婉茹, 魏丽华, 等. 仁慈领导与员工创新行为: 内部人身份感知的中介作用和领导—部属交换关系差异化的调节作用 [J]. 心理学报, 2017, 49 (8): 1100 - 1112.

[161] 沈宜超, 于军. 关于领导作风模式与组织整体绩效关系的探讨 [J]. 北京航空航天大学社会科学学报, 1995, 4 (1): 96 - 99, 62.

[162] 石建忠. 从勒温的场论看管理激励中的行为规律 [J]. 岭南师范学院学报, 2015, 36 (4): 77 - 82.

[163] 史珈铭, 赵书松, 吴俣含. 精神型领导与员工职业呼唤——自我决定理论视角的研究 [J]. 经济管理, 2018, 40 (12): 138 - 152.

[164] 史健生. 西方企业领导有效性理论综述 [J]. 福建师范大学学报 (哲学社会科学版), 1998, 4 (2): 36 - 42.

[165] 宋良玉. 新时代工匠精神视域下职业教育 "三教" 改革路径探析 [J]. 中国职业技术教育, 2020 (23): 94 - 96.

[166] 宋敏桥. 50 年来我国史学界对第一次社会大分工问题研究综述 [J]. 郑州大学学报 (哲学社会科学版), 2003 (2): 149 - 152.

[167] 宋敏桥. 试论中国古代史上两次社会大分工 [J]. 求索, 2005 (8): 168 - 172.

[168] 宋蕊楠, 刘焕明. 文化自信背景下工匠精神的传承与创新 [J]. 江南论坛, 2017 (7): 30 - 32.

[169] 宋源. 团队信任、团队互动与团队创新——基于虚拟团队的研究 [J]. 河南社会科学, 2014, 22 (1): 85 - 93.

[170] 宋孜宇, 高中华. "张弛有度" 方创新有力——教练型领导与员工创新行为关系的双调节模型 [J]. 经济与管理研究, 2020, 41 (4): 132 - 144.

[171] 苏世同. 心理环境论 [J]. 吉首大学学报 (社会科学版), 1999 (4): 61 - 67.

[172] 苏屹, 刘敏. 共享型领导、心理安全与员工进谏行为 [J]. 工业工程与管理, 2018, 23 (2): 152 - 158.

[173] 苏勇, 王茂祥. 工匠精神的培育模型及创新驱动路径分析 [J]. 当代经济管理, 2018, 40 (11): 65 - 69.

[174] 孙保营. 新时代学术出版人工匠精神的内涵意蕴与培育路径 [J].

科技与出版, 2021 (1): 110-114.

[175] 孙利. 从"工匠精神"谈高职教育职业精神的养成 [J]. 吉林工程技术师范学院学报, 2017, 33 (5): 10-12.

[176] 孙利平, 凌文辁. 德行领导对员工行为的影响研究 [J]. 理论探讨, 2010 (4): 157-160.

[177] 孙庆民. 行为主义与社会交换 [J]. 湖南师范大学社会科学学报, 1995 (3): 54-58.

[178] 谭戒甫. 墨经分类译注 [M]. 北京: 中华书局, 1981.

[179] 谭明方. 社会学理论研究 [M]. 武汉: 华中科技大学出版社, 2002.

[180] 谭舒, 李飞翔. 供给侧改革视域下工匠精神的应然发展逻辑 [J]. 科技进步与对策, 2017, 34 (12): 28-34.

[181] 谭新雨, 刘帮成. 关怀型伦理氛围对公务员建言行为的跨层次影响机制 [J]. 大连理工大学学报 (社会科学版), 2017, 38 (1): 151-156.

[182] 汤艳, 季爱琴. 高等职业教育中工匠精神的培育 [J]. 南通大学学报 (社会科学版), 2017, 33 (1): 142-148.

[183] 唐国平, 万仁新. "工匠精神"提升了企业环境绩效吗 [J]. 山西财经大学学报, 2019, 41 (5): 81-93.

[184] 唐挺, 马哲明. 信息消费过程中的信息加工模型研究 [J]. 图书情报工作, 2007 (10): 37-40.

[185] 唐泽地, 张一兵, 李善同, 等. 中国制造业增加值率变化的特点及其启示 [J]. 上海经济研究, 2020 (12): 66-74.

[186] 田芊, 刘欣. 分配公平感及其背后的正义原则 [J]. 南京社会科学, 2019 (7): 61-67.

[187] 万鹏宇, 邹国庆, 汲海锋. 精神型领导对知识型员工创新绩效的影响——知识分享和领导认同的作用 [J]. 技术经济, 2019, 38 (5): 29-37, 66.

[188] 汪林, 储小平, 彭草蝶, 等. 家族角色日常互动对家长式领导发展的溢出机制研究——基于家族企业高管团队日志追踪的经验证据 [J]. 管理世界, 2020, 36 (8): 98-110.

[189] 王春艳. 工匠精神促进中国制造业发展的三重创新机制 [J]. 经济研究参考, 2016 (55): 20-24.

[190] 王红芳, 杨俊青, 刘伟鹏. 总体报酬对员工绩效的影响机制研究——

基于社会交换理论视角 ［J］. 软科学, 2019, 33 (10): 76 – 81.

［191］王辉, 常阳. 组织创新氛围、工作动机对员工创新行为的影响 ［J］. 管理科学, 2017, 30 (3): 51 – 62.

［192］王佳鹏. 暧昧性、羞耻感与现代自我: 弗洛伊德的羞耻思想及其社会意涵 ［J］. 山东社会科学, 2021 (2): 135 – 142.

［193］王乐. 论道家 "无欲" 表象下之 "大欲" ［J］. 中南大学学报 (社会科学版), 2016, 22 (3): 28 – 32.

［194］王孟成. 潜变量建模与 Mplus 应用·基础篇 ［M］. 重庆: 重庆大学出版社, 2014.

［195］王明辉, 郭腾飞, 陈萍, 等. 精神型领导对员工任务绩效影响的多重中介效应 ［J］. 心理与行为研究, 2016, 14 (5): 640 – 646.

［196］王沛, 胡林成. 儿童社会信息加工的情绪—认知整合模型 ［J］. 心理科学进展, 2003 (4): 411 – 416.

［197］王沛, 胡林成. 社会信息加工领域中的情境模型理论 ［J］. 心理科学进展, 2002 (3): 285 – 289.

［198］王甜, 苏涛, 陈春花. 家长式领导的有效性: 来自 Meta 分析的证据 ［J］. 中国人力资源开发, 2017 (3): 69 – 80.

［199］王兴元, 姬志恒. 跨学科创新团队知识异质性与绩效关系研究 ［J］. 科研管理, 2013, 34 (3): 14 – 22.

［200］王艳子, 王聪荣. 精神型领导对员工工作偏离行为的影响 ［J］. 首都经济贸易大学学报, 2019, 21 (2): 62 – 71.

［201］王雁飞, 朱瑜. 组织伦理的理论与研究 ［J］. 心理科学进展, 2006 (2): 300 – 308.

［202］王永跃, 张玲, 张书元. 德行领导、关系与创造力: 权力距离的调节作用 ［J］. 应用心理学, 2018, 24 (1): 80 – 88.

［203］王喆, 刘春红. 组织支持与教练员工作绩效的关系 ［J］. 东华大学学报 (自然科学版), 2018, 44 (3): 448 – 452, 478.

［204］王桢, 陈乐妮, 李旭培. 变革型领导与工作投入: 基于情感视角的调节中介模型 ［J］. 管理评论, 2015, 27 (9): 120 – 129, 212.

［205］卫寒阳, 宋君, 何昌清. 德行领导与员工创造力——LMX 与团队认同的中介作用 ［J］. 软科学, 2017, 31 (10): 76 – 80.

［206］魏海香. 扩大中华文化国际影响力: 现实困境与提升路径 ［J］. 新疆社会科学, 2020 (4): 96 – 106, 148.

［207］魏蕾，时勘．家长式领导与员工工作投入：心理授权的中介作用
［J］．心理与行为研究，2010，8（2）：88－93.

［208］魏钦．工匠精神引领下高职院校"双师型"教师队伍建设路径研
究［J］．中国职业技术教育，2020（19）：93－96.

［209］文军．西方社会学理论：经典传统与当代转向［M］．上海：上海
人民出版社，2006.

［210］闻人军．考工记译注［M］．上海：上海古籍出版社，2008.

［211］吴川徽，黄仕靖，袁勤俭．社会交换理论及其在信息系统领域的
应用与展望［J］．情报理论与实践，2020，43（8）：70－76.

［212］吴梦，白新文．动机性信息加工理论及其在工业与组织心理学中
的应用［J］．心理科学进展，2012，20（11）：1889－1898.

［213］吴明隆．SPSS统计应用实务：问卷分析与应用统计［M］．北京：
科学出版社，2003.

［214］吴士健，孙专专，刘新民，等．家长式领导有助于员工利他行为
吗？——基于中国情境的多重中介效应研究［J］．管理评论，2020，32（2）：
205－217.

［215］伍佳佳．制造业工匠职业能力形成的案例研究——基于"新手到
专家"的能力发展理论［D］．上海：华东师范大学，2018.

［216］务凯，张再玄，李永鑫．家长式领导与员工离职意向：组织认同
的中介作用［J］．心理与行为研究，2018，16（4）：557－562.

［217］务凯．德行领导：探索与反思［J］．心理科学进展，2014，22
（2）：314－322.

［218］席猛，刘玥玥，徐云飞，等．基于社会交换理论的多重雇佣关系
模式下员工敬业度研究［J］．管理学报，2018，15（8）：1144－1152.

［219］夏燕靖．斧工蕴道："工匠精神"的历史根源与文化基因［J］．深
圳大学学报（人文社会科学版），2020，37（5）：16－27.

［220］肖群忠，刘永春．工匠精神及其当代价值［J］．湖南社会科学，
2015（6）：6－10.

［221］肖薇薇，陈文海．工匠精神衰微的现代性困境与超越［J］．职业技
术教育，2016，37（25）：13－18.

［222］解缙．春雨杂述·评书丛书集成初编［M］．北京：中华书局，
2010.

［223］谢海峰．高校仁慈领导与管理人员创新行为关系探讨［J］．学校党

建与思想教育, 2019 (23): 95 - 96.

[224] 徐国庆. 理解工匠精神 [J]. 职教论坛, 2016 (24): 1.

[225] 徐宏伟. 工匠精神的"理性"基础及其职业教育实现路径 [J]. 教育发展研究, 2018 (1): 46 - 51.

[226] 徐景阳, 葛晓蕾. 领导辱虐管理对下属针对组织的行为偏差影响——员工离职意向的调节作用 [J]. 现代管理科学, 2016 (10): 112 - 114.

[227] 徐彦秋. 高等教育视域下新时代工匠精神培育研究 [J]. 江苏高教, 2020 (12): 78 - 81.

[228] 徐彦秋. 工匠精神的中国基因与创新 [J]. 南京社会科学, 2020 (7): 150 - 156.

[229] 徐耀强. 论"工匠精神" [J]. 红旗文稿, 2017 (10): 25 - 27.

[230] 许晖, 张超敏, 单宇. 中国跨国企业海外市场机会构建内在机理研究——基于资源杠杆理论视角的多案例研究 [J]. 南开管理评论, 2020, 23 (6): 4 - 15, 189.

[231] 许梅枝, 张向前. 社会交换对员工创造力的影响研究述评 [J]. 科技管理研究, 2016, 36 (19): 152 - 158, 201.

[232] 许彦妮, 顾琴轩, 蒋琬. 德行领导对员工创造力和工作绩效的影响: 基于 LMX 理论的实证研究 [J]. 管理评论, 2014, 26 (2): 139 - 147.

[233] 薛栋. 论中国古代工匠精神的价值意蕴 [J]. 职教论坛, 2013 (34): 94 - 96.

[234] 薛栋. 中国工匠精神研究 [J]. 职业技术教育, 2016, 37 (25): 8 - 12.

[235] 闫广芬, 张磊. 工匠精神的教育向度及其培育路径 [J]. 高校教育管理, 2017, 11 (6): 67 - 73.

[236] 杨伯峻. 论语译注 [M]. 北京: 中华书局, 2005.

[237] 杨红明. 基于工作特征的企事业单位员工内在动机和敬业度作用机制研究 [D]. 武汉: 华中科技大学, 2010.

[238] 杨继平, 王兴超. 德行领导与员工不道德行为、利他行为: 道德推脱的中介作用 [J]. 心理科学, 2015, 38 (3): 693 - 699.

[239] 杨建春, 李黛. 基于勒温场论的高校教师激励机制探析 [J]. 东北大学学报 (社会科学版), 2012, 14 (6): 544 - 548.

[240] 杨进, 李广, 杨雪. 何以坚守——基于勒温"场动力理论"谈乡村教师流失的规避 [J]. 杭州师范大学学报 (社会科学版), 2021, 43 (2):

114 - 121.

　　[241] 杨丽，梁宝勇，张秀阁，等. 近乎完美量表修订版（APS - R）的中文修订 [J]. 心理与行为研究，2007（2）：139 - 144.

　　[242] 杨柳青，王建新. 新时代中国特色社会主义文化自信的价值要义 [J]. 河南师范大学学报（哲学社会科学版），2019，46（6）：65 - 70.

　　[243] 杨朦晰，陈万思，周卿钰，等. 中国情境下领导力研究知识图谱与演进：1949 - 2018 年题名文献计量 [J]. 南开管理评论，2019，22（4）：80 - 94.

　　[244] 杨松超. 浅析图书编辑工匠精神 [J]. 中国出版，2021（7）：49 - 51.

　　[245] 杨振芳，陈庆文，朱瑜，等. 精神型领导是员工主动性行为的驱动因素吗？——一个多重中介效应模型的检验 [J]. 管理评论，2016，28（11）：191 - 202.

　　[246] 杨振芳. 精神型领导的内容结构及其对主动性行为与创业绩效的影响效应和作用机制研究 [D]. 广州：暨南大学，2014.

　　[247] 杨子舟，杨凯. 工匠精神的当代意蕴与培育策略 [J]. 教育探索，2017（3）：40 - 44.

　　[248] 姚圣著. 政治关联、地方利益与环境业绩基于生存权保障的研究视角 [M]. 徐州：中国矿业大学出版社，2014.

　　[249] 叶龙，刘园园，郭名. 包容型领导对技能人才工匠精神的影响 [J]. 技术经济，2018，37（10）：36 - 44.

　　[250] 叶龙，刘云硕，郭名. 家长式领导对技能人才知识共享意愿的影响——基于自我概念的视角 [J]. 技术经济，2018，37（2）：55 - 62，119.

　　[251] 叶龙，刘园园，郭名. 传承的意义：企业师徒关系对徒弟工匠精神的影响研究 [J]. 外国经济与管理，2020，42（7）：95 - 107.

　　[252] 于冠华，武淑平. 工匠精神视野下大学生专业使命教育探讨 [J]. 学校党建与思想教育，2020（20）：62 - 63，69.

　　[253] 余同元. 传统工匠及其现代转型界说 [J]. 史林，2005（4）：57 - 66，124

　　[254] 喻文德. 工匠精神的伦理文化分析 [J]. 伦理学研究，2016（6）：69 - 73.

　　[255] 袁凌，陈俊，肖蓉. 基于社会交换的组织支持对组织公民行为影响过程研究 [J]. 财经理论与实践，2007（5）：109 - 112.

　　[256] 袁小慧，范金，王凯，等. 新一轮科技革命背景下居民消费升级

对中国产业转型影响研究 [J]. 新疆社会科学, 2015 (6): 12 - 18.

[257] 张爱卿. 归因理论研究的新进展 [J]. 教育研究与实验, 2003 (1): 38 - 41.

[258] 张春虎. 基于自我决定理论的工作动机研究脉络及未来走向 [J]. 心理科学进展, 2019, 27 (8): 1489 - 1506.

[259] 张迪. 中国的工匠精神及其历史演变 [J]. 思想教育研究, 2016 (10): 45 - 48.

[260] 张光磊, 周金帆, 张亚军. 精神型领导对员工主动变革行为的影响研究 [J]. 科研管理, 2018, 39 (11): 88 - 97.

[261] 张建卫, 李海红, 刘玉新, 等. 家长式领导对多层面创造力的作用机制 [J]. 心理科学进展, 2018, 26 (7): 1319 - 1330.

[262] 张健. 工匠精神与职业精神的比较与澄明 [J]. 职业技术教育, 2017, 38 (15): 52 - 55.

[263] 张景云, 吕欣欣. 消费升级的现状、需求特征及政策建议 [J]. 商业经济研究, 2020 (7): 53 - 55.

[264] 张军伟, 龙立荣. 上司冲突管理行为与员工宽恕的关系 [J]. 管理科学, 2013, 26 (6): 58 - 70.

[265] 张敏, 张一力. 从创业学习者到网络主宰者: 基于工匠精神的探索式研究 [J]. 中国科技论坛, 2017 (10): 153 - 159.

[266] 张培培. 互联网时代工匠精神回归的内在逻辑 [J]. 浙江社会科学, 2017 (1): 75 - 81, 113, 157.

[267] 张庆强, 孙新波, 钱雨. 双元能力视角下微创新实现过程及机制的单案例研究 [J]. 管理学报, 2021, 18 (1): 32 - 41.

[268] 张瑞平, 杨帅, 李庆安. 仁慈型领导研究述评 [J]. 心理科学进展, 2013, 21 (7): 1307 - 1316.

[269] 张学良, 邵东燕, 张富利, 等. 勒温场动力理论视阈下高校青年教师教学动力的激发探究 [J]. 西北工业大学学报 (社会科学版), 2017, 37 (2): 82 - 85.

[270] 张亚军, 张金隆, 张千帆, 等. 威权和授权领导对员工隐性知识共享的影响研究 [J]. 管理评论, 2015, 27 (9): 130 - 139.

[271] 张燕, 怀明云. 威权式领导行为对下属组织公民行为的影响研究——下属权力距离的调节作用 [J]. 管理评论, 2012, 24 (11): 97 - 105.

[272] 张莹, 张剑, 陈春晓. 基于 "以人为中心" 视角的目标内容对员

工工作结果的影响研究 [J]. 管理学报, 2020, 17 (2): 225 - 233.

[273] 张永军, 张鹏程, 赵君. 家长式领导对员工亲组织非伦理行为的影响: 基于传统性的调节效应 [J]. 南开管理评论, 2017, 20 (2): 169 - 179.

[274] 章立东. "中国制造2025" 背景下制造业转型升级的路径研究 [J]. 江西社会科学, 2016, 36 (4): 43 - 47.

[275] 赵斌, 栾虹, 李新建, 等. 科技人员主动创新行为: 概念界定与量表开发 [J]. 科学学研究, 2014, 32 (1): 148 - 157.

[276] 赵晨, 付悦, 高中华. 高质量发展背景下工匠精神的内涵、测量及培育路径研究 [J]. 中国软科学, 2020 (7): 169 - 177.

[277] 赵红丹, 郭利敏. 创造性工作卷入的上下级涓滴效应研究 [J]. 软科学, 2018, 32 (11): 89 - 92.

[278] 赵申苒, 康萌萌, 王明辉, 等. 仁慈领导对员工亲环境行为的影响: 上下属关系与权力距离的作用 [J]. 心理与行为研究, 2018, 16 (6): 819 - 826.

[279] 赵西萍, 周密, 李剑, 等. 软件工程师潜在胜任力特征实证研究 [J]. 科研管理, 2007 (5): 110 - 114, 75.

[280] 赵燕梅, 张正堂, 刘宁, 等. 自我决定理论的新发展述评 [J]. 管理学报, 2016, 13 (7): 1095 - 1104.

[281] 赵仲牧. 物理场论对哲学思考的提示 [J]. 思想战线, 2000 (5): 5 - 10.

[282] 郑伯埙, 周丽芳, 樊景立. 家长式领导量表: 三元模式的建构与测量 [J]. 本土心理学研究, 2000 (14): 3 - 64.

[283] 郑红娥. "双循环" 格局下消费的阶段性特征研判 [J]. 人民论坛, 2021 (4): 12 - 15.

[284] 郑晓明, 赵海霞, 王蕾. 变革型领导与下属工作使命感: 基于员工发展导向的组织文化感知的调节作用 [J]. 河南大学学报 (社会科学版), 2017, 57 (6): 131 - 140.

[285] 周浩, 龙立荣. 家长式领导与组织公正感的关系 [J]. 心理学报, 2007 (5): 909 - 917.

[286] 周红云. 工作特征、组织公民行为与公务员工作满意度 [J]. 中南财经政法大学学报, 2012 (6): 131 - 136.

[287] 周建涛, 廖建桥. 基于社会信息加工理论的谦逊领导对员工工作

绩效的作用机制研究 [J]. 管理学报, 2018, 15 (12): 1789 – 1798.

[288] 周宇豪. 以霍曼斯社会交换论分析大学生使用手机短信行为 [J]. 当代传播, 2008 (5): 27 – 30.

[289] 朱春艳, 赖诗奇. 工匠精神的历史流变与当代价值 [J]. 长白学刊, 2020 (3): 143 – 148.

[290] 朱洁琼. "口传心授" 的多重解读 [J]. 人民音乐, 2010 (6): 38 – 40.

[291] 朱京凤. 工匠精神的制度与文化支撑 [J]. 人民论坛, 2017 (13): 100 – 101.

[292] 朱祎, 朱燕菲, 邵然. 高职生工匠精神要素及其结构模型 [J]. 高等工程教育研究, 2020 (3): 132 – 137, 200.

[293] 朱永坤. 工匠精神: 提出动因、构成要素及培育策略——以技术院校为例 [J]. 四川师范大学学报 (社会科学版), 2019, 46 (2): 133 – 141.

[294] 祝思敏, 王碧英. 谦卑型领导对员工工作卷入和创新行为的影响——团队氛围的中介作用 [J]. 科技管理研究, 2019, 39 (3): 159 – 166.

[295] 祝振强. "工匠精神" 形成的内驱力与外因——日本 "匠人精神" 的启示 [J]. 中国人力资源社会保障, 2019 (2): 52 – 53.

[296] 庄西真. 多维视角下的工匠精神: 内涵剖析与解读 [J]. 中国高教研究, 2017 (5): 92 – 97.

[297] 訾非, 周旭. 中文 Frost 多维度完美主义问卷的信效度检验 [J]. 中国临床心理学杂志, 2006 (6): 560 – 563.

[298] 邹良影, 曲小远, 邵敏, 等. 技术创业: 高职院校转型发展新突破 [J]. 教育发展研究, 2021 (5): 61 – 68.

[299] 邹文贵. 传统主敬文化及其现代展开 [J]. 佳木斯大学社会科学学报, 2016, 34 (6): 143 – 145.

[300] Aiken L S, West S G. Multiple Regression: Testing and Interpreting Interactions [M]. London: Sage Publications, 1991.

[301] Ashkanasy N M, Humphrey R H, Huy Q N. Integrating Emotions and Affect in Theories of Management [J]. *The Academy of Management Review*, 2017, 42 (2): 175 – 189.

[302] Baard P P, Deci E L, Rran R M. Intrinsic Need Satisfaction: A Motivational Basis of Performance and Weil-being in Two Work Settings [J]. *Journal of Applied Social Psychology*, 2004, 23 (10): 2045 – 2068.

［303］Bidee J, Vantilborgh T, Pepermans R, et al. Autonomous Motivation Stimulates Volunteers' Work Effort: A Self-determination Theory Approach to Volunteerism ［J］. *Voluntas: International Journal of Voluntary & Nonprofit Organizations*, 2013, 24 (1): 32 – 47.

［304］Blau P M. Social Mobility and Interpersonal Relations ［J］. *American Sociological Review*, 1956, 21 (3): 290 – 295.

［305］Boot A. Relationship banking: What do We Know ［J］. *Journal of Financial Intermediation*, 2001 (1): 7 – 25.

［306］Bourdieu P, Mahar C, Wilkes C. An Introduction to the Work of Pierre Bourdieu: The Practice of Theory ［J］. *British Journal of Sociology*, 1990, 43 (4): 686 – 687.

［307］Broeck A V, Vansteenkiste M, Witte H D, et al. Capturing Autonomy, Competence, and Relatedness at Work: Construction and Initial Validation of the Work-related Basic Need Satisfaction Scale ［J］. *Journal of Occupational and Organizational Psychology*, 2010, 83: 981 – 1002.

［308］Chan S C H, Huang X, Snape E, et al. The Janus Face of Paternalistic Leaders: Authoritarianism, Benevolence, Subordinates' Organization – Based Self – Esteem, and Performance ［J］. *Journal of Organizational Behavior*, 2013, 34 (1): 108 – 128.

［309］Charles é L, Robert J V, Jérémie V F. Passion and Emotions: The Mediating Role of Cognitive Appraisals ［J］. *Psychology of Sport and Exercise*, 2021, 54 (4): 1 – 10.

［310］Chen C Y, Yang C F. The Impact of Spiritual Leadership on Organizational Citizenship Behavior: A Multi-sample Analysis ［J］. *Journal of Business Ethics*, 2012, 105 (1): 107 – 114.

［311］Coleman J S. Foundations of Social Theory ［M］. Harvard University Press, 1990: 1 – 53.

［312］De Dreu C K W, Nijstad B A, van Knippenberg D. Motivated Information Processing in Group Judgment and Decision Making ［J］. *Personality and Social Psychology Review*, 2008, 12 (1): 22 – 49.

［313］Deci E L, Ryan R M. Intrinsic Motivation and Self-determination in Human Behavior ［M］. New York: Plenum Press, 1985.

［314］Deci E L, Ryan R M. Self-determination Theory: When Mind Mediates

Behavior [J]. *Journal of Mind & Behavior*, 1980, 1 (1): 33 –43.

[315] Deci E L, Ryan R M. The "What" and "Why" of Goal Pursuits: Human Needs and the Self-determination of Behavior [J]. *Psychological Inquiry*, 2000, 11: 227 –268.

[316] Diene E. Subjective Well-being [M]. New York: Springer, 2009.

[317] Eisenberger A R, Shanock L. Rewards, Intrinsic Motivation, and Creativity: A Case Study of Conceptual and Methodological Isolation [J]. *Creativity Research Journal*, 2013, 15: 121 –130.

[318] Eisenhardt K M, Graebner M E. Theory Building from Cases: Opportunities and Challenges [J]. *Academy of Management Journal*, 2007, 50 (1): 25 –32.

[319] Eisenhardt K M. Building Theories from Case Study Research [J]. *Academy of Management Review*, 1989, 14 (4): 532 –550.

[320] Elangovan A R, Pinder C C, McLean M. Callings and Organizational Behavior [J]. *Journal of Vocational Behavior*, 2010, 76 (3): 428 –440.

[321] Eline C J, Hugo J D, Arno V D, et al. Motivation, Treatment Engagement and Psychosocial Outcomes in Outpatients with Severe Mental Illness: A Test of Self – Determination Theory [J]. *International Journal of Methods in Psychiatric Research*, 2017, 26: 1 –10.

[322] Fornell C, Larcker D F. Evaluating Structural Equation Models with Unobservable Variables and Measurement Error [J]. *Journal of Marketing Research*, 1981, 18 (1): 39 –50.

[323] Fry L W, Hahhah S T, NOEL M, et al. Impact of Spiritual Leadership on Unit Performance [J]. *Leadership Quarterly*, 2011, 22 (2): 259 –279.

[324] Fry L W, Vitucci S, Cedillo M. Spiritual Leadership and Army Transformation: Theory, Measurement, and Establishing a Baseline [J]. *Leadership Quarterly*, 2005, 16 (5): 835 –862.

[325] Fry L W. Toward a Theory of Spiritual Leadership [J]. *Leadership Quarterly*, 2003, 14 (6): 693 –727.

[326] Gagne M, Deci E L. Self-determination Theory and Work Motivation [J]. *Journal of Organizational Behavior*, 2005, 26 (4): 331 –362.

[327] Gagne M, Forest J, Vansteenkiste M, et al. The Multidimensional Work Motivation Scale: Validation Evidence in Seven Languages and Nine Countries

[J]. *European Journal of Work & Organizational Psychology*, 2015, 24 (2): 178 – 196.

[328] George J M, Zhou J. When Openness to Experience and Conscientiousness Are Related to Creative Behavior: An Interactional Approach [J]. *Journal of Applied Psychology*, 2001, 86 (3): 513 – 524.

[329] Gerald R S, Jeffrey P. A Social Information Processing Approach to Job Attitudes and Task Design [J]. *Administrative Science Quarterly*, 1978, 23 (2): 224 – 253.

[330] Gilal F G, Zhang J, Gilal R G, et al. Linking Motivational Regulation to Brand Passion in A Moderated Model of Customer Gender and Age: An Organismic Integration Theory Perspective [J]. *Review of Managerial Science*, 2018, 14: 87 – 113.

[331] Gillet N, Becker C, Lafrenière M A, et al. Organizational Support, Job Resources, Soldiers' Motivational Profiles, Work Engagement, and Affect [J]. *Military Psychology*, 2017, 29 (5): 418 – 433.

[332] Gioia D A, Price K N, Hamilton A L, et al. Forging an Identity: An Insider – Outsider Study of Processes Involved in the Formation of Organizational Identity [J]. *Administrative Science Quarterly*, 2010, 55 (1): 1 – 46.

[333] Gonzalez – Mulé E, Cockburn B. Worked to Death: The Relationships of Job Demands and Job Control with Mortality [J]. *Personnel Psychology*, 2017, 70 (1): 73 – 112.

[334] Graves L M, Cullen K L, Lester H F, et al. Managerial Motivational Profiles: Composition, Antecedents, and Consequences [J]. *Journal of Vocational Behavior*, 2015, 87: 32 – 42.

[335] Gurbin T. Enlivening the Machinist Perspective: Humanising the Information Processing Theory with Social and Cultural Influences [J]. *Procedia – Social and Behavioral Sciences*, 2015, 197: 2331 – 2338.

[336] Hakanen J J, Bakker A B, Schaufeli W B. Burnout and Work Engagement among Teachers [J]. *Journal of School Psychology*, 2006, 43 (6): 495 – 513.

[337] Hall M E L, Oates K L M, Anderson T L, et al. Calling and Conflict: The Sanctification of Works in Working Mothers [J]. *Psychology of Religion & Spirituality*, 2012, 4 (1): 71 – 83.

［338］ Han H S. On The Effective Integration of Craftsman Spirit Training and Higher Vocational Ideological and Political Education ［J］. *International Journal of Higher Education Teaching Theory*, 2020, 1 (4): 138 – 139.

［339］ Hinsz V B, Tindale R S, Vollrath D A. The Emerging Conceptualization of Groups as Information Processors ［J］. *Psychological Bulletin*, 1997, 121 (1): 43 – 64.

［340］ Homans G C. Social Behavior as Exchange ［J］. *American Journal of Sociology*, 1958, 63 (6): 597 – 606.

［341］ Homans G C. Social Behavior: Its Elementary Forms ［M］. New York: Harcourt, Brace and World, Inc: 1961.

［342］ Hongyu N, Mingjian Z, Qiang L, et al. Exploring Relationship between Authority Leadership and Organizational Citizenship Behavior in China: The Role of Collectivism ［J］. *Chinese Management Studies*, 2012, 6 (2): 231 – 244.

［343］ Hülsheger U R, Lang J W B, Depenbrock F, et al. The Power of Presence: The Role of Mindfulness at Work for Daily Levels and Change Trajectories of Psychological Detachment and Sleep Quality ［J］. *Journal of Applied Psychology*, 2014, 99 (6): 1113 – 1128.

［344］ Jamil S, Mohammadkarim B, Donia B, et al. Relationship between Career Motivation and Perceived Spiritual Leadership in Health Professional Educators: A Correlational Study in Iran ［J］. *Global Journal of Health Science*, 2014, 6 (2): 145 – 154.

［345］ Jennifer M M, David F, Chris P, et al. Predicting Outcomes from Engagement with Specific Components of An Internet-based Physical Activity Intervention with Financial Incentives: Process Analysis of A Cluster Randomized Controlled Trial ［J］. *Journal of Medical Internet Research*, 2019, 21 (4): 1 – 20.

［346］ Jin Y Y. Research on the Integration of Vocational Skills and "Craftsmanship Spirit" in Higher Vocational Colleges ［J］. *World Scientific Research Journal*, 2021, 7 (3): 85 – 90.

［347］ Kanungo R N. Measurement of Job and Work Involvement ［J］. *Journal of Applied Psychology*, 1982, 67 (3): 341 – 349.

［348］ Kasser T, Ryan R M. A Dark Side of the American Dream: Correlates of Financial Success as a Central Life Aspiration ［J］. *Journal of Personality & Social Psychology*, 1993, 65 (2): 410 – 422.

［349］Kinjerski V M，Skrypnek B J. Defining Spirit at Work：Finding Common Ground ［J］. *Journal of Organization Change Management*，2004（17）：26 – 42.

［350］Kluwer E S，Karremans J C，Riedijk L，et al. Autonomy in Relatedness：How Need Fulfillment Interacts in Close Relationship ［J］. *Personality and Social Psychology Bulletin*，2019，46（4）：603 – 616.

［351］Kuvaas B，Shore L M，Buch R，et al. Social and Economic Exchange Relationships and Performance Contingency：Differential Effects of Variable Pay and Base Pay ［J］. *International Journal of Human Resource Management*，2020，31（3）：1 – 24.

［352］Lewin K. Resolving Social Conflict ［M］. Harper & Row，1948.

［353］Ling Q，Lin M Z，Wu X Y. The Trickle-down Effect of Servant Leadership on Frontline Employee Service Behaviors and Performance：A Multilevel Study of Chinese Hotels ［J］. *Tourism Management*，2016，52：341 – 368.

［354］Ling Y，He Y，Wei Y，et al. Intrinsic and Extrinsic Goals as Moderators of Stress and Depressive Symptoms in Chinese Undergraduate Students：A Multiwave Longitudinal Study ［J］. *BMC Psychiatry*，2016，16：138 – 146.

［355］Liu X Y，Härtel C. E. Workgroup Emotional Exchanges and Team Performance in China ［J］. *Asia Pacific Journal of Human Resources*，2013，51（4）：471 – 490.

［356］Liu X，Sun J，Haertel C E J. Developing Measure of Team Emotional Climate in China ［J］. *International Journal of Psychology*，2008，43（3 – 4）：285 – 285.

［357］Liu Y，Song Y，Koopmann J，et al. Eating Your Feelings？Testing a Model of Employees' Work – Related Stressors，Sleep Quality，and Unhealthy Eating ［J］. *Journal of Applied Psychology*，2017，102（8）：1237 – 1258.

［358］Luo Q L，Wang C Y，Zhao Y. Cultivation Strategy of College Students' Craftsman Spirit from The Perspective of Artificial Intelligence ［J］. *Journal of Physics：Conference Series*，2020，1575（1）：1 – 7.

［359］Malinowska D，Tokarz A，Wardzichowska A. Job Autonomy in Relation to Work Engagement and Workaholism：Mediation of Autonomous and Controlled Work Motivation ［J］. *International Journal of Occupational Medicine and Environmental Health*，2018，31（4）：445 – 458.

［360］ Malinowska D， Tokarz A. The Moderating Role of Self Determination Theory's General Causality Orientations in the Relationship between the Job Resources and Work Engagement of Outsourcing Sector Employees ［J］. *Personality and Individual Differences*， 2020， 153： 1 – 7.

［361］ Marrow A J. The Practical Theorist： The Life and Work of Kurt Lewin ［M］. Annapdis： BDR Learning Inc， 1984.

［362］ Martin K D， Cullen J B. Continuities and Extensions of Ethical Climate Theory： A Meta-analytic Review ［J］. *Journal of Business Ethics*， 2006， 69 （2）： 175 – 194.

［363］ Matthew C. Future Work Philosophy of Motorcycle Repair Shop： Let Craftsman Spirit Return ［M］. Translated by Su Zhidun. Hangzhou： Zhejiang People's publishing house， 2014： 105.

［364］ Meng Y. Spiritual at the Workplace： Perspectives and Theories ［J］. *Biomedical Reports*， 2016， 5 （4）： 408 – 412.

［365］ Menon P V. Rediscovery the Secrets of Business Success and Spiritual Leadership ［R］. Paper presented at the 2010 AIMS International Conference on Valuebased Mangement， Hairwar， DSVV， 2010.

［366］ Mills C W. White Collar： The American Middle Classes ［M］. Oxford： Oxford University Press， 2002.

［367］ Milyavskaya M， Nadolny D， Koestner R. Where Do Self-concordant Goals Come From? The Role of Domain-specific Psychological Need Satisfaction ［J］. *Personality & Social Psychology Bulletin*， 2014， 40 （6）： 700 – 711.

［368］ Morrison E W. Newcomers' Relationships： The Role of Social Network Ties During Socialization ［J］. *Academy of Management Journal*， 2002， 45 （6）： 1149 – 1160.

［369］ Muynck G D， Vansteenkiste M， Delrue J， et al. The Effects of Feedback Valence and Style on Need Satisfaction， Self-talk， and Perseverance among Tennis Players： An Experimental Study ［J］. *Journal of Sport & Exercise Psychology*， 2017， 39 （1）： 67 – 80.

［370］ Ostroff C， Kozlowki W J. Organizational Socialization as A Learning Process： The Role of Information Acquisition ［J］. *Personnel Psychology*， 1992， 45 （4）： 849 – 874.

［371］ Paanakker H L. Values of Public Craftsmanship： The Mismatch Between

Street – Level Ideals and Institutional Facilitation in The Prison Sector [J]. *The American Review of Public Administration*, 2019, 49 (8): 884 – 896.

[372] Parks L, Guay R P. Personality, Values, and Motivation [J]. *Personality and Individual Differences*, 2009, 47 (7): 675 – 684.

[373] Pless N M, Maak T. Responsible Leadership: Pathways to the Future [J]. *Journal of Business Ethics*, 2011, 98 (S1): 3 – 13.

[374] Reijiro A. Global journeymen: Re-inventing Japanese Craftsman Spirit in HongKong [J]. *Asian Anthropology*, 2015 (3): 132 – 143.

[375] Rich B L, Lepine J A, Crawford E R. Job Engagement: Antecedents and Effects on Job Performance [J]. *Academy of Management Journal*, 2010, 53 (3): 617 – 635.

[376] Roth G, Vansteenkiste M, Ryan R M. Integrative Emotion Regulation: Process and Development from a Self-determination Theory Perspective [J]. *Development and Psychopathology*, 2019, 31: 944 – 956.

[377] Ryan R M, Deci E L. Self-determination Theory: Basic Psychological Needs in Motivation, Development, and Wellness [M]. New York: The Guilford Press, 2017.

[378] Ryan R M, Deci E L. Self-determination Theory and the Facilitation of Intrinsic Motivation, Social Development, and Well-being [J]. *American Psychologist*, 2000, 55 (1): 68 – 78.

[379] Ryan R M. Psychological Needs and the Facilitation of Integrative Processes [J]. *Journal of Personality*, 1995, 63 (3): 397 – 427.

[380] Saks A M. Antecedents and Consequences of Employee Engagement [J]. *Journal of Managerial Psychology*, 2006, 21 (7): 600 – 619.

[381] Sangho C, Thomas Y C, Daesik H. Buyer Power and Supplier Relationship Commitment: A Cognitive Evaluation Theory Perspective [J]. *Journal of Supply Chain Management*, 2017, 53: 39 – 60.

[382] Schaufeli W B, Salanova M, Vicente González-romá, et al. The Measurement of Engagement and Burnout: A Two Sample Confirmatory Factor Analytic Approach [J]. *Journal of Happiness Studies*, 2002, 3 (1): 71 – 92.

[383] Schwartz S H. Basic Values: How They Motivate and Inhibit Prosocial Behavior [M]. Washington: American Psychological Association, 2014.

[384] Schwarz N, Clore G L. Mood, Misattribution, and Judgments of

Well – Being: Informative and Directive Functions of Affective States [J]. *Journal of Personality & Social Psychology*, 1983, 45 (3): 513 – 523.

[385] Scott S G, Bruce R A. Determinants of Innovative Behavior: A Path Model of Individual in the Workplace [J]. *Academy of Management Journal*, 1994, 37 (3): 580 – 607.

[386] Sennett R. The Craftsman [M]. London: Penguin Books, 2009.

[387] Shi W, Connelly B L, Hoskisson R E. External Corporate Governance and Financial Fraud: Cognitive Evaluation Theory Insights on Agency Theory Prescriptions [J]. *Strategic Management Journal*, 2017, 38 (6): 1268 – 1286.

[388] Silin R H. Leadership and Value: The Organization of Large – Scale Taiwan Enterprises [M]. Cambridge, MA: Harvard university press, 1976.

[389] Skhirtladze N, Petegem S V, Javakhishvili N, et al. Motivation and Psychological Need Fulfillment on the Pathway to Identity Resolution [J]. *Motivation and Emotion*, 2019, 43 (6): 894 – 905.

[390] Sweeney P J, Fey L W. Character Development through Spiritual Leadership [J]. *Consulting Psychology Journal: Practice and Research*, 2012, 64 (2): 89 – 107.

[391] Thomas J, Griffin R. The Social Information Processing Model of Task Design: A Review of the Literature [J]. *The Academy of Management Review*, 1983, 8 (4): 672 – 682.

[392] Thorlindsson T, Halldorsson V, Sigfusdottir I D. The Sociological Theory of Craftsmanship: An Empirical Test in Sport and Education [J]. *Sociological Research Online*, 2018, 23 (1): 114 – 135.

[393] Uphill M A. Masters of Social Psychology [M]. Oxford: Oxford University Press, 1978.

[394] Vansteenkiste M, Simons J, Lens W, et al. Motivating Learning, Performance, and Persistence: the Synergistic Effects of Intrinsic Goal Contents and Autonomy Supportive Contexts [J]. *Journal of Personality and Social Psychology*, 2004, 87 (2): 246 – 260.

[395] Victor B, Cullen J B. A Theory and Measure of Ethical Climate in Organizations [J]. *Research in Corporate Social Performance and Policy*, 1987, 9: 36 – 48.

[396] Victor B, Cullen J B. The Organizational Bases of Ethical Work Cli-

mates [J]. *Administrative Science Quarterly*, 1988, 33: 101 – 125.

[397] Weinstein N, Ryan R M. When Helping Helps: Autonomous Motivation for Prosocial Behavior and Its Influence on Well-being for The Helper and Recipient [J]. *Journal of Personality and Social Psychology*, 2010, 98 (2): 222 – 244.

[398] Werner E, Núria R, Ricarda S, et al. A Roadmap to Vocational Education and Training Systems around the World [R]. IZA Discussion Paper No. 7110, 2013.

[399] Westwood R I. Harmony and Patriarchy: The Cultural Basis For "Paternalistic Headship" Among the Overseas Chinese [J]. *Organization Studies*, 1997, 18 (3): 445 – 480.

[400] Wimbush J C, Shepard J M. Toward an Understanding of Ethical Climate: Its Relationship to Ethical Behavior and Supervisory Influence [J]. *Journal of Business Ethics*, 1994, 13 (8): 637 – 647.

[401] Wray – Lake L, De Haan C R, Shubert J, et al. Examining Links from Civic Engagement to Daily Well-being from A Self-determination Theory Perspective [J]. *Journal of Positive Psychology*, 2017, 14 (1): 1 – 12.

[402] Wu J Y, Li C. Exploration of Mediating Models between Spiritual Leadership and Organizational Citizenship Behavior: The Importance of Organization based Self-esteem in Service Industries [J]. *International Journal of Organizational Innovation*, 2015, 8 (2): 128 – 136.

[403] Wuttke A. Political Engagement's Non-political Roots: Examining the Role of Basic Psychological Needs in the Political Domain [J]. *Motivation and Emotion*, 2020, 44 (2): 135 – 150.

[404] Wyer R S, Srull T K. Human Cognition in Its Social Context [J]. *Psychological Review*, 1986, 93 (3): 322 – 359.

[405] Xie Y F, Cui J, Wang M D. Research on The Cultivation Path of Craftsman Spirit in Higher Vocational Education Based on Survey Data [J]. *International Journal of Education and Teaching Research*, 2020, 1 (3): 161 – 164.

[406] Xiong M S. Discussion on the Function of Craftsman Spirit Integrating into Traditional Culture Education [J]. *International Journal of Higher Education Teaching Theory*, 2020, 1 (4): 113 – 116.

[407] Yao L. Research on the Improvement of College Students' Innovation and Entrepreneurship Ability Based on the Cultivation of Craftsman Spirit [J]. *Frontiers*

in Educational Research, 2020, 3（14）：162 – 166.

［408］Yu H，Luo Q L. Reform of the Construction of Industrial Workers Under the Craftsman Spirit ［J］. *International Journal of Frontiers in Sociology*, 2020, 2（9）：158 – 165.

［409］Zalesny M D，Ford J K. Extending the Social Information Processing Perspective：New Links to Attitudes，Behaviors，and Perceptions ［J］. *Organizational Behavior and Human Decision Processes*, 1990, 47（2）：205 – 246.

［410］Zheng G，Ma M，Wang Y，et al. Craftsmanship Spirit or Professionalism：The Impetus of Barefoot Social Workers to Complete Their Task Identity for Protecting Disadvantaged Children in China ［J］. *Children and Youth Services Review*, 2020, 116：1 – 11.

［411］Zoller Y J，Muldoon J. Illuminating the Principles of Social Exchange Theory with Hawthorne Studies ［J］. *Journal of Management History*, 2019, 25（1）：47 – 66.

后　记

　　新时代背景下，我国正在全面、深入实施《中国制造 2025》战略，加快建设制造强国。在此过程中，制造企业员工工匠精神的不足成为制约制造业转型升级和高质量发展的重要瓶颈，受到了从中央到地方各级党委和政府以及社会各界的高度关注，培育和弘扬工匠精神已上升为国家战略。然而，如何在企业层面贯彻落实这一宏大战略，目前理论界的相关研究和企业界的工匠精神培育实践尚处于探索阶段，亟须加以推进和完善。

　　本书立足于新时代制造强国战略实施背景，在国家社会科学基金一般项目（18BGL130）的资助下，围绕"新时代制造企业工匠精神培育"这一具有重要理论价值和现实意义的问题进行了较为系统和深入的研究，初步取得了一些创新性的研究成果：探索建立了由精益求精、爱岗敬业、持续专注、勇于创新和团队协作五个维度构成的制造企业员工工匠精神概念结构模型，开发了具有较高信效度的工匠精神测量量表；构建了家长式领导和精神型领导作用于员工工匠精神的跨层次理论模型并进行了实证检验，揭示了工匠精神的形成机理；运用多案例探索性研究方法，验证了员工工匠精神的构念，阐释了典型制造企业员工工匠精神的形成机制；基于企业自身与外部相关主体协同培育工匠精神的思路，提出了具有较强系统性和可操作性的员工工匠精神培育对策。

　　江苏大学管理学院朱永跃教授统领本书撰写的全面工作，设计书稿结构，论证研究内容和研究工作方案，协调组织分工，并负责全书文字的校对工作。同时，江苏大学管理学院张书凤老师、中共南通市崇川区委办公室邹家峰，以及江苏大学管理学院研究生欧阳晨慧、马媛、陈雯、过旻钰、吴敏、王世贤、钱心怡、杨宇慧、顾珂琦、宋锐等参与了撰写工作，具体章节的撰写分工如下：第 1 章，朱永跃、张书凤、马媛、过旻钰；第 2 章，欧阳晨慧、过旻钰、钱心怡、杨宇慧、顾珂琦、宋锐；第 3 章，朱永跃、欧阳晨慧、吴敏、过旻钰；第 4 章，朱永跃、欧阳晨慧、过旻钰、陈雯；第 5 章，马媛、陈雯、欧阳晨慧；第 6 章，邹家峰、过旻钰、王世贤、马媛；第 7 章，张书凤、邹家峰、朱永跃、欧阳晨慧；第 8 章，朱永跃、欧阳晨慧。

　　在制造企业问卷调查和案例访谈等调研过程中，得到了德胜（苏州）洋楼有限公司文化中心原总经理、首届中国工匠精神50人论坛发起人、苏州德胜教育科技有限公司专业导师赵雷、徐工徐州重型机械有限公司人力资源部部长刘延静、江苏中天科技股份有限公司人力资源部总经理钱蒋锋、南通市总工会劳动和经济工作部部长赵周恒、镇江技师学院职业教育培训中心主任杨卫星等人（排名不分先后）的大力支持，他们为调研工作提供了无私的帮助，在此一并表示衷心感谢。此外，本书写作过程中参考了大量国内外研究文献，难以一一标注，谨向相关学者致以诚挚的谢意。如有引用疏漏或不当之处，敬请谅解。

　　我们还要特别感谢经济科学出版社经管编辑中心主任崔新艳老师的精心审稿和编辑，使得本书的内容和形式更加完善，得以及时、顺利出版。

　　由于时间仓促以及研究水平和条件有限，本书的错漏在所难免，一些研究观点也可能不一定恰当，恳请学界同行们不吝赐教，多多批评指正！

作者